教育部人文社会科学研究规划基金项目"公允价值、财务呈报与会计信息质量"（项目编号15YJA630053）资助

# 公允价值、财务呈报与会计信息质量

GONGYUN JIAZHI、CAIWU CHENGBAO
YU KUAIJI XINXI ZHILIANG

邵天营 著

中国财经出版传媒集团

经济科学出版社
Economic Science Press

图书在版编目（CIP）数据

公允价值、财务呈报与会计信息质量/邵天营著.
—北京：经济科学出版社，2020.4
ISBN 978-7-5218-1474-3

Ⅰ.①公… Ⅱ.①邵… Ⅲ.①会计报表-研究
Ⅳ.①F231.5

中国版本图书馆 CIP 数据核字（2020）第 061837 号

责任编辑：杜　鹏　蔡秉秦
责任校对：隗立娜
责任印制：邱　天

## 公允价值、财务呈报与会计信息质量

邵天营　著

经济科学出版社出版、发行　新华书店经销
社址：北京市海淀区阜成路甲 28 号　邮编：100142
编辑部电话：010-88191441　发行部电话：010-88191522
网址：www.esp.com.cn
电子邮箱：esp_bj@163.com
天猫网店：经济科学出版社旗舰店
网址：http://jjkxcbs.tmall.com
固安华明印业有限公司印装
710×1000　16 开　17.25 印张　300 000 字
2020 年 4 月第 1 版　2020 年 4 月第 1 次印刷
ISBN 978-7-5218-1474-3　定价：78.00 元
（图书出现印装问题，本社负责调换。电话：010-88191510）
（版权所有　侵权必究　打击盗版　举报热线：010-88191661
QQ：2242791300　营销中心电话：010-88191537
电子邮箱：dbts@esp.com.cn）

# 前　言

以最经济有效的方式，向利益相关者如实呈报报告主体的经济资源、资源提供者对主体的要求权及其增减变动的信息，有助于他们对主体管理层受托责任的评价以及作出理性的投资、信贷等资源配置决策，既是财务会计最基本的职能，又是财务呈报的根本目标，同时还是财务会计与呈报核心价值的体现。因此，如何达成这一目标也就构成了百年来会计研究和实践的一个恒定不变的主题，并形成了财务会计与呈报基本理论框架及其研究的主线，即"财务呈报目标—会计信息质量特征—会计要素的确认、计量和报告—会计信息质量评价"。"会计计量是会计系统的核心职能"。从表现形式上看，会计计量主要包括资产计价和收益决定两部分。会计计量中，计量属性的选择又是重中之重，因而也成为会计实践与理论研究的核心以及争论的焦点。

20世纪90年代以来，随着人们对历史成本会计模式局限性认识的不断加深，全球范围内对决策有用观这一财务呈报目标的普遍认同，会计实务中如实报告企业全面收益的客观要求以及公允价值信息决策相关性的逐渐凸显，公允价值作为资产和负债的计量属性在财务会计与报告中的运用日趋增多，成为当代财务会计与报告的典型特色之一，甚至代表了现代财务会计发展的趋势。然而，公允价值的运用并非一帆风顺，用"一波三折"来表述绝不为过。可以说，公允价值在国外的运用既因金融行业与金融工具的发展而兴起，又因金融风暴的掀起、爆发和蔓延而备受指责与限制，其运用实践激起了一场又一场激烈的论战。

与公允价值运用的实践及其争论相对应，理论界也围绕公允价值的运用及其影响展开了大量的研究。在国外，有关公允价值的研究大多采用美国、澳大利亚以及英国、法国、德国等欧洲国家的公司数据，重点评价金融工具和非金融项目公允价值的决策有用性及其影响因素。而在我国，相关的研究则涉及公允价值运用对会计信息的决策有用性、会计信息风险、盈余质量等方面。然而，无论国外还是国内，研究证据并非完全一致，在很多情况下甚至是混合的。那么，公允价值运用对会计信息质量到底有何影响？对经济发展尤其是资本市场的发展到底是利大于弊还是弊大于利？如何在公允价值运用方面做到扬长避短？正是基于上述种种疑问，本书基于会计准则国际趋同的背景，并结合我国特定的制度环境，从公允价值在企业会计准则中的运用、财务呈报制度与会计信息质量相互关联的视角，重点研究公允价值运用对会计信息质量的影响。本书研究的主要目标在于，通过对公允价值运用实践与现行财务呈报制度同会计信息质量之间的关系分析，以及影响公允价值会计信息质量的关键因素分析，力求从公允价值运用和财务呈报制度相互关联的视角，寻求相关会计准则与财务呈报制度的协同改进，提高会计信息的质量。

　　基于上述目标，本书主要采用历史分析、文献分析、逻辑分析、实证分析等方法和思路，以"财务呈报目标—会计信息质量特征—会计要素的确认、计量和报告—会计信息质量评价"为主线展开研究，主要内容包括：财务呈报目标、会计信息质量特征及会计信息质量评价指标；公允价值及其在会计准则中的运用分析；公允价值对会计信息质量影响的理论分析；公允价值对会计信息质量影响的经验证据分析；基于会计信息质量及其有用性提升目的公允价值相关会计准则改进及其实施等对策。具体而言，本书的研究内容除第一章"导论"外，主要包括五个部分：第二章为"财务呈报目标、会计信息质量特征与会计信息质量评价"。本部分首先基于财务呈报目标的演进及其相关研究，就决策有用观和受托责任观的目标进行分析、评价和比较，在此基础上就会计准则全球趋同背景及我国特定的制度背景下财务呈报目标的合理定位进行讨论；其次，基于不同的财务呈报目标，分析会计信息质量应具备的特征或要求，并据以构建与现行财务呈报目标合理定位协调一致的质量特征体系；最后，基于会计信息质量评价的相关理论与文献分析，系统梳理会计信息质量评价的主要内容与基本方法，研究提出目标导向的会计信息质量评价思路。第三章为"公允价值及其在会计准则中的运用"。本部分从公允价值概念的缘起及相关学者和准则制定机构的定义分析入手，分别从法律层面、经济学层面和会计学层面剖析其本质和基本内涵，在此基础上，就公允价值在美国一般公认会计原则、国际财务报告准则和我国企业会计准则中的运用情况进行总结和比较，为后续分析提供必要的制度基础。第四章为"公允价值对会计信息质量的影响：理论分析"。本部分以公允价值在会计准则中的运用缘起及其理论基础分析为基础，先讨论了现行会计准则中公允价值的运用对各项会计信息质量要求的影响，据以就公允价值运用对会计信息整体质量的影响作出初步的推断，并据以判断公允价值运用对决策有用观和受托责任观目标实现的具体影响。第五章为"公允价值对会计信息质量的影响：经验证据"。本部分首先基于第四章的分析结论，就公允价值运用对盈余质量、价值相关性、会计信息风险与风险相关性等方面的影响进行逻辑分析，提出研究假设，并借助于国内外的经验证据，从不同视角综合评价公允价值运用对会计信息质量的影响，剖析主要影响因素或成因。第六章为"基本结论、主要困惑与政策建议"。本部分基于理论和大量经验证据的分析，首先就公允价值运用及其对会计信息质量的影响进行总结；其次剖析现行会计准则关于公允价值定义以及运用要求中存在的主要问题；最后就如何进一步完善公允价值的运用、保证会计信息质量和提升会计信息的有用性，分别从准则制定、准则实施、外部监管和信息用户等视角提出相关政策建议和意见。

本书期望在如下四个方面有所贡献或创新。第一，按照"财务呈报目标—会计信息质量特征—会计确认、计量与报告—会计信息质量评价"这一路径，首先对受托责任观和决策有用观的财务呈报目标进行全面深入的分析，基于会计准则国际趋同以及我国特定的制度背景，对财务呈报目标进行了合理定位；其次，基于不同财务呈报目标对会计信息及其质量特征的具体要求，提出与财务呈报目标定位协调一致的信息质量特征要求；最后，基于财务呈报目标的定位及与之相协调的会计信息质量特征要求，提出会计信息质量评价的框架和思路。第二，基于公允价值概念的缘起以及相关学者和准则制定机构对公允价值的界定与解释分析，从法律、经济学和会计学三维视角对公允价值的本质属性进行系统深入的论述。同时，对美国一般公允会计原则、国际财务报告准则和我国企业会计准则中公允价值的运用进行了全面的总结和比较。第三，以公允价值在会计准则中运用的缘起分析为基础，就公允价值的运用从产权理论、决策有用观、收益计量和资本保全等方面进行讨论，重点分析公允价值运用对会计信息的相关性、可靠性、可比性、可验证性、及时性、可理解性、谨慎性等质量特征要求的影响，并就公允价值运用是否有助于决策有用观和受托责任观目标的实现作出逻辑判断。第四，借助于国内外大量以公允价值为主题的重要实证研究证据，就公允价值运用对会计信息质量的影响从盈余质量、价值相关性、会计信息风险与风险相关性以及可靠性、谨慎性、可比性、透明度等方面进行分类、分层和关联研究，剖析公允价值定义及估值中的问题，从会计准则、会计主体、外部监管和信息用户四个方面研究提出相关的对策与建议。

鉴于本人学术水平制约，以及时间、精力等方面的局限，对相关问题的分析以及国内外相关研究文献的总结分析难免会有疏漏或偏颇，恳请读者批评指正。

邵天营

2020 年 1 月

# 目 录

## 第一章 导论 ...... 1
### 第一节 选题背景与研究意义 ...... 1
### 第二节 研究的主要内容和基本思路 ...... 13
### 第三节 研究的主要贡献 ...... 18

## 第二章 财务呈报目标、会计信息质量特征与会计信息质量评价 ...... 20
### 第一节 财务呈报目标：决策有用观与受托责任观的融合 ...... 20
### 第二节 会计信息质量特征：财务呈报目标的基本要求与会计信息质量特征的具体设定 ...... 38
### 第三节 会计信息质量评价：盈余质量评价与价值（风险）相关性评价的平衡与互补 ...... 48

## 第三章 公允价值及其在会计准则中的运用 ...... 59
### 第一节 公允价值概念的缘起与界定 ...... 59
### 第二节 公允价值本质的多维解析 ...... 64
### 第三节 公允价值在美国和国际财务报告准则中的运用与分析 ...... 74
### 第四节 公允价值在我国会计准则中的运用与分析 ...... 88

## 第四章 公允价值对会计信息质量的影响：理论分析 ...... 102
### 第一节 公允价值运用的缘起 ...... 102
### 第二节 公允价值的理论基础 ...... 104
### 第三节 公允价值对会计信息质量特征的影响 ...... 113
### 第四节 公允价值与决策有用和受托责任目标的实现 ...... 120

## 第五章 公允价值对会计信息质量的影响：经验证据 …… 127
   第一节 公允价值与盈余质量 …… 127
   第二节 公允价值与会计信息的价值相关性 …… 146
   第三节 公允价值、会计信息风险与风险相关性 …… 171
   第四节 公允价值对会计信息质量的影响：其他视角的
          经验证据 …… 183

## 第六章 基本结论、主要困惑与政策建议 …… 202
   第一节 基本结论 …… 202
   第二节 主要困惑 …… 215
   第三节 政策建议 …… 222

**主要参考文献** …… 229

# 第一章
# 导　　论

## 第一节　选题背景与研究意义

以最经济有效的方式，向利益相关者如实呈报报告主体的经济资源、资源提供者对主体的要求权及其增减变动的信息，有助于他们对主体管理层受托责任的评价以及作出理性的投资、信贷等资源配置决策，既是财务会计最基本的职能，又是财务呈报（financial reporting）的根本目标，同时还是财务会计与呈报核心价值的体现。因此，如何达成这一目标也就构成了百年来会计研究和实践的一个恒定不变的主题，并形成了财务会计与呈报基本理论框架及其研究的主线，即"财务呈报目标—会计信息质量特征—会计要素的确认、计量和报告—会计信息质量评价"。"会计计量是会计系统的核心职能"（Yuri Iriji，1975）。从表现形式上看，会计计量主要包括两大部分：资产计价（assets valuation）和收益决定（income determination），资产计价要求会计主体用货币数额来确定和表现各个资产项目的获取、使用和结存，而收益决定则意在量化一定时期内资源的变动状况和结果（葛家澍和林志军，2001）。会计计量中，计量属性的选择又是重中之重，因而也成为会计实践与理论研究的核心以及争论的焦点。

20 世纪 90 年代以来，随着人们对历史成本会计模式局限性认识的不断加深，全球范围内对决策有用观这一财务呈报目标的普遍认同，会计实务中如实报告企业全面收益的客观要求,以及公允价值信息决策相关性的逐渐凸显,公允价值作为资产和负债的计量属性引起了国际会计界的广泛关注。据统计,美国财务会计准则委员会(FASB)从1990年12月到2009年6月发布的66份财务会计准则公告中,直接涉及公允价值的就有48份,约占发布准则总数的72%;从20世纪90年代起,国际会计准则委员会(IASC)在制定准则时也开始强调公允价值的运用,现行国际财务报告准则中,90%以上有关会计要素确认、计量和报告的准则涉及公允价值;在我国,2006年颁布的企业会计准则明确地将公允价值作为一种会计计量属性,并在17项具体会计准则中运用了公允价值,占会计要素计量准则(共30个)的比例高达57%;其他许多国家和地区也不同程度地运用了公允价值。可以说,公允价值在会计中的运用是当代财务会计与报告的典型特色之一,甚至代表了现代财务会计发展的趋势。

然而,公允价值在财务呈报中的运用并非一帆风顺,用"一波三折"来表述绝不为过。可以说,公允价值在国外的运用既因金融行业与金融工具的发展而兴起,又因金融风暴的掀起爆发和蔓延而备受指责并遭到限制,其运用实践激起了一场又一场激烈的论战。

19世纪初,股份公司开始在英国涌现。1831年,英国颁布了《破产法》,明确了会计师在公司清算中的角色。1844年和1862年,英国又相继颁布《公司法》,确立了公司注册登记和提交财务报表的法定要求。至19世纪末,审计实务在英国得到普遍认可,明确了会计师基于真实与公允原则提供公司资产与收益信息的职责,以便为政府(征税)和投资者(收取股利)提供保护。在这样的背景下,以公允价值为基础的会计惯例于19世纪后半叶在英国的银行业已普遍存在。在当时的美国,物价不断上涨,公用事业公司为报告较低的利润和净资产收益率,避免消费者因收费问题诉诸法律或行政手段,开始将公允价值作为资产的计价基础。19世纪后期,有关公用事业公司确定合理收费所依赖的资产计价基础的争论升级为法律诉讼。1898年,美国最高法院在审理史密斯与阿米斯(Smyth v. Ames)一案时裁定,基于公众利益,公用事业公司在确定合理收费时应按公允价值对其财产进行计价。由于缺乏公认的会计原则及相关的信息披露监管制度，资产重估作为"美化"财务状况和"提升"经营业绩的便捷手段，在会计实践中被广泛运用，导致以公允价值为基础的会计实践在美国大量涌现。19世纪末，银行的有价证券已按市场价值计价，固定资产也已按评估值计价。20世纪初，公允价值原则已普遍运用于一般的公司企业尤其是银行业，进而将公允价值的运用推向了高潮。1929~1933年美国爆发经济大萧条，大量银行倒闭。尽管1933~1937年美国经济在某种程度上得以恢复，但直到1938年，经济二次探底的担心再次出现。在美国联邦储备委员会（Federal Reserve Board）的推动下，罗斯福（Roosevelt）总统召集美国财政部、联邦储备委员会、货币监管署和联邦储蓄保险公司共商对策，意在确定如何应对谨慎的准则，提出了被联邦储备委员会主席马里纳·埃克勒斯（Marriner S. Eccles）称为"游击战"的监管条例，以确保经济的复苏，有关公允价值的第一次论战由此展开。论战的一方是货币监管署和联邦储蓄保险公司等监管者，它们基于失败的监管经验以及对银行进一步失败的担心，主张更加稳健的会计准则，坚持保留对银行资产的公允价值计量。论战的另一方为美国联邦储备委员会，鉴于其伤痕累累的货币政策经验以及对信贷进一步崩溃的疑虑，主张采用更加宽松的会计准则，要求放弃公允价值。本次论战持续两个月之久，结果以美国联邦储备委员会胜出、以主张公允价值方的失败而告终。1938年6月26日，罗斯福总统宣布银行监管程序统一协议，要求银行对投资级别的资产按摊余成本而非市场价格计量，对投资级别以下的资产按市场价格的长期平均值计量。在危机紧要关头，为了宏观经济稳定，公允价值实践的第一阶段宣告结束。自此开始至20世纪70年代，尽管准则制定机构的相关文告多次提及公允价值，但公允价值运用均属于例外情况，历史成本会计在美国一直居于主导地位。

进入20世纪70年代中后期，基于日益复杂的经济业务所导致的大量金融工具的创新与运用，随着亚历山大（Alexander, 1950）、穆尼茨（Moonitz, 1961）、穆尼茨和斯普劳斯（Moonitz and Sprouse, 1962）等会计学者对市场价格优势的理论分析和引入市场价格的倡议，美国会计学会（AAA，1966）对决策有用财务报告目标的提出以及相关性作为最重要会计信息质量特征的定位，会计准则制定机构又开始在银行的股票投资组合和其他可上市证券中率先引入公允价值。至80年代末，传统历史成本会计无法如实反映有价证券和衍生工具真实价值的观点亦得到了普遍认同。而发生在80年代中期的美国储蓄与信贷危机的经验又为这种观点提供了支撑。人们普遍认为，对稳健性会计准则的宽容，包括对资产和负债以历史成本为基础的计价准则，是储蓄与信贷机构问题累积的成因。1989年，美国国会通过了金融机构恢复、改革与实施法案，强化银行业中的估值准则，以确保资产与负债的估值更接近公允价值。在同一年，国际会计准则委员会也启动了一项评估金融工具计量和披露的计划项目。但是，这些措施均宣告失败。1990年，美国的经济衰退进一步加剧，贷款合同急剧下跌，美国再次遭遇金融风暴。对此，美国联邦储备委员会迅速作出决定，放宽稳健的估值准则，以减轻银行面临的压力。在布什（Bush）总统积极协调下，宽松的监管政策与估值准则相继出台，公允价值再次被关进了"笼子"。

然而，也正是20世纪80年代中期的储蓄与信贷危机，坚定了美国财务会计准则委员会推动公允价值的决心。危机发生前，储蓄与信贷机构基于历史成本的财务报表往往显示出良好的资产质量和稳固的资本基础，但危机爆发后1 300多家储蓄及贷款机构资本充足率跌破监管底线，濒临破产境地，不得不接受储蓄和贷款保险公司的救助。监管部门和机构投资者认为，基于历史成本的财务报表具有显著的时滞性，导致储蓄及贷款机构的不良信贷资产、劣质金融产品及风险和潜亏在处置或出售前都无法反映在财务报表上，致使监管部门不能及时采取措施以防范和化解金融风险，投资者也不能及时辨识储蓄及贷款机构的金融风险。为此，美国国会要求证券交易委员会（SEC）责成财务会计准则委员会从准则层面进行反思和纠错，尽快解决历史成本既不能反映金融机构真实情况又不能向监管部门提供预警信息的核心问题。同时，《美国联邦储蓄公司改进法案》（Federal

Deposit Insurance Corporation Improvement Act）也于1991年发布，该法案将公允价值的扩展运用作为关键的纠正措施之一。在这种背景下，财务会计准则委员会下定决心，加速推进公允价值在金融工具会计中的运用。自此之后，财务会计准则公告（SFAS）第107号《金融工具公允价值的披露》（1991）、第115号《特定债务与权益证券投资的会计处理》（1993）、第119号《衍生金融工具以及金融工具公允价值的披露》（1994）、第123号《股份支付》（修订稿，2004）、第157号《公允价值计量》（2006）、第159号《金融资产与金融负债的公允价值选择权》（2007）等涉及公允价值计量和相关信息披露的准则陆续发布。2005年10月，美国注册金融分析师协会建议财务会计准则委员会基于证券投资者的需要设计会计准则，用完全公允价值会计取代历史成本会计。财务会计准则委员会也积极呼应，于2006年7月指出，为了保证会计信息的决策有用，应当将公允价值作为所有资产、负债项目的计量基础。在这一时期，国际会计准则委员会（现为国际会计准则理事会，IASB）也不断地扩展了公允价值的运用范围，进而将公允价值的运用再次推向了一个新的阶段。然而，天有不测风云，美国次贷危机于2007年爆发，并引发2008年全球性金融危机，再次将公允价值会计推向了风口浪尖，有关公允价值存废的论战再次打响。在这次危机中遭受重创的华尔街最先把矛头指向公允价值，指出对次级债及其衍生品采用公允价值计量并将公允价值变动计入当期损益，会产生极具破坏性且可能危及金融稳定的顺周期效应，金融危机愈演愈烈，政府救市无功而返，公允价值运用起到了推波助澜的坏作用。金融界这种把本应是纯技术的公允价值运用论战，上纲上线到危及金融稳定和金融安全的层次，触动了政治家的神经，促使他们向会计界施加了前所未有的压力，将公允价值推向生死存亡的边缘。面对金融界的无理指责和政治界的巨大压力，以美国财务会计准则委员会和国际会计准则理事会为代表的准则制定机构基于专业的角度，奋力发起反击，指出金融界对公允价值的指责倒因为果，目的是为自己过去激进的放贷政策和松懈的风险管理开脱责任。美国财务会计准则委员会时任主席赫兹（Herz）在美国听证会上尖锐地指出，公允价值在金融工具领域运用范围的日益扩大，并非会计界一厢情愿，投资者特别是机构投资者以及监管部门从历次的金融危机中清楚地意识到，公允价值运用有助于促使金融机构提供更加及时、透明、有用的信息，金融界要求废止公允价值运用实践，罔顾投资者的信息需求，是不负责任的做法。财务分析师协会（FAF）认为，公允价值比历史成本更加透明，将金融危机对不同金融机构的差异化影响暴露无遗，既有助于投资者评价其投资组合的风险，又有利于监管部门及时采取措施化解风险。在这场论战中，尽管美国证券交易委员会的研究报告证明公允价值并非此次金融危机的罪魁祸首，但也确实存在一些值得改进之处。尽管如此，迫于金融界的有效游说和政治家的强势介入，国际会计准则理事会和美国财务会计准则委员会更是作出了一些无原则的妥协和让步，公允价值的运用进程再次陷入停顿状态（黄世忠和王肖健，2018）。不难看出，尽管论战的焦点在于金融风暴的原因与后果，但从表面上看，金融风暴的核心是一个相当基础性的问题：对构成金融体系的金融工具应如何计价列报（公允价值或其他计量属性）。正如美国货币监管署署长普雷斯顿·德拉诺（Preston Delano）所言："银行体系的稳健程度取决于一国工商企业的健康状况，而不应以当前市场报价这一飘忽不定的标准来衡量，这些报价往往反映了投机性而非对内在价值的真实评估。"① 如此基本的问题本不应该是生死攸关所在，但对于许多处于金融风暴中心的金融机构而言，它又恰恰是问题的所在。

在我国，公允价值的运用也经历了引入、禁止、重新启用等阶段。1998年起，我国颁布了债务重组、投资、非货币性资产交换等具体会计准则，其中引入了公允价值。从1998年引入公允价值开始到2000年的短短三年间，就出现了许多大规模利用公允价值进行利润操纵的案件，使得公允价值饱受非议。有学者认为，公允价值的运用给会计造假预留了空间，成为企业进行盈余管理的工具。有学者认为，企业操纵利润行为的发生根

---

① Revision in Bank Examination Procedure and in the Investment Securities Regulation of the Comptroller of the Currency, Federal Reserve Bulletin, July 1938：563 - 564.

本原因不在于公允价值本身,而在于我国还没有配套的相关法律法规和监管体系。为了提高会计信息的质量,我国在2001年新修订发布的债务重组、投资、非货币性资产交换等准则中,绝大多数涉及公允价值的内容被取消,公允价值在我国的实践进入了禁止使用阶段。随着我国资本市场的发展以及2005年股权分置改革的推进,越来越多的金融工具开始出现,公允价值也于2006年再一次被提出,38项具体准则中有19项提及公允价值,其中有17项涉及要素项目的确认与计量。2008年全球金融危机的爆发,公允价值的去留在国际上再次引发争议。随着国际财务报告准则(IFRS)第13号《公允价值计量》于2011年发布,我国于2014年发布了《企业会计准则第39号——公允价值计量》,明确规定了公允价值的新定义、计量层级、估值技术以及披露等内容,完成了又一次与国际会计准则的趋同,标志着公允价值在我国的运用步入了规范化的新阶段。

与公允价值运用的实践及其争论相对应,理论界也围绕公允价值的运用及其影响展开了大量的研究。在国外,有关该选题的研究侧重于分析验证公允价值运用的影响或后果,而且大多采用美国、澳大利亚以及英国、法国、德国等欧洲国家的公司数据,重点评价金融工具和非金融项目的公允价值对会计信息质量的影响或公允价值信息的有用性及其影响因素。围绕金融工具的研究多以银行为样本,并为该类信息的有用性提供了许多支持证据(Barth,1994;Barth et al.,1995;Petroni and Wahlen,1995;Eccher et al.,1996;Barth et al.,1996;Nelson,1996;Venkatachalam,1996;Park et al.,1999;Bell et al.,2002;Caroll et al.,2003;Gebhardt et al.,2004;Aboody et al.,2004;Hodde et al.,2006;Hamida,2006;Daske et al.,2008;Florou and Pope,2009;Wu and Zhang,2010;Song et al.,2010;Li,2010;Barth et al.,2010;Yip and Young,2011;Clarkson et al.,2011;Riedl and Serafeim,2011;Fichter,2011;DeFond et al.,2011;Cairns et al.,2011;Bosch,2012;Laghi et al.,2012;Aurori et al.,2012;Blankespoor et al.,2013;Liao et al.,2013;Bhat,2013;Siregar et al.,2013;Drago et al.,2013;Evans et al.,2014;Magnan et al.,

2015；Lawrence et al.，2016；Dignah et al.，2016；Siekkinen，2016；Siekkinen，2017；Freeman et al.，2017；Fiechter and Novotny-Farkas，2017；Siekkinen，2017；Fontes et al.，2018；Ferreira et al.，2019；Mechelli and Cimini，2019）。但也有不少证据表明，公允价值的运用没有意义甚至会产生不利的后果，如存款、长期债券及表外金融工具公允价值信息的有用性与历史成本信息不存在显著差异（Barth et al.，1996；Khurana and Kim，2003）；养老金会计中公允价值的运用损害了会计信息的价值相关性和信贷相关性（Hann et al.，2007）；公允价值的运用（包括行使公允价值选择权）会导致盈余波动的增加（Hodder et al.，2006；Couch et al.，2017）；公允价值运用会增加风险进而导致权益资本成本上升（Riedl and Serafeim，2011；Dignah et al.，2016）；相对于现行的混合计量模式，完全公允价值模式并没有提高财务报表的价值相关性（McInnis et al.，2018）。非金融项目公允价值信息的有用性也获得了一些证据支持（Bublitz et al.，1985；Murdoch，1986；Haw and Lustgarten，1988；Easton et al.，1993；Black et al.，1998；Barth and Clinch，1998；Aboody et al.，1999；Dietrich et al.，2001；Danbolt and Rees，2008；Lourenco and Curto，2008；So and Smith，2009；Deaconu，2010；Cairns et al.，2011；Muller et al.，2011；Christensen and Nikolaev，2013；Liang and Riedl，2014；Goncharov et al.，2014；Israeli，2015；Müller et al.，2015；Goncalves and Lopes，2015；Bostwick et al.，2016；Kimbro and Xu，2016）。当然，也有少证据证明非金融项目公允价值计量的选择往往具有明确的背景和动机，如面临经营困境或经济衰退、债务契约考虑、政治成本考虑、解决信息不对称问题、向投资者信号传递以及管理机会主义等（Brown et al.，1992；Whittred and Chan，1992；Cotter and Zimmer，1995；Barlev et al.，2007；Quagli and Avallone，2010；Israeli，2015；Chen and Tang，2017），其有用性与公允价值运用背景、动机及成本有关，甚至出现公允价值信息不如历史成本信息有用等情况（Beaver et al.，1982；Beaver and Landsman，1983；Beaver and Ryan，1985；Magliolo，1986；Harris and Ohlson，1987；Bernard and Ruland，

1987；Barlev et al.，2007；Ramanna and Watts，2012；Christensen and Nikolaev，2013；Liang and Riedl，2014；Daly and Skaife，2016；He et al.，2018）。另外，还有些学者对金融工具和非金融工具、金融企业和非金融企业不加区分，研究公允价值运用的有用性，既有证据表明公允价值信息的有用性，如公允价值信息有助于受托责任的评价（Anderson et al.，2015），公允价值的运用能够提升分析师预测的质量（Barron et al.，2016；Ayres et al.，2017；Barth and Landsman，2018），但也有证据表明公允价值信息不如历史成本信息有用，如会导致盈余波动性增强、持续性下降等盈余质量恶化（Dichev and Tang，2008；Dichev et al.，2013），无助于提升甚至是损害了盈余预测或现金流量预测的准确性（Bezold，2009；Hoitash et al.，2017），投资者和分析师并非如准则制定者期望那样评估公允价值，其有用性的结论不明确（Georgiou，2018）。需要特别强调的是，每次金融危机的爆发，都会引发有关公允价值的论战，研究的重点也由关注公允价值计量"是否有用"转向了"是否是金融危机的元凶或罪魁祸首"。面对20世纪80年代中期的储蓄与信贷危机及其导致的经济进一步衰退，美国联邦储备委员会、财政部和金融界就对90年代初公允价值在会计准则中的引入表示极力反对，它们指出：公允价值会计是对现行会计模式（以历史成本为主要计量属性）的极端背离，缺乏可靠性，将会导致金融机构的收益产生巨大波动，可能导致金融机构的贷款决策短期化等。2007年美国次贷危机的爆发以及由此所引发的2008年全球性金融危机，更是将公允价值会计推向了风口浪尖，使其一夜之间成为众矢之的。华尔街的银行家们作为金融界的代表公开强烈指责公允价值会计计量模式，声称之前公允价值会计把经济泡沫吹得无比巨大，高估了资产实际价值；而在经济泡沫破裂之后，过低地反映资产价格，影响公司业绩表现和投资者信心，一定程度上加剧了金融危机，起到了火上浇油的作用，是造成次贷危机乃至全球性金融危机的主要元凶和罪魁祸首。美国国会对公允价值也表达了类似的观点，这给财务会计准则委员会施加了巨大的压力，以寻求会计规则的改变。美国国会还针对金融界的指责与批评，要求证券交易委员会就公允价值的运用问题进行研究。美国证券交易委员会积极响应，并于2009年1月2日向国会提交了一份研究报告。证券交易委员会的报告指出，某些金融机构所遭受的财务困难并不能归咎于公允价值的运用，而是由于错误的领导决策以及风险管理的不到位，再加上相关部门的监管不力；市场参与者尤其是投资者相信公允价值对公众提供了透明有效的财务信息，公允价值信息在当前的非常时期是极为重要的，终止使用公允价值只会削弱投资者的信心并使市场更加不稳定。尽管如此，证券交易委员会也指出了公允价值运用中需要进一步改进的若干问题。学术界也对公允价值在金融危机中的角色或作用进行了大量研究。有不少学者认为，公允价值运用消耗了银行的监管资本，导致其缩减贷款，触发其资产出售，引起进一步的经济动荡，加剧了公司报告盈余的波动，增加了个体风险和系统性风险，具有顺周期效应，加剧了美国乃至全球金融危机的严重性，导致了市场泡沫和崩溃，建议最好转回到历史成本模式（Barth，1995；Bernard et al.，1995；Yonetani and Katsuo，1998；Hirst，2004；Hodder，2006；Plantin，2008；IFM，2008；Wallision et al.，2008；Allen and Carletti，2008；Wallison，2008；Whalen，2008；Forbes，2009；Khan，2009）。但也有学者研究发现，公允价值运用对监管资本的影响很小，商业银行出售证券应对监管资本的消耗证据不充分，且出售证券的数量不具经济上的重要性，危机期间的出售数量无论在行业层面还是在公司层面都没有显著增加，公允价值运用不具有顺周期效应（Amel-Zadeh et al.，2017），并不是金融危机的罪魁祸首，它扮演的是信使而非射手的角色，是金融危机的"替罪羊"（Turner，2008；Veron，2008；Badertscher et al.，2012），衍生工具的销售型会计处理才是导致财务报表扭曲的根本原因（Bryan et al.，2010）。还有学者指出，上述两种观点都存在问题，公允价值既不应该对此次危机负责，但也绝不仅仅是一个只报告资产价值而不产生自身经济影响的计量体系（Laux and Leuz，2009）。尽管目前理论研究和经验证据有关公允价值带来经济后果的结论都不是决定性的且存在不同观点，但人们对有关按照公允价值报告资产和负债的市场后果问题依然表现出严重的关切。需要指出的是，2008年金融危机加速了监管机构、准则制定部门和从业者的认同，以致力于向所有公司利害关系人提供有关市场价值剧烈快速变化的决策有用的财务信息。此外，发布更多公允价值导向的会计准则也是应对社会公众关于会计规则在防范公司财务造假方面能力不足指责的一项举措。

在我国，有关学者就公允价值运用对会计信息质量影响的研究起步较晚，研究内容主要集中在公允价值信息的价值相关性、公允价值运用与信息风险、公允价值与顺周期效应、公允价值计量与盈余管理、公允价值运用与盈余预测、公允价值运用与会计稳健性等方面。有关公允价值信息价值相关性的研究虽然提供了较多支持性的证据（王跃堂等，2005；王建玲等，2008；徐虹，2008；朱凯等，2008；谭洪涛和蔡春，2009；王玉涛等，2010；刘斌和吴娅玲，2010；刘斌和鲍夏梦，2010；王建新，2010；朱松和贾平，2011；白默和刘志远，2011；刘永泽和孙翯，2011；叶康涛和成颖利，2011；伍中信和李思霖，2012；侯晓红和赵灵敏，2012；薛倚明和张佳楠，2012；董南雁等，2012；徐经长和曾雪云，2013；张金若等，2013；曲晓辉和黄霖华，2013；李亚静和朱宏泉，2014；黄霖华和曲晓辉，2014；曲晓辉和张瑞丽，2015；张金若和王炜，2015；黄霖华等，2015；邓永勤和康丽丽，2015；彭珏和胡斌，2015；杨利红和王文俊，2017；黄霖华等，2017；吴秋生和田峰，2018；王雷和李冰心，2018；郝玉贵等，2018；李庆玲和田菊芳，2019；马文琪和吴秋生，2019），但同时也存在一些消极的证据（邓传洲，2005；黄丽娟和张佳梦，2008；汪建熙和王鲁兵，2009；He et al.，2012；张金若等，2013；谢成博等，2017）。另外，相关研究还表明，公允价值运用导致上市公司的会计信息风险显著增加，甚至随着公允价值层级的增加呈现出依次递增的趋势（王冲和谢雅璐，2010；刘斌等，2013；毛志宏等，2014；吕兆德和宿增睿，2016）；具有顺周期效应，在面临正向冲击或逆向冲击的情况下会放大银行的系统性风险，具有风险相关性（汪建熙和王鲁兵，2009；李国民和徐彦坤，2010；刘斌和罗楠，2010；陈学彬和许敏敏，2010；徐经长和曾雪云，2011；刘红忠等，2011；唐梅和林友绪，2011；谭洪涛等，2011；管考磊，2012；

侯晓红和陈华，2012；徐浩峰，2013；谭洪涛等，2013；潘希宏等，2013；梅波，2014；谢乔昕和宋良荣，2016；任月君等，2017；杨鹏，2019）；导致了相应的盈余管理行为（魏涛等，2007；刘志远和白默，2010；吴腊，2014；刘行健和刘昭，2014；杜孝森和胥传超，2014；谭洪涛等，2014；李文耀和许新霞，2015；顾署生和周冬华，2016；时祎和陈少晖，2017；黄霖华等，2017；蔡利等，2018；李超颖等，2018；张侠，2019）；增加了公司盈余的波动（陈学彬和许敏敏，2010；侯晓红和陈华，2012；刘斌等，2013；唐凯桃和杨彦婷，2016；邓永勤和裴丽丽，2016；吕兆德和宿增睿，2016），影响了盈余预测能力和分析师预测的准确性（刘斌等，2013；曲晓辉等，2016；杨松令等，2018）；降低了会计稳健性或会计信息的可靠性（汪建熙和王鲁兵，2009；徐经长和曾雪云，2012；陈国珍，2014；杨书怀，2016；张国华和张瑞丽，2016；任月君等，2017；颜剩勇和刘晶晶，2017；邢攀龙和田宗涛，2018）。但是，也有一些研究得出了不同的结论，如公允价值在我国的运用不会导致顺周期效应（刘奕均和牛盼强，2010；刘奕均和胡奕明，2010；黄静如和黄世忠，2013；项后军和陈简豪，2016），与盈余管理的程度无关甚至是降低了盈余管理的程度（刘英男和王丽萍，2008；王建刚和刘庆艳，2009；韩俊华，2009；彭珏和胡斌，2015；潘孝珍和潘婉均，2018），增强了盈余预测的准确性（曲晓辉和张瑞丽，2015；曲晓辉和毕超，2016；李端生等，2017；陈丽和倪程成，2019），没有导致会计稳健性或会计信息可靠性的显著下降（陈骏，2013；冷军，2015；吴秋生和田峰，2018；邓浩月和刘后平，2018；马文琪和吴秋生，2019）。由此可见，我国对于公允价值运用对会计信息质量影响的研究结论也不一致甚至是矛盾的。但遗憾的是，这样的研究结论，并未得到系统深入的分析和说明。

那么，公允价值运用对会计信息质量到底有何影响？是否会导致信息使用者短期利益、中期利益和长期利益的矛盾或冲突？对经济发展尤其是资本市场的发展到底是利大于弊还是弊大于利？应如何权衡公允价值运用的利弊得失？如何在公允价值运用方面做到扬长避短？事实上，会计计量属性并非会计信息质量高低的唯一决定因素，财务呈报制度、会计准则的运行环境以及注册会计师和政府对财务呈报的监管等因素也都是影响会计信息质量的重要控制变量。然而，相关的研究主要从决策有用观出发，大多集中在金融工具公允价值信息的价值相关性验证方面，涉及报表项目很少，缺少将公允价值运用、财务呈报制度与会计信息质量三者相结合的系统研究，研究结论也并非完全一致。另外，在我国，此类研究时间较短，数量较少，样本数据期间较短，且大多直接借鉴国外的方法，未考虑我国特定的制度背景，再加上评价指标自身的局限性，研究结论的准确性值得分析和验证。因此，将公允价值、财务呈报与会计信息质量三个方面相关联进行系统研究，有助于弥补目前有关财务会计研究方面的不足，丰富、完善财务会计理论的研究成果，具有非常重要的理论价值；基于会计准则国际趋同的视角以及我国的特定制度背景和信息使用者及其需求，分析公允价值运用对会计信息质量的影响，对于进一步完善相关会计准则、推进相关会计准则的贯彻实施、持续改进或者改革企业财务呈报制度、加强注册会计师和政府有关部门对企业财务呈报的监管进而提高会计信息的质量具有重要的现实指导意义。

## 第二节 研究的主要内容和基本思路

### 一、研究的主要内容

本书主要基于会计准则国际趋同的背景，结合我国特定的制度环境，从公允价值在企业会计准则中的运用、财务呈报制度与会计信息质量相互关联的视角，重点研究公允价值运用对会计信息质量的影响。研究的主要目标在于，通过对公允价值运用实践与现行财务呈报制度同会计信息质量之间的关系分析，以及影响公允价值会计信息质量的关键因素分析，力求从公允价值运用和财务呈报制度相互关联的视角，寻求相关企业会计准则与财务呈报制度的协同改进，提高会计信息的质量，降低会计信息风险。

基于上述研究目标，本书拟包括如下内容：财务呈报目标、会计信息质量特征及会计信息质量评价指标；公允价值及其在会计准则中的运用分析；公允价值对会计信息质量影响的理论分析；公允价值对会计信息质量影响的经验证据；基于会计信息质量及其有用性推动目的公允价值相关会计准则改进及其实施等对策。具体而言，本书的内容除本部分外，还包括如下五个部分。

第二部分为"财务呈报目标、会计信息质量特征与会计信息质量评价"。本部分首先基于财务呈报目标的演进及其相关研究，就决策有用观和受托责任观目标进行分析、评价和比较，在此基础上就会计准则全球趋同背景及我国特定的制度背景下财务呈报目标的合理定位进行讨论；其次基于不同的财务呈报目标，分析会计信息质量应具备的特征或要求，并据以构建与现行财务呈报目标合理定位协调一致的质量特征体系；最后基于会计信息质量评价的相关理论与文献分析，系统梳理会计信息质量评价的主要内容与基本方法，研究提出目标导向的会计信息质量评价思路。本部分讨论依据的基本观点是：财务呈报目标不同，其会计信息的质量特征或要求不同，因而评价其质量高低的指标或指标体系也有所不同；实务中很难对某一质量特征进行独立的定量评价，更难以赋予不同质量特征以不同的权重进而计量会计信息的总体质量，但可选择一个或多个替代指标（如盈余质量、价值相关性）从不同侧面对会计信息整体质量进行检验与评价；盈余特征观或盈余管理观下的盈余质量是检验受托责任观下会计信息质量的最佳指标，而会计盈余、净资产与企业市场价值（或股价）之间的关联性即价值相关性则是评价决策有用观下会计信息质量的最佳指标；基于会计准则国际趋同的背景以及我国资本市场的发展状况、会计信息使用者的特征及其信息需求以及现行会计准则对财务呈报目标强调受托责任观和决策有用观相融合的定位，企业会计信息质量评价的替代指标应坚持以盈余质量、价值相关性和风险相关性为主，以可靠性、谨慎性、可比性等质量特征的个别评价为辅。

第三部分为"公允价值及其在会计准则中的运用"。本部分从公允价值概念的缘起及相关学者和准则制定机构的定义讨论入手，分别从法律层面、经济学层面和会计学层面剖析其本质和基本内涵，在此基础上，就公允价值在美国一般公认会计原则、国际财务报告准则和我国企业会计准则中的运用情况进行总结分析，为后续研究提供必要的制度基础。本部分的主要观点是：公允价值是一个可以而且需要从不同层面理解的概念，对这一概念的不同层面解释存在着明显的差异，不同层面的公允价值理解也存在统一的前提。公允价值强调了公正和公平；完全竞争市场上的均衡价格或完美市场上的交易价格则是公允价值的最佳估计；公允价值应能够真实公允地反映资产或负债在资产负债表日的预期经济利益或现行价值，是现行市场价值的会计表达；会计实践则从可理解性和可操作性出发将公允价值理解为公允市场价格或公开活跃市场上的报价；公允价值在会计准则中运用体现了会计准则制定机构对在特定环境中提升会计信息质量或有用性的主要要求。

第四部分为"公允价值对会计信息质量的影响：理论分析"。本部分以公允价值在会计准则中的运用缘起及其理论基础分析为基础，讨论现行会计准则中公允价值的运用对各项会计信息质量要求的影响，据以就公允价值运用对会计信息整体质量的影响作出初步的推断，并据以判断公允价值运用对决策有用观和受托责任观目标实现的影响。本部分的主要观点是：历史成本会计面对不稳定经济环境的不适应性是公允价值运用最直接和最简单的诱因；产权保护、决策有用的计量观、经济学收益的计量以及实物资本保全的需求，为公允价值的运用提供了较好的理论解释；实务中，公允价值的运用对于提升会计信息的相关性、可靠性、可比性、可验证性、可理解性、及时性、谨慎性的影响都是有前提条件的，因而是否有助于决策有用观或受托责任观目标的实现会受多种因素的影响。

第五部分为"公允价值对会计信息质量的影响：经验证据"。本部分首先基于第四部分的理论分析结论，就公允价值运用对盈余质量、价值相关性、会计信息风险与风险相关性的影响提出假设，并借助于国内外的经验证据检验假设的真伪，从不同视角综合评价公允价值运用对会计信息质量的影响，剖析主要的成因；其次，基于公允价值运用对会计信息可靠性、谨慎性、可比性、透明度以及公允价值选择权等视角提出基本假设，借助于国内外经验证据进行检验，为会计信息质量的评价提供补充。本部分的主要观点是：在其他因素相同的情况下，公允价值计量对会计信息质量的影响受财务呈报制度的影响；公司所在行业特性、竞争环境、市场成熟度、治理结构、商业模式、外部监管特性、公允价值运用范围、公允价值计量层级、管理层的报告动机也会影响会计信息质量；但这些影响因素可以通过财务呈报制度的改革与完善纳入公司的财务报告之中，作为信息使用者判断会计信息质量的依据。

第六部分为"基本结论、主要困惑与政策建议"。本部分基于理论分析和大量经验证据的梳理，首先就公允价值运用及其对会计信息质量的影响进行总结，其次剖析现行会计准则关于公允价值定义以及运用要求中存在的主要问题，最后就如何进一步完善公允价值的运用、保证会计信息质量和提升会计信息的有用性，分别从准则制定、准则实施、外部监管和信息用户等视角研究提出相关政策建议和意见。

## 二、研究思路

本书主要采用历史分析、文献分析、逻辑分析、实证分析等方法思路，以"财务呈报目标—会计信息质量特征—会计要素的确认、计量和报告—会计信息质量评价"为主线，首先基于会计准则国际趋同背景以及我国特定制度环境的财务呈报目标定位及其对会计信息特征的要求，构建会计信息质量评价的框架和思路；其次，基于公允价值及其在会计准则中运用的理论分析，借助于构建的会计信息质量评价框架和思路，就公允价值运用对会计信息质量的影响进行理论分析，并结合国内外大量的重要经验证据，总结分析相关的研究发现及影响因素；最后，基于现行会计准则中公允价值运用对会计信息影响的理论分析和经验证据的分层、分类和关联分析，就公允价值对会计信息质量以及财务呈报目标实现的影响作出综合的评价，剖析公允价值定义及运用实践中存在的问题，从准则制定、准则实施、外部监管和信息用户等视角研究提出相关政策建议和意见。本书研究的基本思路如图1-1所示。

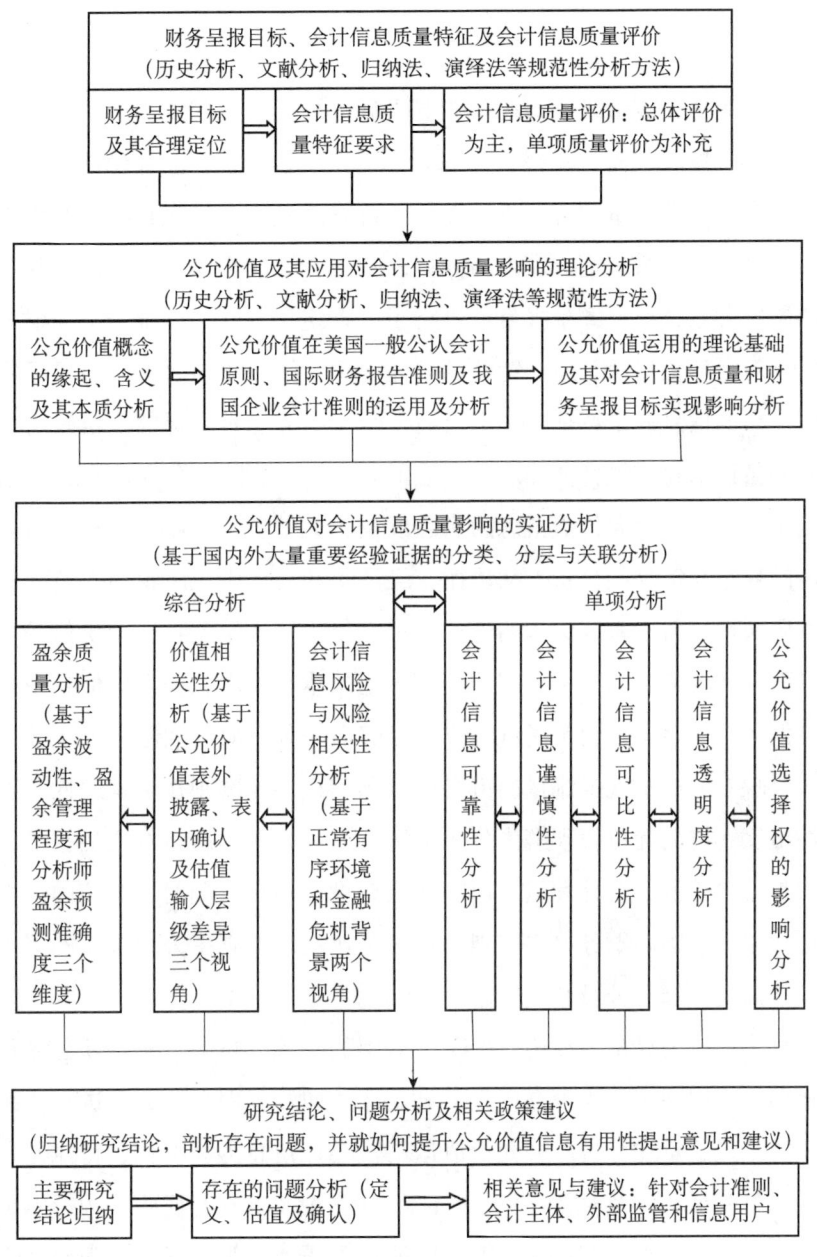

图1-1 研究的基本思路和框架

## 第三节 研究的主要贡献

本书的主要贡献或创新在于如下四个方面。

第一,按照"财务呈报目标—会计信息质量特征—会计确认、计量与报告—会计信息质量评价"这一路径,首先对受托责任观和决策有用观的财务呈报目标进行了全面深入的分析,基于会计准则国际趋同以及我国特定的制度背景,对财务呈报目标进行了合理定位;其次,基于不同财务呈报目标对会计信息及其质量特征的具体要求,提出了与财务呈报目标定位协调一致的信息质量特征要求;最后,基于财务呈报目标的定位及与之相协调的会计信息质量特征要求,构建了会计信息质量评价的框架和思路。

第二,基于公允价值概念的缘起以及相关学者和准则制定机构对公允价值的界定与解释的分析,从法律、经济学和会计学三维视角对公允价值的本质属性进行了系统深入的论述,进而得出基本结论:公允价值是一个可以而且需要从不同层面理解的概念,但从本质上看,公允价值是现行市场价值的会计表达,而市场价值应该能够以一种有效和实际上公正无偏的方式反映有关未来现金流量的市场一致预期;会计准则从可理解性和可操作性出发,将公允价值理解为公允市场价格或公开活跃市场上的报价,强调的是公允价值的会计计量,而非本质属性的体现。同时,对美国一般公允会计原则、国际财务报告准则和我国企业会计准则中公允价值的运用进行了全面的总结、分析和比较。

第三,以公允价值在会计准则中运用的缘起分析为基础,就公允价值的运用从产权理论、决策有用观、收益计量和资本保全等方面进行了系统深入的论述,重点分析了公允价值运用对会计信息的相关性、可靠性、可比性、可验证性、及时性、可理解性、谨慎性等质量特征要求的影响,并就公允价值运用是否有助于决策有用观和受托责任观目标的实现作出了逻辑判断:尽管决策有用观和受托责任观的财务呈报目标强调不同的信息使用者及其不同的决策需求，对会计信息质量特征的要求也有不同的侧重，甚至存在不同的理解，但在所需信息方面又存在大致相同的内容；作为一种反映资产、负债现时市场价值的计量属性，公允价值的估值可靠性若能够得到合理保证且运用范围合理，相关信息披露充分适当，既有助于决策有用观目标的实现，又有助于受托责任观目标的实现。

第四，借助于截至 2019 年发表于会计评论（The Accounting Review）、会计研究月刊（Journal of Accounting Research）、会计与经济学月刊（Journal of Accounting and Economics）、当代会计研究（Contemporary Accounting Research）、会计、组织和社会（Accounting, Organizations and Society）、会计研究评论（Review of Accounting Studies）等国际知名期刊且以公允价值为主题的重要实证研究文献，以及依托于我国国家自然科学基金、社会科学基金和教育部人文社会科学基金三大基金项目或发表于 CSSCI 期刊的其他以公允价值为主题的实证研究文献的大量经验证据，本书就公允价值运用对会计信息质量的影响从盈余质量、价值相关性、会计信息风险与风险相关性以及可靠性、谨慎性、可比性、透明度等方面进行分类、分层和关联研究，进行总结分析，剖析公允价值定义及估值中的问题，从会计准则、会计主体、外部监管和信息用户四个方面研究提出相关的对策与建议。

# 第二章
# 财务呈报目标、会计信息质量特征与会计信息质量评价

## 第一节 财务呈报目标：决策有用观与受托责任观的融合

目标是人们从事某项活动预期所要达到的境地或标准，是主观见之于客观的产物，是一定客观环境下人们主观意识的表达。类似地，财务呈报目标就是人们通过财务会计报告实践活动预期所要达到的境地或标准，它是财务会计目标的一种表达形式，取决于财务会计的本质及其所处的特定环境。有关财务呈报目标的研究始于20世纪初，随着人们对会计是一个经济信息系统的认可而不断深化。至七八十年代，形成了两种代表性的观点，即受托责任观和决策有用观。

### 一、关于财务呈报目标的研究

有关财务呈报目标的认识与研究，大致可划分为以下三个阶段。

第一阶段：萌芽阶段（20世纪50年代以前）。在该阶段，一些会计文献在讨论会计理论问题时，不是特别注重目标的概念，有关学者直接或间接地（更多情况下是间接）提及类似于财务呈报目标的概念，对其表述既

不统一又比较随意，对其研究仅仅是零星的，既不深入也不系统。如辛普森（Simpson）在其1921年出版的一本著作中就已经提到"会计的目的"和"会计师的目的"等概念；时任美国会计师协会（AIA）主席的乔治·梅（George O. May）在其1932年递交给证券交易委员会的书信中指出，向股东提交财务报表的目的不仅在于提供企业管理层受托责任结果的信息，而且还应有助于他们采取适当的行动，以便对受托责任的履行结果产生影响（AIA，1934）；美国注册会计师协会（AICPA）在其1938年发布的一份研究报告中指出，会计的目标是"有利于企业的运行，以达到其既定的目的"（Sanders et al.，1938）；佩顿（Paton）和利特尔顿（Littleton）在其1940年合著的《公司会计准则绪论》一书中强调，会计的目的是"提供关于某一企业的财务数据，加以汇集、整理与提供，以满足管理当局、投资人和社会公众的要求"。在此期间，坎宁（Canning，1929）、吉尔曼（Gilman，1939）等在其论著中都间接地对会计目标的概念进行了讨论。

第二阶段：发展阶段（20世纪50~60年代）。进入20世纪50年代后，会计目标的研究引起了人们的关注，逐渐成为学术界研究的重点，相关学者和机构基于会计信息系统的视角，着手构建基于会计目标的会计理论体系。1953年，美国会计学家斯托布斯（Staubus）的博士论文专门研究了会计目标问题，提出会计目标就是"提供对投资人决策有用的信息"的观点。斯托布斯的研究开启了直接将会计目标作为研究对象的先河，也标志着会计目标问题开始得到理论界的重视。美国著名会计学家利特尔顿在其同年出版的《会计理论结构》一书也详细研究了会计的目标，他将会计目标分为前提目标、中间目标和最高目标，指出会计的前提目标是提供关于企业经济活动的某些重要信息，中间目标是向管理当局提供控制信息或者向资源提供者报告受托责任的信息，其最终目标是帮助人们对企业所提供服务的成功与否作出适当的判断，并详细阐述了财务报表作为管理层受托责任报告的角色和作用。1955年，美国会计学会下属的公司财务报表概念与标准委员会发表的《公开财务报告的披露标准》也讨论了财务报告的目的。1960年，迪奥尼（Deuine）讨论了目标的概念及目标在会计理论体系中的重要性。他指出："企业在构建一种具有服务职能的理论体系中，首要程序是建立职能的目的和目标。随着时间的推移，目的和目标是会改变的，但在任何时期，目的和目标都必须规定明白或有可能明白地予以规定。"1966年，美国会计学会发表的《基本会计理论说明书》（ASOBAT）明确指出，会计实质上是一个信息系统，根据系统论原理，任何系统尤其是人造系统的运行、发挥的功能及其输入、变换和输出的内容、程序、方法等，都要服从于系统的目标，即基于如下目的提供信息："作出有关有限资源使用的决策，包括识别关键的决策领域并确定目标和方向；有效管理和控制组织的人力和物质资源；履行和报告资源的受托责任；促进社会的职能和控制。"这份说明书最早权威性地使用了会计信息系统的概念，将会计视为一个信息系统，并提出了会计这一信息系统的目标，表明学术界在会计理论研究过程中，开始有意识地注意会计目标问题。从这时起，会计目标的重要性逐渐为人们所认识，开始成为学术界研究的着重点，并成为财务会计理论体系的重要组成部分。

第三阶段：成熟阶段（20世纪70年代初至今）。美国会计学会《基本会计理论说明书》的发布，公开表明会计目标应该成为财务会计理论研究的重要内容，极大地推动了财务呈报目标的研究，对其研究步入系统深入的新阶段。1970年，美国会计原则委员会（APB）发布第四号公告《企业财务报表所依据的基本概念和会计原则》，开设专门章节阐述了有关财务呈报目标的基本观点。该公告明确指出，财务会计和财务报表的基本目的就是向财务报表的使用者（特别是企业的所有者和债权人）提供有助于他们进行经济决策的数量化的财务信息，包括提供能提高管理层履行经管责任和其他管理责任效率的信息。这一观点对财务会计概念框架有关财务呈报目标的定位产生了深远的影响。1971年4月，美国注册会计师协会宣布成立由罗伯特·特鲁布罗德（Robert Trueblood）负责领导的"财务报表目标研究小组"［也称为"特鲁布罗德委员会（Trueblood Committee）"］，对财务呈报目标进行专题研究。对此，美国注册会计师协会提出了四个参考性议题，即谁需要财务报表、他们需要什么信息、他们所需要的信息中有多少可由会计师提供以及为了提供所需的信息需要什么样的结构。经过两年半的深入细致的调查研究，该委员会提交了一份题目为"财务报表的目标"的研究报告。该报告将财务呈报目标分解为基础目标、使用者及其需求、使用者需要的信息、满足需要的企业信息以及财务报表和特别推荐的报表5层12项，明确指出，财务报表的基本目标是为投资者、债权人等使用者提供对其经济决策有用的信息，这些信息主要包括有助于预测、比较和评估未来现金流量金额、时间安排和不确定性的信息，有助于预测、比较和评估企业盈利能力的信息，以及有助于判断管理层在完成企业主要目标过程中对资源有效利用能力的信息（AICPA，1973）。此后，财务会计准则委员会在很大程度上接受了特鲁布罗德委员会的研究成果，并在其1978年发布的财务会计概念公告（SFAC）第1号中对企业财务呈报目标进行了更为准确和详细的阐述，该公告也因此成为美国财务呈报目标研究的标志性成果。自此，财务呈报目标开始成为财务会计概念框架中起"指引方向"作用的要素，会计目标理论得到全面重视与发展。1976年，英国会计准则筹划委员会（ASSC）发布《公司报告》，对财务呈报的目标及实现目标的手段进行了阐述，强调财务报表应努力满足其用户包括潜在用户的信息需求。1980年，加拿大特许会计师协会（CICA）发布《公司报告：前景展望》（史称"斯坦普报告"）。该报告在阐述准则制定者面临的问题以及制定过程中若干概念问题的基础上，明确指出财务呈报的基本目标是向所有潜在用户提供有用的信息，其具体目标包括有关受托责任的目标、涉及不确定性和风险的目标、涉及变更和革新的目标以及涉及用户复杂性和非成熟性的目标四个方面，受托责任目标即提供企业管理当局履行受托责任及其结果信息是财务呈报的首要目标之一。加拿大特许会计师协会的这些观点和结论之后被加拿大会计准则委员会（AcSB）所认同并接受。1989年，国际会计准则委员会发布《编报财务报表的框架》，指出财务报表的目标在于向使用者提供报告主体财务状况、业绩和财务状况变动的信息，有助于其作出经济决策以及管理层对其运用资源的受托责任或经管责任履行结果的信息，以帮助其作出持有或出售其在主体中的投资、是继续任命还是更换管理层等经济决策。1998年，英国会计准则委员会（ASB）发布《财务呈报原则公告》，指出财务报表应当提供有助于评价受托责任和制定经济决策的信息，将提供决策有用的信息和有助于评价受托责任的信息同时列为财务报表的目标，并认为以上两个目标并非互相排斥而是相辅相成的。2010年，国际会计准则理事会和美国财务会计准则委员会分别发布了双方关于财务报告概念框架的联合研究成果，将财务呈报目标定位于向现有及潜在的投资者、贷款人及其他债权人提供其作出向主体提供资源决策以及评价这些资源是否被管理层有效使用的有用财务信息。相关会计准则制定机构在财务报告概念框架中对财务呈报目标的系统阐述，不仅标志着受托责任观和决策有用观两种代表性观点的形成，也意味着对其研究趋于成熟。

## 二、受托责任观及其评述

如前所述，尽管美国财务会计准则委员会、国际会计准则理事会等机构在财务呈报目标的定位上更强调提供对使用者经济决策有用的信息，但加拿大特许会计师协会、加拿大会计准则委员会、英国会计准则委员会等依然给予提供有助于评价受托责任信息以重要的地位和清晰的阐述。事实上，相对于决策有用观，受托责任观更早受到人们的广泛关注，并得到了比较清晰合理的阐释。

受托责任观的提出源于受托责任的存在。何为受托责任？受托责任旨在表达什么？受托责任存在的基础是什么？在英文中，"custodianship" "stewardship" "accountability" 三个词先后表达了与受托责任大致相同的含义。一般认为，"custodianship" 主要用于表示中世纪庄园的管家责任，"stewardship" 则表达了管家（资源的直接管理者）对"主人"（资源所有者）所承担的有效管理主人所托付资源的责任，这种责任甚至被解释成为资源所有者创造最大财富的责任，而"accountability"除具有"stewardship"的含义外，还增加了一层意义，即资源的受托者负有对资源的委托者解释、说明其活动及其结果的义务。20世纪70年代起，有很多学者开始将受托责任延伸至更广义的层面，强调管理者对社会承担的有效利用资源、保护环境、提高整个社会福利等方面的责任。在我国，最早将"accountability"译为受托责任并极力主张受托责任学说的杨时展教授（1992）明确指出，"今天，无论在公私领域，无论在营利事业或非营利事业，负责经营管理的人比任何时候都清楚，自己经营管理的资金，并非自己所有，而是由委托人（纳税人、出资人、股份持有者、债券购买人、信托人、捐赠人、贷款人等等）委托自己经营管理的，自己对这些资金本身及其经营管理，就负有一个善意管理人应负的责任。这一责任，就叫作受托责任。"在国外，著名日裔美籍会计学家井尻雄士（Yuji Ijiri, 1975）认为，"受托责任可因宪法、法律、合同、组织的规则、风俗、习惯甚至口头合约而产生。一个公司对它的股东、债权人、雇员、政府或有关联的组织、公众都承担受托责任。在一个公司内部，一个部门的负责人对部门经理负有受托责任，而部门经理对更高一层的负责人也承担受托责任，就这个意义来讲，说我们今天的社会是建立在一个巨大的受托责任网络之上，是毫不过分的。"基于对受托责任含义演进以及国内外相关学者论述的分析，葛家澍等（1998）将受托责任的含义归纳为如下三个方面：第一，资源的受托方接受委托方所交付的资源，受托方因此承担了合理、有效地利用与应用受托资源并使其尽可能保值、增值的责任；第二，作为资源的受托方，承担了如实向资源的委托方报告其受托责任的履行过程和结果（即资源的管理情况与结果）的义务；第三，作为资源受托方的企业管理当局，还负有重要的社会责任，最大限度地保持并提高企业所处社区的良好环境、有效地利用并培养人力资源等。但从传统意义上来看，受托责任的产生与财产物资所有权与经营管理权分离以及由此引发的代理问题密不可分，因而，受托责任的核心要义在于资源受托方承担的有效管理与利用受托资源以获取适当的回报并如实向资源委托方报告其过程和结果的义务。这也是受托责任观的基本出发点和落脚点。

基于对受托责任的理解和倚重，受托责任观强调，财务呈报的目标就是报告受托责任的履行过程和结果。受托责任观形成于股份公司制盛行之时，它的发展与股份公司制和现代产权理论的发展休戚相关。按照产权理论，资源所有者将其资源委托给受托者，同时赋予受托者以资源的保管权和运用权；受托者接受委托者的委托，有权对资源自主地运用经营，通过有关组织规则，如公司章程和法规制度等约束机制，明确规定委托者和受托者之间形成一种"委托—受托"权利责任关系。而在股份公司制下，资源的委托—受托权利责任关系十分清晰，客观上要求会计系统反映受托责任，从而形成了以受托责任为目标取向的受托责任观。这在有关学者的研究成果中都有所论述。在国外，井尻雄士和沙埃特（Cyert）于1973年共同发表的论文《财务报表的理论框架》以及井尻雄士的《会计计量理论》和《三式记账法的结构和原理》就是其中的代表作。井尻雄士（1975）认为，会计的基本目标是确保受托责任，是管理当局向有关联的各方交代受托责任的执行情况；会计计量应主要以经济绩效的计量为特征，其计量必须高度标准化和可验证，使会计系统生成的业绩指标几乎不存在质疑的空间；为此，计量程序必须始于可验证的事实，必须得到详尽的说明，且适当计量程序的数量必须限制。在我国，杨时展教授（1992）基于其对受托责任的理解，明确指出，有受托责任，就得有会计，受托责任的存在是人们之所以要会计的基本原因；一切会计方法及这些方法所依据的假设、原理、原则、标准以及对标准的解释等，无一不是为了客观、及时、可信、经济地完成受托责任的认定工作，无一不服从于认定受托责任的需要；不理解受托责任，就无法理解现代会计；现代会计就是一个以认定受托责任为目的，以决策为手段，对一个实体的经济事项按货币计量及公认原则与标准，进行分类、记录、汇总、传达的控制系统；会计的原本或终极目的在于认定受托责任的完成情况。如前所述，乔治·梅（1932）、利特尔顿（1953）、美国会计学会（1966）、美国注册会计师协会（1973）、加拿大特许会计师协会（1980）、国际会计准则委员会（1989）、英国会计准则委员会（1998）、美国财务会计准则委员会和国际会计准则理事会（2010）以及我国2006年发布的《企业会计准则——基本准则》等也都对财务报表提供有助于评价受托责任的信息予以强调或有所表述。

通过对相关文献的综合分析不难看出，受托责任观将财务呈报的基本目标定位于以恰当的方式有效地反映资源受托者对资源所有者（股东）的受托责任及其履行情况。受托责任观的主要观点可归纳为如下八个方面。（1）受托责任被定义为对现有股东的经管责任，即合理有效地管理与利用资源所有者提供的资源，在保值的基础上最大限度地实现其增值，并以恰当的方式如实向资源的委托方报告其经管责任的履行过程和结果。（2）企业的所有者即企业的现有股东是财务报表的主要使用者，作为企业的长期投资者，他们具有特殊的地位，因而现有股东的信息需求，包括评价受托责任的信息需求，必须得到满足。（3）会计确认的对象仅限于企业实际发生即过去的经济交易或事项，因为过去交易和事项是相关的信息，并与计量的可靠性和存在的可能性一起，是财务报表要素确认的关键要求，其目的在于实现可靠性，以客观反映受托资源的利用情况和结果。（4）会计计量属性的选择上坚持成本（尤其是历史成本）计量模式，以有效、客观和可验证地反映受托责任的履行情况，此外成本计量的信息也可用于预测未来现金流量的输入（作为间接而非直接的计量）。正如霍尔索森和瓦茨（Holthausen and Watts，2001）所强调的，历史成本模式源于一系列因素的影响，其中就包括受托责任。（5）会计报告应该反映特定主体的财务业绩和状况，有助于使用者评估主体的盈利能力，而且当这些报表反映可供主体利用的真实机会时，应该作出主体特定的假设，以反映不完美和不完全的经济环境对特定主体的影响，并且财务业绩的报告应尽可能报告管理层的经营业绩，以有助于现有股东评价其委托资源的利用效率和效果，因而收益表在通常情况下要远比资产负债表重要得多。（6）强调会计人员的中立性，要求会计人员以客观的立场反映管理层受托责任及其履行情况，其行为不受委托者和受托者的影响，只接受会计准则的指导。（7）强调财务呈报尤其是企业财务业绩呈报的稳健性，以抵消管理层潜在乐观高估的影响，增强企业业绩报告的可靠性。（8）强调编制财务报表所依据的会计准则和会计系统整体的有效性。

需要说明的是，报告管理层的受托责任履行情况和结果在会计发展史上具有悠久的传统，这一财务呈报目标对于促进缔约和控制机制的运行进而确保合约的履行是至关重要的。这里所说的合约双方，不仅包括企业的所有者与其管理者，而且还包括企业与其债权人、管理者与其下属等（Skinner and Milburn, 2001）。受托责任观基于代理理论或者说合约理论，关注企业股东获取控制信息的需要，以监督和激励管理者的行为，使其不至于偏离股东的期望（Watts and Zimmerman, 1986）。但受托责任观也可能引发非预期的后果。这主要表现在如下三个方面。(1) 受托责任观强调会计系统和会计制度的整体完整性，认为只有完善的会计系统和会计制度才能确保会计实务的正确性。但会计系统和会计制度内容复杂，保证两者的完善性这一提法比较抽象，一旦实务中出现问题，则难以确定问题的根源，造成众说纷纭、难以统一的局面。(2) 在会计处理方面，由于受托责任观强调可靠性胜于相关性，因此，要求主要采用历史成本计量模式。尽管历史成本模式有其自身的优势，但会计作为一门服务性的学科，应随时注意适应经济环境的变化，忽视市场的变化，只能使会计这门学科墨守成规，弱化其服务功能。(3) 在会计信息方面，受托责任观很少会顾及资源委托者以外的信息需求，按照这一思想，会计人员往往难以体会潜在投资者的利益和要求，因而容易逐渐丧失完善会计信息的积极性，也难以进一步提高会计信息的质量。

### 三、决策有用观及其评述

决策有用观的提出与企业所处环境的改变密不可分。正如美国会计程序委员会（CAP）所指出的，"在过去的40年中，公司制度运作的显著变化是将大型、复杂且或多或少具有持续性发展前景企业的所有权转化为流动的、易于转让的所有权……其结果是人们越来越多地从市场上对企业感兴趣的当前买方或卖方的立场而非从继续持有者的角度考虑问题，会计必须认真对待这种变化"（AIA, 1939）。外部环境的这种变化对财务呈报目标的关注点在某种意义上产生了影响，决策有用性的财务呈报目标开始生根发芽。自20世纪50年代起，有关这种目标的研究开始在美国出现，与

## 第二章 财务呈报目标、会计信息质量特征与会计信息质量评价

现代会计文献开始认真研究一般目的企业财务呈报目标的时间相一致。可以说，美国会计学家斯托布斯（Staubus）1953年的开拓性研究，标志着决策有用观财务呈报目标的提出。斯托布斯名为《投资者会计理论》（A Theory of Accounting to Investors）一书于1961年的出版，标志着决策有用性框架的成功构建。美国会计原则委员会于1970年发布的第4号公告《企业财务报表依据的基本概念和会计原则》（Basic Concepts and Accounting Principles Underlying Financial Statement of Business Enterprises）则成为会计职业界首次详细说明这一目标的最重要的文件。此外，美国著名会计学家安东尼（Anthony）、斯普劳斯（Sprouse）、享德里克森（Hendriken）等以及美国会计学会、美国注册会计师协会、美国财务会计准则委员会、国际会计准则理事会也是决策有用观的积极倡导者。美国会计学会的《基本会计理论说明书》（1966年）、美国财务会计准则委员会（1978）的《企业财务呈报的目标》、国际会计准则委员会（1989）的《编报财务报表的框架》、美国财务会计准则委员会和国际会计准则理事会（2010）联合发布的《财务报告概念框架》（The Conceptual Framework for Financial Reporting）等也均对决策有用的财务呈报目标进行了阐述。

根据决策有用观，财务呈报的基本目标可笼统地表述为提供有助于经济决策的信息（Staubus，1961）。它强调了企业提供的财务信息与使用者所要作出的经济决策相关（相关性）并有助于其作出相关的决策（有用性）。何谓决策有用性？根据美国会计学会（1977）的解释，决策有用性最一般的含义是指"向利益相关方提供有关实体经济事项的财务信息，以供决策之用"。这一界定既没有说明利益相关方有哪些，又没有明确其决策是什么，更没有经济事项财务信息的具体内容及其提供方式。因而，对某些人来讲，可能意味着投资者在作出投资决策时有助于其预测未来现金流量金额和时间的信息；对另一些人来讲，利益相关者可能有多种类型，其所要作出的决策可能是多种多样的，或者有不同的关注点，甚至是不一致的。这意味着决策有用性财务呈报目标的合理界定，必须有比较清晰的利益相关者、经济决策的具体类型及其信息需求，以及与之相关的经济事

项财务信息内容及其呈报方式。自1953年斯托布斯开创性地提出决策有用性目标以来至20世纪70年代末，不少学者和职业团体对其进行了深入系统的研究，斯托布斯的《投资者会计理论》（1961）、美国会计学会的《基本会计理论说明书》（1966）、美国会计原则委员会的第4号公告等都是其中的标志性成果，决策有用观目标框架体系日趋完善，其作为与受托责任观并行存在的观点得到了认可。

决策有用观认为，会计信息是经济决策的基础。根据决策有用观，财务呈报的目标就是向现有及潜在的投资者、债权人和其他使用者提供作出理性投资、信贷或类似决策有用的信息，这种信息应该有助于他们评估预期流入相关企业净现金流量的时间、金额和不确定性等，这种信息是有关企业的经济资源、对这些资源的要求权（企业将资源转移给其他实体的义务和所有者权益）以及改变企业资源及其要求权的交易、事项或情况影响的信息（FASB，1978）。基于相关文献的分析，决策有用观的主要观点可归纳为如下七个方面。（1）决策有用性是财务呈报的唯一目标，这里的决策是指投资、信贷等有关稀缺经济资源配置的决策。（2）现有及潜在的投资者和债权人是通用目的财务报表的目标使用者，现有的投资者和债权人作为财务报表的使用者，并不具有特殊的地位。（3）尽可能直接地预测相关投资未来现金流量是这些使用者的首要需求，而满足这种需求的信息应有助于评估企业未来现金净流量的时间、金额和不确定性等现金流量前景。（4）观念方面，会计信息应有助于评估未来，而不是过去，因而会计确认方面不仅要求确认实际已发生的经济事项，还应确认那些虽然尚未发生但对企业已有影响的经济事项。（5）会计计量方面，计量属性的选择应与企业未来现金流量前景的评估相关联。基于未来现金流量前景与企业未来业绩密切关联的视角，强调业绩的计量（盈余质量）并提供有助于预测未来业绩的有效信息，鼓励多种计量属性的并行采用。基于为投资者评估企业业绩和价值时承担更多更直接义务的视角，企业应该在合理可靠的前提下，将现值作为财务报表要素的计量属性，因为未来现金流量的现值是资产和负债最相关的计量属性（Staubus，2000）。（6）会计报告方面，财务报表应反映企业的经济资源、对这些资源的要求权以及改变企业资源及其要求权的交易、事项或情况的影响,强调对资产负债表、利润表及现金流量表一视同仁,不存在对某种财务报表的特殊偏好。(7) 相关性是财务报表的主要特征,在此基础上,强调反映真实性和中立性,而非稳健性,因为稳健性会扭曲会计计量,违背真实性。

值得注意的是,决策有用观将财务呈报目标主要定位于满足现有及潜在投资者和债权人的投资、信贷等资源配置决策的信息需求,并强调他们需要的信息对其他信息使用者的其他用途同样有用。但事实上,企业财务信息的外部使用者很多,包括投资者、债权人、政府有关部门、职工团体与个人以及其他利益相关者。企业财务信息的使用者众多,其需求也是多样化的,满足投资、信贷等资源配置决策的信息可能无法完全满足其他的信息需求。第一,因决策需要而利用会计信息,尽管可能最贴切地说明了投资者、债权人的投资或信贷决策的目的,但投资、信贷决策可能无法代表其决策的全部。第二,政府有关部门、职工团体与个人等其他利益关联者,可能会将会计信息作为宏观调控决策、征税依据、个人去留决策、可否继续保持某种经济关系决策的依据,他们的信息需求可能并非基于投资或信贷等资源配置决策。第三,由于投资者和债权人作为企业资源提供者承担的风险与谋求的报酬存在显著差异,投资者投资决策和债权人信贷决策的关注点可能存在显著差异。第四,即使仅考虑投资者的投资决策需求,也存在决策有用信息观和决策有用计量观的区分,两者在环境假设、理论基础、估值模型以及具体的信息需求等方面均存在显著的差异,致使决策有用性目标框架体系的构建面临新的挑战。

### 四、受托责任观和决策有用观的比较分析

由以上分析不难看出,作为财务呈报目标的两种代表性观点,受托责任观和决策有用观的提出均有相应的历史背景,两者在主要观点上既存在明显的差异又存在内在的关联。

(一) 受托责任观和决策有用观的主要区别

(1) 外部经济环境认定方面的差异。两种观点均以资源的所有权和经

营权的分离为外部环境。但在两权分离后具体形式的认定方面，两者存在明显的差异。受托责任观所认定的两权分离，所有者和管理者都十分明确，没有模糊和缺位的现象，即要求产权清晰，权责明确，所有者主要通过行使投票权及其他法定权利对管理者实施直接控制，而非借助于公司控制权市场等市场惩戒手段约束管理者的行为。在这种情况下，委托和受托双方都十分关注受托资源的保值与增值，甚至委托者还可以就受托经济资源向受托者提出具体的要求，委托者和受托者处于直接接触的地位。如果受托者不能有效管理受托资源，完成既定目标，所有者就可以更换受托者并寻找新的受托人。决策有用观所认定的两权分离是通过较为完善和具有高度流动性的资本市场进行的，并借助于控制权市场规范企业管理者的行为，委托受托双方不直接进行沟通。由于资本市场和控制权市场的介入，使得委托方变得模糊，这样的资源所有者对受托资源的管理变得淡化，投资者关注的不是具体某一企业资本的保值和增值，而是资本市场的平均风险与报酬水平及所投资企业的可能风险与报酬。因此，管理当局的经营绩效如不令人满意，资源的所有者不直接更换管理者，而是通过资本市场卖出这部分产权，并购入有效的产权，从而将受托方的管理重心从有效地管理委托方的资源引向在资本市场上最大限度地树立良好形象——报酬与风险比例最优。

（2）立论角度不同。决策有用观基于实体理论，站在以投资者和债权人为主体的外部信息使用人立场对会计主体提出要求，这时会计主体是被动的；而受托责任观则基于所有权理论，站在现有股东作为企业所有者的立场，强调管理者对其负有的特有受托责任，以及为了解除自身的受托责任而向所有者报告其受托责任履行情况和结果的义务，这时会计主体处在主动报告的地位。

（3）具体目标的定位不同。决策有用观要求提供信息的目的在于对决策有用，因此，不仅要求提供受托经营业绩和受托资源管理方面的信息，还要求提供诸如管理者情况和市场占有率等非财务信息，以及面向未来的背景性信息及前瞻性信息。他们的口号是"满足用户需要"。而受托责任观报告受托责任的履行情况，其目的显然是解脱自己的经济责任。因此，他们愿意提供的主要是受托资源管理方面的信息和经营业绩的信息，至于这种信息对投资人是否有用，他们根据这些信息将作出什么样的投资决策，则不是管理者考虑的问题。在财务呈报目标方面，决策有用观认为，会计的目标在于向信息使用者提供有助于经济决策的数量化信息；受托责任观认为，会计的目标是反映受托者的受托责任及其履行情况。决策有用观认为，"编制财务报告本身不是目的，而是为了提供对经济决策有用的信息"。其着眼点在于"有用"，强调的是财务报告能帮助信息使用者作出决策，凡是对决策有用的信息，都应当尽量去提供，而对决策无用的信息，则可以不提供。而受托责任观则认为，应当"重视财务报表所依据的会计制度，而不是看到报表本身"，认为"会计人员是作为第三方介入受托责任关系之中的，以便在责任者和委责者之间，可以顺利地把受托责任和交卸的责任交代明白"，其着眼点在于会计报告、解除受托责任，而不必去考虑委托者是否和如何使用会计信息。它强调会计报表所依据的会计制度及会计系统的有效性，而非会计报表本身的有用性。也就是说，受托责任观认为财务报表的目标反映受托者对受托责任的履行情况，至于委托者如何利用财务报表是他们自己的事。决策有用观则认为，财务报表信息的使用者需要利用财务报表所反映的信息作出投资等资源配置决策，因此，财务会计应尽可能提供对决策有用的信息。这里，两者的差距就在于是否将影响或迎合信息使用者的决策纳入财务会计中。受托责任观不考虑委托者如何理解和利用这些信息，去制定什么决策；决策有用观在选择所提供的信息时，考虑了信息使用者的可能决策。

（4）提供信息的侧重点不同。决策有用观认为，信息使用者最为关注的是企业未来现金流动的金额、时间分布及不确定性程度，会计应为现在的和潜在的投资者、信贷者以及其他用户提供信息，包括对投资和信贷决策有用的信息、对估量现金流量前景有用的信息、关于企业资源、对资源的要求权及其变动情况的信息。因此，对资产负债表、利润表和现金流量表都很重视。而受托责任观则认为有效反映受托责任履行情况的信息是关于经营业绩的信息，会计应当报告责任者的活动和其结果，应以反映经营业绩及其评价为中心。由于收益不仅与投资者的获利有关，而且是评价管理当局经营业绩的重要指标，因此，在重视资产负债表的基础上格外重视利润表。

（5）对会计信息的质量要求不同。受托责任观认为客观地反映经营业绩的信息，对于资源的委托人评价受托责任最为有用，更多强调提供客观可靠的信息；决策有用观则立足于未来，认为关于未来的信息最为有用，强调相关性重于可靠性。决策有用观要求信息有助于决策，而决策是个复杂的过程，需要全面地了解活动的过去、现在和将来，尤其认为将来的信息最有用，因此，决策有用观特别强调信息的相关性，要求信息具有预测、反馈价值和及时性。而受托责任观则要求将受托者的活动及其结果向"委托者交代明白"，因而要求信息客观、不偏不倚，强调会计人员应把"注意力集中于客观的信息"，因为只有客观真实的信息才能公正地评价受托责任的履行情况。因此，特别强调可靠性。另外，由于委托代理理论承认代理人有歪曲（高估或虚报）业绩的动机，因而受托责任观往往强调信息的稳健性。

（6）在会计信息的数量方面，决策有用观认为，只要符合效用大于成本的原则，并对决策有用，信息总是多多益善；受托责任观则认为，会计信息主要考虑委托者和受托者双方，因而在信息的提供方面应有所取舍。

（7）在会计计量属性和计量模式的选择方面，决策有用观主张多种计量属性并存择优，倡导物价变动会计模式；受托责任观主张采用历史成本计量模式，反对物价变动会计模式。

（8）会计关系的参加者和地位不同。决策有用观下，会计关系一方是信息提供者——会计人员，另一方是信息需求者（使用者），包括现实的和潜在的投资者、债权人、管理当局、雇员、社会公众等，所涉及的面较为广泛。而在受托责任观下，会计关系参加者则有三方，即责任者、委托者和会计人员，在这里会计人员是作为中立的第三方，而不是"决策者的仆役"，他向委托者报告责任者的受托责任履行情况，而不必考虑委托者以外的用户信息需求。在会计人员的地位方面,决策有用观视会计人员为提供信息的工具;受托责任观则认为会计人员是以"第三者"的身份反映和报告受托责任及其履行情况,会计人员的行为只受会计准则的约束。

(9) 服务对象的广度不同。决策有用观关注的信息使用者主要包括现有及潜在的投资者和债权人。尽管企业管理层和董事会、雇员、竞争对手、主管部门、学术机构、新闻媒体等在内的法人或自然人都是信息使用者,但这些信息使用者信息需求均已包含在投资者和债权人的需求之中,对投资者和债权人投资、信贷等资源配置决策有用的信息也能满足其他信息使用者的决策需求。但是从受托责任观的角度来看,信息的服务对象就是资产的委托人即投资者。可见,受托责任学派关于会计目标的服务对象也是单一的,在这一点上,又与单一论的决策有用学派的观点是一致的。

(二) 受托责任观和决策有用观之间的联系

尽管这两种观点之间存在矛盾,但两者之间又有联系。决策有用观与受托责任观的联系主要表现在以下四个方面。

(1) 以两权分离和受托责任的产生为前提条件。无论是决策有用观还是受托责任观,其产生基础都是基于所有权与经营管理权的分离。由此所有者才要求经营者提供信息,以了解他们对受托资产管理的情况和效率;也由于有了两权分离,作为受托人的经营者才有了报告受托责任履行情况的义务。如果是两权合一,则没有报告的义务。

(2) 需要向外部信息使用者提供信息。这反映了会计的基本职能是提供信息。两者均强调了会计要向管理者之外的利益相关者提供信息。只不过受托责任观主要关注现有的投资者的信息需求,而决策有用观除关注现有投资者的信息需求外,也强调潜在投资者和债权人等其他信息使用者的信息需求。

(3) 突出了现有投资者作为企业所有者的经济决策的信息需求。无论是决策有用观还是受托责任观,其现有的投资者都是最重要的信息使用者,其作出的决策也均为资源配置相关的决策,只是其方式和侧重点不同。受托责任观主要关注通过管理层续聘、升迁、激励、辞退的决策以及直接参与企业相关活动决策的方式影响经济资源在企业内部的配置决策，而决策有用观则主要通过企业投资的取得、持有或出售决策间接影响经济资源在不同企业间的配置决策。

（4）需要提供的信息在主要内容方面基本相同，即都要求企业提供其经济资源、对资源的要求权及导致其发生增减变动的交易、事项和情况的影响等方面的信息，在所需提供信息的内容范围方面是重叠的，两者的不同之处主要在于提供信息的重点和视角以及对信息可靠性和稳健性等质量要求方面的差异。

**五、财务呈报目标的合理定位：受托责任观和决策有用观的融合**

综上所述，受托责任观和决策有用观的提出均源于资源所有权与其经营管理权的分离以及由此产生的受托责任，都强调了外部使用者的信息需求，且需要提供的信息具有基本相同的内容，这为两种目标的融合奠定了良好的基础。尽管受托责任观和决策有用观强调了各自的信息使用者目标群体及其特定的信息需求，但两者之间并不存在非此即彼的对立和冲突，存在融合的基础和必要性。

事实上，决策有用观下财务报告使用者的信息需求并非仅仅局限于买卖公司股票、债券以及信贷等资源配置决策，往往也涉及管理层受托责任的评价，决策有用观的财务呈报目标因而涵盖了受托责任观的目标需求。正如美国会计原则委员会（1970）在其发布的第4号公告第四章所指出的，财务会计和财务报表的基本目的是提供有关企业的定量化财务信息，以便于报表使用者特别是所有者和债权人作出经济决策，这一目的包括提供可用于评估管理部门履行其受托责任和其他管理职责有效性的信息。

但需注意的是，受托责任观下财务报告使用者的决策通常涉及管理层的聘任、激励、更换等决策，需要对管理层的受托责任履行情况和结果作出客观评价，这些决策与投资、信贷等资源配置决策存在本质的差异，更关注企业管理层而非企业过去的经营业绩，其信息需求与投资、信贷等资源配置决策的信息需求又存在或多或少的不同，对投资、信贷等资源配置决策有用的信息可能难以有效满足管理层受托责任评价的需求，因而，强调决策有用财务呈报目标的信息需求包含了受托责任观的信息需求可能有失偏颇。实际上，受托责任观的信息需求有其独特性的一面，投资、信贷等决策有用的信息可能难以涵盖受托责任评价所需的所有信息，将受托责任作为一个独立的目标是十分必要的。

再者，对评价管理层受托责任履行情况和结果有用的信息不仅不会损害投资、信贷等资源配置决策，反而会使这类资源配置决策更为可靠。决策有用的信息和受托责任评价需要的信息相互补充，相辅相成。两种财务呈报目标只有相互融合，方能更好地满足各自的信息需求。恰如美国会计学会（1954）第8号补充公告《公开财务报告的披露准则》中得出的结论：由于政府机构、短期和长期贷款人、劳工组织、股东及潜在的投资者等信息使用者群体的需求不可能通过一套财务报表来满足，应该识别并认定某一受众群体的利益是主要的，这一群体就是传统意义上的股东，他们利用公布的财务报表作出投资决策并实施对管理层的控制，这两者应该被视为是主要的，应注意投资者需要与受托责任的结合。作为决策有用观的奠基人和倡导者，斯托布斯（1977）特别强调指出，这是美国会计学会一系列公告的唯一亮点。

在我国，将财务呈报目标定位于受托责任观和决策有用观的融合是比较恰当的。这不仅是我国企业会计准则保持同国际财务报告准则实质性趋同的要求，更是我国当前特定环境的客观要求。我国的市场经济体制从建立至今已经历了近30年的发展历程，股票市场也从无到有，从一个区域性的市场发展为全国性的市场，正向国际化市场发展；从无规范可循到基本法律和监管体系的逐步健全与完善；沪深证券交易所主板、中小板、创业板和科创板上市公司数量累计已达3 700余家，开户的股票投资者数量超过1亿人。诸如此类的情况说明，决策有用财务呈报目标所需要的环境条件已基本具备。将决策有用观作为财务呈报目标符合我国资本市场发展的方向。但是，在我国资本市场上，国有股、法人股、机构投资者等占有较大的比重，经理人市场的完善与作用发挥任重而道远，国有资产管理部门、法人股东和机构投资者依然是公司财务报告的主要用户，其信息需求也更偏重于对公司管理层受托责任履行情况及其结果的评估以及对管理层的管控，个人投资者数量虽然庞大但利用上市公司财务报告信息作出理性投资、信贷决策的能力还存在很大的提升空间，且这种状况在较短时期内得以显著改善的可能性并不大。因此，优先考虑国有资产管理部门、法人股东和机构投资者等现有投资者，将提供有助于评估受托责任的信息作为财务呈报的目标更符合我国资本市场的现实情况。立足现实，展望未来，谋求受托责任观与决策有用观的有机融合可能是当前我国财务呈报目标的合理定位或理想选择。

## 第二节 会计信息质量特征：财务呈报目标的基本要求与会计信息质量特征的具体设定

### 一、会计信息质量特征的意义及其演进

会计信息质量特征是指使会计信息对其使用者有用的特征，即会计信息所要达到或满足的质量标准，或进行会计选择时所应当追求的质量标志。会计信息质量特征同财务呈报目标存在着内在的逻辑关系。一方面，财务报告是会计信息的载体，财务呈报目标是基本目标，其实现程度高低是判断会计信息质量优劣的基础。因而，财务呈报目标决定了会计信息的质量特征。另一方面，会计信息质量特征是质的目标，对财务呈报目标起着维护与支撑作用，是联系财务呈报目标和实现该目标的各种手段之间的桥梁，对财务报告所提供的会计信息具有约束作用，使其符合财务呈报目标的基本要求（魏明海等，2014）。

有关会计信息质量特征的研究源于财务呈报目标的研究，始于20世纪60年代中期的美国，其研究成果也具有典型代表性。1966年，美国会计学

会在其发布的《基本会计理论说明书》的第二部分建议用相关性（relevance）、可验证性（verifiability）、公正无偏性（freedom from bias）和可定量性（quantifiability）四个基本准则作为评价潜在的会计信息时使用的标准，开启了会计信息质量特征研究的先河。1970年，美国会计原则委员会在发布的第4号公告中提出了7项财务会计的质量目标，即相关性（relevance）、可理解性（understandability）、可验证性（verifiability）、中立性（neutrality）、及时性（timeliness）、可比性（comparability）和完整性（completeness）。1973年，美国注册会计师协会（AICPA）在其发布的《特鲁布拉德报告》中指出，财务报告的主要特征应建立在使用者需要的基础上，并具有相关性与重要性（relevance and materiality）、形式与实质（form and substance）、可靠性（reliability）、公正无偏性（freedom from bias）、可比性（comparability）、一致性（consistency）和可理解性（understandability）等质量特征。1977年，美国会计学会又在其发布的《会计理论与理论认可报告》（Statement of Accounting Theory and Theory Acceptance，SATTA）中明确指出，为了使财务报告对投资者和债权人的决策有用，会计信息必须具备的质量特征——相关性、可靠性；强调中立性、可验证性、公正无偏性、精确性等与可靠性的含义重叠，应包含在可靠性之中；其他质量特征如可比性、可理解性、及时性以及效益性等也很重要。可以看出，该报告对会计信息的质量特征作出了比较全面的论述，为准则制定机构明确会计信息的质量特征奠定了良好的理论基础。1980年，美国财务会计准则委员会发布了第2号财务会计概念公告《会计信息的质量特征》，对会计信息的质量特征作出了全面详细的论述。第2号公告基于决策有用的财务呈报目标要求，构建了会计信息质量特征的框架体系：相关性和可靠性是决策有用会计信息的首要质量特征，而相关性又包括预测价值（predictive value）、反馈价值（confirmatory value）和及时性，可靠性则包括反映真实性（faithful representation）、可验证性和中立性；可比性包括一贯性（consistency）是决策有用会计信息的次要质量特征；可理解性是针对投资者、债权人等会计信息使用者的质量；效益大于成本（benefit > costs）是具有普遍性的约束条件；重要性（materiality）则是确认会计信息质量的起点（threshold for recognition）。2010年，美国财务会计准则委员会发布了其与国际会计准则理事会有关财务会计概念框架的联合研究成果，即财务会计概念公告第8号《财务报告概念框架》（第一章"一般目的财务报告的目标"和第三章"有用财务信息的质量特征"）。该公告基于资本提供者（投资者和债权人）等会计信息使用者及其特性，构建了新的会计信息质量特征体系：决策有用是普遍的质量标准；相关性和反映真实性是决策有用信息的基本质量特征，相关性包括预测价值、反馈价值和重要性，反映真实性包括完整性、中立性和无差错（free from error）；可比性、可验证性、及时性和可理解性是增进会计信息质量应具备的特征；效益大于成本为普遍性的约束条件。

在美国财务会计准则委员会财务会计概念框架的影响下，英国、加拿大、日本、澳大利亚、国际会计准则委员会（现国际会计准则理事会）和我国的准则制定机构也都将会计信息质量特征作为各自财务会计概念框架或会计准则体系的重要内容，进行了相关的研究并提出了各自的会计信息质量特征体系。如英国会计准则委员会在其1999年发布的《财务报告原则公告》中将会计信息质量划分为四个层级：第一层级为作为先决质量的重要性和对财务报表信息的传统要求——真实性与公允性；第二层级为与内容有关的质量，主要有相关性和可靠性，前者包括预测价值和反馈价值，后者包括如实表述、实质性、中立性、谨慎性、完整性等；第三层级为与报表表述有关的质量，主要有可比性和可理解性，前者包括一致性和会计政策的充分披露，后者包括汇总与分类、使用者能力要求等；第四层级为对信息质量的约束，包括在质量标准间的权衡、及时性、效益大于成本等。随后，英国会计准则委员会在其2018年发布的《财务报告准则第102号》中将会计信息的质量特征简化为可理解性（understandability）、相关性（relevance）、重要性（materiality）、可靠性（reliability）、实质重于形式（substance over form）、谨慎性（prudence）、完整性（completeness）、可比性（comparability）和及时性（timeliness）九项。再如，国际会计准则委员会在其1989年发布的《关于编制和提供财务报表的框架》中指出，质量特征是指财务报表提供的信息对使用者有用的那些性质，包括可理解性、相关性、可靠性和可比性四项质量特征，其中，相关性包括重要性，可靠性包括如实表述、实质重于形式、中立性、谨慎性和完整性，另外还提出了三项有关可靠和相关信息的约束条件，即及时性、效益大于成本以及在不同质量特征之间的权衡。2010年，国际会计准则理事会发布了《财务报告概念框架》，其中的第一章《一般目的财务报告的目标》和第三章《有用财务信息的质量特征》即为其与美国财务会计准则委员会关于财务会计概念框架的联合研究成果，在会计信息质量特征体系方面实现了同美国财务会计准则委员会的趋同。在我国，2006年企业会计准则发布之前虽未直接提及会计信息质量特征的概念，但实质上存在类似的要求，如早期的数字真实、内容可靠、全面完整和编报及时等编制财务报表的四项要求，以及1992年颁布的《企业会计准则》中提出的12条会计核算原则中的可靠性、相关性、可比性、一致性、及时性、明晰性和重要性7项原则。2006年，我国发布了《企业会计准则——基本准则》，该准则基于评价受托责任和有助于相关决策的考虑，明确提出了可靠性、相关性、可理解性、可比性、实质重于形式、重要性、谨慎性和及时性8项质量要求。

## 二、基于决策有用观的会计信息质量特征

根据决策有用观，财务呈报的最终目标就是向信息使用者提供对于决策有用的会计信息。因而，会计信息的质量是针对信息使用者而言的，其质量高低主要取决于会计信息满足其使用者需要的程度，即取决于会计信息的决策有用性。由于会计信息使用者的多样性及其决策性质和信息需求的差异，所以往往不存在一套绝对统一的会计信息质量评价标准。美国财务会计准则委员会、国际会计准则理事会等准则制定机构主要以现有及潜在的投资者和债权人为会计信息的目标使用者，紧紧围绕其投资、信贷和类似资源配置决策及其信息需求，提出了决策有用会计信息的质量特征体

系，即决策有用的会计信息必须具备相关性、可靠性（反映真实性）①、可比性、可验证性、及时性和可理解性等质量特征，其中，相关性和可靠性是决策有用信息的两个基本质量特征，可比性、可验证性、及时性和可理解性是增进信息质量的特征。

何为会计信息的相关性？哪些信息具有相关性？一般地，相关性是指会计信息应该与使用者的决策相关，即通过帮助使用者评估过去、现在或未来交易或者事项对未来现金流量的潜在影响，或者证实/更正以前的评价，从而导致决策差异的能力（FASB，1980）。一项信息是否具有相关性，首先取决于信息的预测价值和反馈价值（或证实价值），其次还有重要性。具体地，具有决策相关性的会计信息主要包括：（1）有助于使用者预测、比较和评估未来现金流量金额、时间安排和不确定性的信息；（2）有助于使用者预测、比较和评估企业盈利能力的信息；（3）有助于使用者判断管理层在完成企业主要目标过程中对资源有效利用能力的信息；（4）有关交易或其他事项的事实性和解释性信息（FASB，1978）。这些信息主要是关于企业财务状况、经营业绩和资金流量方面的信息，既包括已完成交易循环的交易信息，又包括尚未完成交易循环的甚至是将要发生的重大事项和情况的信息，当现行价值与历史成本存在较大差异时，还应包括现行价值的信息（FASB，1978）。美国财务会计准则委员会和国际会计准则理事会（2010）强调，一般目的财务报告的目标是向现有及潜在的投资者、贷款人及其他债权人提供有助于他们作出向主体提供资源决策的财务信息，这些决策主要包括购买、销售或者持有权益性和债务性工具以及提供或处置贷款等；这些决策取决于他们预期从金融工具投资中取得的回报，而预期回报则取决于对主体未来现金净流量时间、金额和不确定性等前景的评估。国际会计准则理事会（2018）进一步指出，对投资者、借款人和其他债权人资源决策有用的信息不仅应有助于其评价主体未来现金净流量的前

---

① 美国财务会计准则委员会和国际会计准则理事会在2010年9月联合发布的《财务报告概念框架》中已用反映真实性取代了可靠性，但由于其关于"反映真实性"一词的界定与其之前对"可靠性"一词的解释并无本质上的差异，故本书依然用"可靠性"一词表达该项质量特征。

景(数量、时间和不确定性),而且还应有助于其评估管理层对主体经济资源的受托责任。有助于作出上述评估的相关信息包括两大类:一是有关主体资源、对主体的要求权以及这些资源及要求权增减变动的信息;二是主体的管理层和董事会如何有效率和有效果地使用主体资源以解脱其受托责任的信息。因此,决策有用的财务信息主要是关于主体的经济资源(资产)、对这些资源的要求权(负债和所有者权益)以及导致其发生变动的交易和其他事项或情况的信息,这些信息有助于资本提供者评估主体产生现金净流入的能力和管理层履行受托责任的有效性。这些信息也可能对那些希望评估主体价值的使用者有所帮助,但财务报告并非设计用来显示主体价值的(FASB,2010)。可见,相关性主要强调财务报告信息同使用者所要作出的决策相关,具有相关性的信息应具有导致决策差异的能力,有助于信息使用者评估主体现金流量的前景(即未来现金流入和流出的数量、时间和不确定性)以及管理层利用主体经济资源的效率和效果,主要是关于主体的经济资源、对这些资源的要求权以及导致其发生变动的交易和其他事项或情况的信息。

何谓会计信息的可靠性?如何判断会计信息的可靠性?这是长期以来备受争议但至今尚未得到妥善解决的问题。可以说,现有财务会计概念框架都未能清晰地表达可靠性的内涵,从而也无法从根本上避免对这一概念的错误理解。这突出表现在各准则制定机构对可靠性的定义和构成在认识方面的差异。如美国财务会计准则委员会在其发布的财务会计概念公告第2号中指出,可靠性是指会计信息合理地、不受错误或偏向的影响,能够真实地反映它意欲反映的内容,可靠性包括反映真实性、可验证性和中立性,而反映真实性又包括完整性和公正无偏性(FASB,1980)。国际会计准则理事会的《编报财务报表的框架》则指出,当没有重大错误或偏向,并能如实反映其所拟反映或应当反映的情况而能供使用者作为依据时,信息就具有了可靠性,可靠性包括实质重于形式、中立性、谨慎性、完整性等反映真实性的一些方面(IASB,1989)。不仅不同的会计准则制定机构对可靠性的理解不同,即使在同一会计准则制定机构内部,不同成员对可靠性的理解也有所不同，如美国财务会计准则委员会的有些成员强调可验证性或不存在重要差错，从而在实质上排斥反映真实性，有些强调反映真实性和中立性，还有些明确地强调精确性。所有这些，都意味着人们对可靠性缺乏共同的理解，以及对其内涵认识的模糊性。基于对可靠性理解中存在的上述问题以及试图解决实务中相关性与可靠性的权衡，美国财务会计准则委员会和国际会计准则理事会在其2010年联合发布的财务报告概念框架中，用"反映真实性"取代了"可靠性"，强调会计信息必须如实地反映其意欲反映的经济现象，要求提供的会计信息具有完整性、中立性和无差错，其中，完整性要求全面提供使用者理解经济事项所需要的所有信息，中立性强调对信息的选择或呈报要公正无偏，无差错强调对生成报告信息程序或方法的选择与应用不存在差错且对经济现象的描述不存在差错或遗漏。但这些界定和解释依然比较抽象，同之前对"可靠性"的解释相比，既无实质上的改进，又依然未能解决相关性和反映真实性的权衡。事实上，片面地从可验证性、精确性、稳健性的角度理解可靠性都可能是有害的，用"反映真实性"替换"可靠性"但对其含义界定不作实质性改进的做法也无助于问题的解决。因而，从财务报告使用者的角度出发，可把可靠性理解为财务报告信息应如实地反映其意欲反映的经济现象，真实地再现交易、事项或情况的经济实质，具有完整性和中立性，不存在重要的差错，也不会导致决策的失误。也就是说，可靠性并不要求绝对的可验证性和精确性，也不强求稳健性以避免其与中立性相矛盾，从而同可靠性的要求相背离。总之，可靠性强调对交易、事项和情况的客观、公正、完整、正确的反映，可靠性存在一个合适的"度"，对它的理解和判断应站在财务报告使用者的立场，注意把握合适的"度"，宁要"近似的正确"，不要"精确的错误"。

会计信息的决策有用性是相关性与可靠性的函数，相关性与可靠性两者不可或缺，"信息要有用，还必须可靠。当其没有重要差错或偏向，并能如实反映其所拟反映或应当反映的情况而能供使用者作为依据时，信息就具备了可靠性。信息可能会具有相关性，而在性质或反映方面却不可靠，致使确认这种信息有可能使人发生误解"（IASB，1989）。会计信息既要相关，又要可靠，这是会计信息质量的基本要求。然而，在现行会计实务中，由于只有少数确定性的交易、事项和情况的信息同时符合相关性和可靠性的要求外，大多数交易、事项和情况的信息的相关性与可靠性往往发生矛盾，难以同时保持比较理想的水平。所以，交易、事项和情况的会计确认、计量和报告，也往往只能依据所处的环境，从有利于财务报告目标实现的角度出发，在相关性和可靠性之间进行权衡。

相关性和可靠性是会计信息具有决策有用性的基本要求。在此基础上，若具备可比性、可验证性、及时性和可理解性等特征，则可增进会计信息的决策有用性。可比性是指能让使用者识别和理解不同项目之间相似性和不同之处的质量特征，强调通过一个会计主体的会计信息与其他主体的会计信息以及同一会计主体不同时期的会计信息的比较，应有助于发现不同会计主体以及同一会计主体不同期间的异同。可验证性是指具有不同知识背景且独立的观测者能够就某一特定描述是否具有反映真实性的问题，能够达成一致的意见，尽管不可能完全一致，意在帮助使用者确保会计主体提供的信息如实地反映了其意欲反映的经济现象。及时性是指对决策制定者有用的信息能在其影响决策时及时提供，以便能影响信息使用者所要作出的决策。而可理解性则要求清晰、简明地对会计信息进行分类、刻画和呈报，以便信息使用者理解其意欲表达的经济现象的实质。这些增进质量特征既明确了其与基本质量特征之间的关系，又为经济交易或事项的信息提供了指南，即在满足相关性和可靠性的基础上，应最大限度地提升这些增进的质量特征，这意味着当某项信息的增进质量特征与基本质量特征出现矛盾时，应保证提供的信息满足基本质量特征的要求，而非增进质量特征的要求。当然，无论是基本质量特征要求，还是增进质量特征要求，其满足均不应该违背成本小于效益这一普遍的约束条件。

### 三、受托责任观对会计信息质量特征的特殊要求

会计信息是否有用，关键取决于是否符合信息使用者的需求。前已述

及，受托责任观和决策有用观分别具有各自的适用环境和目标用户，不同的环境，不同的目标用户，其使用目的即存在共性之处但又各具特色，其信息需求既有交叉重叠但又各有侧重，这既表现在所需要会计信息的内容构成方面，又表现在信息的质量特征要求方面。

笼统地看，无论是决策有用观还是受托责任观，均强调会计信息对使用者决策的有用性，其内容均包括有关报告主体资源、要求权以及资源和要求权变动的信息，这些信息均应该具备相关性、可靠性、可比性、可验证性、及时性和可理解性等质量特征要求，但由于不同财务呈报目标下的目标用户及其运用会计信息所要进行的具体决策存在差异，极易导致对同样类型信息的具体内容及特定质量特征的不同理解或解释。决策有用观强调满足现有及潜在投资者和债权人投资、信贷等资源配置决策的信息需求，更关注所提供信息对评价主体未来现金净流入的数量、时间和不确定性的有用性，对信息质量特征的理解或解释也一般围绕这一中心点。受托责任观更关注现有股东作出有关管理层聘任、升迁、更换、激励等决策的信息需求，更关注所提供信息对管理层对受托资源使用效率和效果的评价，对信息质量特征的理解或解释也大多围绕受托资源利用效率和效果评价这一关键点。

具体地，相对于决策有用观，受托责任观对会计信息质量特征的特殊要求主要体现在会计信息的可靠性和谨慎性两个方面（Whittington，2008）。2010年美国财务会计准则委员会和国际会计准则理事会联合发布的财务报告概念框架用反映真实性取代了可靠性，这一方面是源于可靠性的理解及其与相关性权衡问题的考虑；另一方面也可能是最重要的，是基于决策有用观的目标定位。决策有用观的财务呈报目标更关注经济现象实质的捕捉，反映真实性恰恰强调了这一点，而可靠性可能与对捕获经济实质的关注相矛盾；受托责任观关注受托资源利用效率和效果等受托责任履行结果的评价，要求财务报表应该客观可靠地反映特定主体过去的财务业绩和状况，基于成本（主要是历史成本）的收益计量和业绩报表通常比资产负债表更重要，也可以减轻不确定环境下委托人与受托人之间的信息不对称，将可靠性作为一个基本的质量特征，满足了委托人作为监管角色的需求（Whittington，2008）。

另外，2010年美国财务会计准则委员会和国际会计准则理事会的联合概念框架从决策有用观目标出发，取消了谨慎性，认为谨慎性与中立性相矛盾，可能会损害会计信息的反映真实性。2018年国际会计准则理事会发布的财务报告概念框架虽然恢复了谨慎性这一质量特征，但强调谨慎性是中立性的基本要求，指出中立性需要谨慎性提供保证，会计主体不确定情况下作出的判断应保持谨慎，谨慎性意味着不高估资产和收益以及不低估负债和费用。同样地，谨慎性也不允许低估资产和收益或者高估负债和费用，诸如此类的错误估计会导致未来期间收益或费用的高估或低估（IASB，2018）。但是，谨慎性这一质量特征通过减值测试的要求在会计准则中得到了普遍的认可与采纳。减值测试要求报告资产现行价值低于账面价值的损失，而不确认其高于账面价值的持有利得。这种谨慎性在一定程度上可以抵消管理层报告经营业绩时乐观主义态度的影响，增强业绩信息的可靠性，有助于受托责任观财务呈报目标的实现（Whittington，2008）。从这一意义上看，尽管决策有用观也强调了谨慎性这一质量特征，但此谨慎性并非受托责任观所理解的谨慎性，对谨慎性的不同理解和界定体现了决策有用观和受托责任观的不同要求。

**四、基于财务呈报目标合理定位的会计信息质量要求**

基于会计准则全球趋同及我国制度背景下的财务呈报目标的合理定位，即谋求受托责任观与决策有用观的有机融合，借鉴美国财务会计准则委员会和国际会计准则理事会（2010年）联合概念框架的架构，会计信息质量要求可主要划分为两个层面：第一层面为基本质量要求，包括相关性（包括预测价值与反馈价值）和可靠性（包括完整性、中立性和无差错）；第二个层面为增进的质量特征，包括可比性、可验证性、及时性、可理解性（明晰性）、谨慎性和重要性。上述质量要求中，除谨慎性采用传统的定义理解外，其他质量要求均可按国际会计准则理事会（2018）的《财务报告概念框架》第三章的解释进行定义和理解。

## 第三节　会计信息质量评价：盈余质量评价与价值（风险）相关性评价的平衡与互补

### 一、会计信息质量评价相关研究概述

作为一个经济信息系统，财务会计的目标就是借助于财务报告向使用者呈报对于决策有用的信息。作为会计确认、计量和报告的技术标准，会计准则及其实施对会计信息质量具有决定性的影响。然而，如何理解会计信息质量？基于何种视角（信息生产者、信息使用者、市场监管者或独立的第三方）评价会计信息质量？是基于过程导向还是结果导向评价会计信息质量？会计信息质量的评价标准是什么？采用何种程序与方法评价会计信息质量？如何构建会计信息评价指标体系？这些相互关联的问题使会计信息质量的评价成为国内外专家学者面临的重要课题，对此不少专家学者进行了研究，为会计信息质量的评价提供了不同的思路和方法。但总体而言，大多数专家学者将信息使用者的决策需求作为基本出发点和最终归宿，侧重于结果导向，构建会计信息质量评价的指标与模型，借助于资本市场的公开数据对会计信息质量进行评价。

会计信息质量的理解和界定是质量评价的起点和基础。美国财务会计准则委员会、国际会计准则理事会等会计准则制定机构均从各自关于财务呈报目标的定位即会计信息使用者及其信息需求出发，提出了对于使用者有用的信息应具备的质量特征，对不同质量特征或要求及其相互关系进行界定与解释说明，为构建以质量特征为构成要素的会计信息质量评价指标体系奠定了基础。此外，也有人将会计信息质量等同于财务呈报的透明度及披露质量，从投资者利益保护的视角界定会计信息质量，强调会计信息

应具有诚信、透明、公允、可比和充分披露等特征,为会计信息质量的评价提供了另一种框架思路。与会计信息质量的理解与界定相一致,关于会计信息质量评价的研究主要包括会计信息质量特征的评价、会计信息透明度及披露质量评价和会计信息整体质量评价三种。

**二、会计信息质量特征的评价**

会计信息质量特征的评价大多从某一会计信息质量特征的含义界定出发,构建相关的量化评价指标,以衡量该质量特征的实现程度。该类研究主要涉及可靠性、可比性、及时性和稳健性等质量特征。

(一) 可靠性评价

会计信息可靠性的评价主要有三种思路:一是从可靠性的定义出发,直接构建衡量可靠性的模型;二是结合具体行业的特点,定义出可靠性的具体衡量方法;三是从实务中的现象归纳出可靠性的衡量方法。第一种思路以井尻雄士(1975)为代表,他用多次独立计量得出数据的离散程度来衡量会计信息的可靠性,认为如果多个人对同一项经济事项进行计量的结果越相近,则意味着财务报告的可靠性越高。第二种思路以王波和胡海边(2008)为代表,他们针对制造类企业的特点,选取了应收账款/其他应收款、主营业务收入/预收账款、销售商品提供劳务收到的现金/收到的其他与经营活动有关的现金、主营业务收入/应收账款、销售商品提供劳务收到的现金/应收账款等指标,并用层级分析法来确定各项指标的权重,认为得分越多,财务报告的可靠性越高。而第三种思路则以刘建勇和朱学义(2008)为代表,他们以上市公司年度报告披露之后有无各类补充公告或更正公告为标准来判断财务报告可靠与否。

(二) 可比性评价

相对而言,该类研究较少。相关的研究一般借助于不同时期的盈余与应计额倍数差异、账面价值与市场价值倍数差异、现金流量与应计额相关性差异、现金流量与应计收益的相关性等替代变量的变化程度来衡量会计信息的可比性,这些替代变量的变化能否代表可比性的变化值得推敲。

## (三) 及时性评价

在国外，及时性主要利用初步时滞（preliminary lag）、审计师签字时滞（opinion signature lag）与总时滞（total log）等指标衡量。其中，初步时滞是指上一会计年度结束日与年度财务报告预告日之间的间隔；审计师签字时滞是指上一会计年度结束日与审计师签署审计报告日的时间间隔；总时滞是指上一会计年度结束日与年报实际披露日的时间间隔（Dyer et al.，1975；Whittred，1980；Whittred et al.，1984）。在国内，多数研究使用总时滞（报告时滞）衡量年度报告会计信息的及时性。

## (四) 谨慎性评价

在会计研究中，一般根据内容差异将谨慎性分为非条件谨慎性和条件谨慎性，前者指与消息无关的谨慎性或资产负债表谨慎性，表现为企业无论面对何种经济消息（发生经济利得或经济损失），会计均报告较低的净收益和净资产；后者指与消息相关的谨慎性或利润表谨慎性，表现为在账面上不对称地确认"好的企业经济信息"与"坏的企业经济信息"。大多数研究用净资产低估程度、盈余持续性、盈余与应计的偏离或波动程度、会计应计与正或负的现金流量之间相关程度的差额、盈余公告期的盈余反应系数（ERC）与股票收益率的偏离程度等衡量谨慎性的程度大小。

### 三、会计信息透明度及披露质量的评价

会计信息透明度有狭义和广义之分，狭义的解释把透明度同充分披露视为同义语，而广义的理解则将之视同为高质量的全部含义（葛家澍和林志军，2006）。目前有关会计信息透明度及披露质量评价方法的研究，既包括许多权威机构设计的测评方法，也包括学者们构建的指标体系或应用模型。与对透明度含义的两种理解相对应，学者们对透明度的衡量也包括两方面：对信息披露透明度的衡量和对会计信息透明度的衡量（孙光国和杨金凤，2012）。国际财务分析和研究中心与标准普尔公司（S&P）均选取重要的披露项目并以这些项目在公司年报中被披露的数量多寡作为透明度的衡量标准，计算信息披露透明指数，披露数量越多，透明指数越大，

透明度就越高。普华永道(PWC)主要从腐败、法律、财经政策、会计准则与实务、政府管制五方面对国家整体的会计透明度进行评价，计算不透明指数，以反映各个国家之间会计透明度的差异。我国深圳证券交易所主要从真实性、准确性、完整性、及时性、合法合规性和公平性六个方面考核上市公司的信息披露工作，将上市公司的信息披露质量从高到低依次划分为优秀、良好、及格和不及格四个等级。南开大学公司治理研究中心推出的南开治理指数在对上市公司的治理情况进行排名时综合考虑了6个维度，其中的信息披露维度从完整性、真实性、及时性三个方面对公司信息披露进行评价。汪炜和蒋高峰(2004)以上市公司披露的临时报告数量作为信息披露透明度的替代，构建了公司的临时公告数量和季报数量加总的公司信息透明度指数。崔学刚(2004)用企业自愿性信息披露的数量作为企业透明度的替代变量。钟伟强和张天西(2006)借鉴鲍特森(Botosan)自愿披露指标的细分项目和归类的思路，将各类自愿披露明细项目归到五大类信息中，分别为这些明细项目赋分并加总，建立了公司自愿披露的评级体系。还有学者另辟蹊径，从收益不透明的角度进行评价，巴塔查里亚等(Bhattacharya et al.，2003)就是其中的代表。他们用盈余激进度、损失规避度和盈余平滑度以及三个指标的联合——总盈余不透明度作为透明度的替代变量。其中，盈余激进度指上市公司倾向于延迟确认损失或费用却加快确认收入的行为，在财务报告中会体现为操控性应计利润的增加；盈余平滑度指一定时期内上市公司盈余和现金流的相关程度；盈余平滑度则用应计项目的变化与相应年度现金流变化的相关系数反映。在此基础上，许多学者对会计信息透明度的衡量进行了研究。杨之曙和彭倩(2004)以及周中胜和陈汉文(2008)均以盈余激进度和盈余平滑度作为上市公司会计信息透明度的衡量指标。王艳艳和陈汉文(2006)则用稳健性、及时性和盈余激进度作为会计信息透明度的替代变量。

**四、会计信息整体质量的综合评价**

由于会计信息使用者所要作出的决策往往依据会计主体所提供的信

息，因而会计信息质量的评价通常是对整体质量的综合评价。从使用者的视角来看，会计信息整体质量的评价主要关注会计信息对使用者决策的有用性。基于财务呈报目标的不同定位，会计信息整体质量的综合评价也有不同的侧重，受托责任观侧重于对会计主体盈余质量的综合评价，而决策有用观更强调会计信息对投资、信贷等资源配置决策的有用性，具体包括价值相关性和风险相关性两个相互关联的方面。

（一）盈余质量的评价

根据受托责任观，财务呈报的信息应该反映特定主体的财务业绩和状况，有助于使用者评估主体的盈利能力。根据决策有用观，财务呈报的信息应该反映特定主体财务状况以及管理层对企业资源的利用效率与效果，有助于评价企业未来现金净流入前景（数量、时间和不确定性）以及管理层的受托责任履行情况。无论是现金净流入的前景还是管理层受托责任的评价，很大程度上均体现在企业盈利能力方面。而盈余质量的好坏与盈利能力的评价密切相关，盈余质量越高，盈利能力的评价就越客观。在这种情况下，盈余质量几乎是会计信息整体质量的同义语。因而，许多学者选取盈余质量作为会计信息整体质量评价的替代变量进行研究，盈余质量评价研究也因此成为会计信息整体质量评价中的热点之一。因此，盈余质量对信息使用者的决策能产生重要影响，从而它能成为衡量财务报告质量的一种替代变量。

尽管盈余质量被许多学者视为会计信息整体质量的替代指标，但迄今为止，学术界仍未就何谓盈余质量达成一致的观点。根据吴德军（2009）的归纳，盈余质量主要存在五种不同的解释或界定。第一，经济收益观下的盈余质量。该观点认为，只有反映真实收益的信息才是高质量的。会计收益与经济收益的一致程度是反映盈余质量高低的主要标志。第二，决策有用观下的盈余质量。这种观点将盈余质量等同于盈余信息对评价公司绩效的相关性。第三，现金流量观下的盈余质量。该观点认为，盈余质量可用盈余与现金流的匹配程度来衡量，两者的匹配程度越高，盈余质量越高；反之，盈余质量则越低。第四，盈余管理观下的盈余质量。这种观点用盈余生成过程中的盈余管理程度来衡量盈余质量，盈余管理程度越高，盈余质量越低；反之，则盈余质量越高。第五，盈余特征观下的盈余质量。该观点认为，高质量的盈余应该具有持续性、波动性等会计盈余的特征。

对于盈余质量的评价大致可划分为三种：基于盈余时间序列特性的评价，基于收益与应计额、现金流量之间关联视角的评价，以及基于财务呈报者、审计师专业胜任和激励机制等视角的评价（Schipper and Vincent，2003）。

基于盈余时间序列特性的评价主要使用盈余的持续性、波动性和可预测性作为反映盈余时间序列特性的重要指标，盈余的持续性和可预测性与盈余质量呈正相关性，与盈余的波动性大小呈负相关性。斯隆（Sloan，1996）设计出了能够检验盈余及盈余中不同项目的持续性的模型。弗朗西斯等（Francis et al.，2005）构造了10年时窗检验可预测性的模型。

基于收益与应计额、现金流量之间关联视角的评价，可进一步划分为基于收益与应计额关联的角度以及收益与现金流量关联的角度。收益与应计额关联的角度以将盈余分为现金和应计项目以及进一步将应计项目分为非操纵性应计项目和操纵性应计项目为基础，使用应计项目或操控性应计项目的比重衡量盈余质量。基于上述思路，许多学者构建了盈余质量的评价模型。琼斯等（Jones et al.，1991）提出了琼斯模型，该模型摒弃了先前模型中非操纵性应计利润每期不变的假设，考虑销货变动与折旧性资产总额对非操纵性应计利润的影响，先估算出非操控性应计利润，再用估计期总应计利润减去非操控性应计利润，即可得出估计的操控性应计利润。而迪舟等（Dechow et al.，1995）认为，琼斯模型只考虑了销货收入这一变量，无法测量公司以赊销为手段的盈余管理，他们在琼斯模型的基础上，增加了应收账款的变动变量，消除了赊销对销货收入的影响，该模型被称为修正的琼斯模型。考虑到上述两个模型均忽略了无形资产和其他长期资产对非操纵性应计利润的影响，陆建桥（1999）在琼斯模型的基础上提出了扩展的琼斯模型，他在自变量中又增加了无形资产和其他长期资产变量。王庆文（2005）将会计盈余与经营现金流量的差值除以总资产定义为应计项目，以应计项目作为衡量会计盈余质量的标准，研究了应计项目对公司下一年度的会计盈余及未来两年内股票收益的影响。收益与现金流量关联的视角则以权责发生制和收付实现制计量的利润比较为基础，用应计利润与经营现金流的偏离程度衡量盈余质量，认为两者越接近，盈余质量越高。基于这种思想，迪舟和迪切夫（Dechow and Dichev，2002）设计出了用应计利润和经营现金流之间的差异来衡量盈余质量的应计质量模型，该模型线性回归获取的残值，即流动应计项目与前期、当期和下期现金流不匹配的程度，是对应计项目质量的逆向计量，匹配程度越低，盈余质量越差。然而，上述线性应计模型无法确认会计应计过程中的非线性因素。因此，鲍尔和施瓦库马尔（Ball and Shivakumar，2005）在迪舟和迪切夫的基础上进行改进，引入虚拟变量，提出了分段线性应计模型，这一模型在其后的研究中也得到了广泛应用。

基于财务呈报者、审计师专业胜任和激励机制等角度的盈余质量评价，主要关注有效的审计对会计信息质量的保证与提升作用。许多相关研究提供的证据表明，四大审计的上市公司会计信息透明度显著高于非四大审计的上市公司（王艳艳和陈汉文，2006）。还有研究证实，内部审计水平越高，越有助于减少代理人的逆向选择与道德风险，越能有效地侦查和抑制管理层过激的会计政策，财务报告质量越高（王守海等，2010）。

（二）价值相关性和风险相关性评价

"价值相关性"这一术语的提出与决策有用观财务呈报目标的定位紧密相关。可以说，价值相关性是决策有用观目标下会计信息决策有用性的替代词。最早提出价值相关性这一概念的阿德梅尔等（Admir et al.，1993）用这一术语描述会计盈余与股票价格之间的关联性，他们指出，如果某一会计数据可在一定程度上用来预测股票价格，则该会计数据是具有价值相关性的。巴斯等（Barth et al.，2001）认为，如果一项会计金额与权益市场价值或股票价格之间具有预期的关系，则它是具有价值相关性的。因此，现有的价值相关性评价研究从决策有用观的视角展开，大多与证券市场的反应相联系,集中于对股价变动等市场反应的解释和预测方面,一般采用回报模型(return model)、价格模型(price model)或剩余收益定价模型(residual income valuation model)衡量会计信息的价值相关性。回报模型研究收益与剩余收益对市场调整后股票报酬率的解释能力,通常以股票投资回报为因变量,以收益或剩余收益及其变动额为自变量构建回归模型进行检验评价,是基于股票价格反映了公司经济价值的假设建立的,认为现期的会计盈余会影响预期的盈余,而预期的盈余将影响预期股利从而对现期的股价产生影响(Easton and Harris,1991)。价格模型是由奥尔森(Ohlson,1995)设计的另一具有代表性的价值相关性模型。该模型研究会计盈余与净资产对股票价格的解释能力,它通常以股票价格为因变量,以净资产和净收益为自变量构建回归模型进行检验评价,它将企业的市场价值与财务会计信息直接地联系起来。与回报模型不同的是,价格模型构建了会计盈余、净资产与企业市场价值之间的联系,将会计信息有用性的评价范围由利润表拓展到资产负债表(王跃堂,2003)。相对于回报模型,价格模型虽然无法反映当期新信息的影响,但如果股票市场对会计盈余的任何成分有所预期并能反映在期初股价上,价格模型依然能证明会计信息对决策是有用的,而应用回报模型得出的结论就会产生偏差。剩余收益定价模型是由费尔塞姆和奥尔森(Feltham and Ohlson,1995)提出的,他们假设预期股利的现值决定市场价值并且会计数据符合净剩余关系,认为公司的价值是公司已获得的资产与该公司未来盈余的期望值之和,即股东权益的账面价值与预期剩余收益的折现值之和。在我国学者的相关研究中,回报模型或价格模型都得到了广泛应用(孙世攀等,2010;王建新,2010),也有许多学者认为价格模型优于收益模型,使价格模型的应用呈现增长的趋势。此外,为保证检验结果的可靠性,也有许多学者同时使用这两种模型评价会计信息的价值相关性(王跃堂等,2001;齐伟山和欧阳令,2005)。对于剩余收益模型,国内某些学者引入规模和流通股比率等新的解释变量,对其进行了扩展,考察1995~1997年在上交所上市的公司会计信息的价值相关性(陈信元等,2002);有些学者在剩余收益定价模型的基础上，将会计信息细分为经营利润率和股东收益，进一步探讨细分后的会计信息与股价的价值相关性（张腾文和黄友，2008）。

对于会计信息的风险相关性，并不存在明确的、权威的定义。有学者认为，风险相关性是指会计信息所描述的风险是否有助于使用者的决策判断（谭洪涛等，2013）。而会计信息所表述的风险，可以是盈余（历史成本净收益、净收益、综合收益或完全公允价值收益）、现金流量的方差，也可以是衍生金融工具等金融工具的计量风险。风险相关性的评价主要检验会计信息的风险指标同市场风险衡量指标之间的相关性。市场风险衡量指标包括股票市场风险计量指标（市场模型 β 值、股票回报标准差、短期利率 β 值、长期利率 β 值等）、银行市场披露的风险计量指标（衍生工具总风险头寸、一年内重新定价的固定利率资产和固定利率负债的差额等）和非银行企业风险衡量指标（权益比率、经营净现金流量流动负债比等）。在国外，比弗等（Beaver et al.，1970）首次创立了风险相关性研究，他们利用非银行上市公司的数据验证了盈余波动和盈余 β 对市场模型 β 的解释力。此后，巴斯等（1995）使用美国财务会计准则公告第 107 号实施前 1971~1990 年的数据，创立了"局部公允价值盈余（partial-fair-income）"，对报告盈余与局部公允价值盈余的波动进行计量和比较，并检验增加的盈余波动与股价波动之间是否存在显著的相关关系。霍德等（Hodder et al.，2006）构建了"完全公允价值收益（full-fair-value income）"指标，利用美国 202 家上市商业银行 1996~2004 年的数据，对净利润、综合收益和完全公允价值收益的标准差进行比较，检验这些指标的波动与市场模型 β 值、股票回报标准差和长期利率 β 值是否存储在正相关关系。巴特（Bhat，2008）采用方差分解的方法检验了利润表外披露的公允价值变动损益对未预期股票回报波动性的贡献，并检验了公允价值变动损益和净利润对未预期回报方差的贡献之差。国内直接涉及会计信息风险相关性的研究较少。谭洪涛等（2013）对历史成本净利润、净利润和综合收益总额的波动率采用标准差进行计量，用股票回报率的标准差波动作为资本市场投资风险的替代变量，检验了三类盈余波动与股票回报率的波动是否相关、三类盈余波动增量信息与股票回报率的波动是否相关以及三类盈余波动增加是否导致股票的价格下降和三类盈余波动的增量信息增加是否导致股票的价格下降。

需要注意的是,价值相关性和风险相关性的评价均需借助于样本数据,是对一个国家或地区会计信息质量的整体评价,一般无法适用于对个别特定企业会计信息质量的评价。对个别或特定企业会计信息质量的评价,除了前文述及的盈余质量衡量方法外,还有学者借助于会计信息对未来现金净流量的预测能力,对会计信息整体质量进行综合评价,认为其预测能力越强或预测的准确性越高,会计信息的整体质量就越高。但是,这种思路一般适用于对特定企业会计信息质量的评价,且评价结论的可靠性又可能同分析师的个人能力有关。

### 五、目标导向的会计信息质量评价思路与现实选择

财务呈报目标、会计信息质量特征和会计信息质量的评价存在着内在联系。财务呈报目标的定位确定了会计信息的使用者以及信息需求和用途,会计信息质量特征是满足财务呈报目标的信息应具备的质量标准,而会计信息质量的评价则主要是基于使用者的立场就会计信息对其有用性或满足使用者需求程度作出判断。财务呈报目标定位不同,会计信息质量特征要求不同,会计信息质量的评价也就有所差异。因此,会计信息质量的客观评价往往需要基于财务呈报目标的定位,基于多维的视角和不同的评价指标和方法,重点评价会计信息对既定财务呈报目标的实现程度。

如前所述,单个会计信息质量特征的定义比较模糊及计量难度较大,且不同质量特征共同作用于会计信息的整体质量,因而单项质量特征的评价并不存在太大的现实意义。相对而言,信息透明度或披露质量的评价以及盈余质量和价值(风险)相关性等思路均可用来评价会计信息的质量,但基于信息透明度或披露质量评价的主观性较强,盈余质量评价与价值(风险)相关性评价得到了更为广泛的应用。盈余质量评价与价值(风险)相关性评价各有侧重,互为补充,做好两者的统一与平衡可能会更有助于

评价会计信息对现行财务呈报目标的保障程度。就公允价值而言，基于盈余特征观和盈余管理观下的盈余质量评价，可以更好地评价公允价值运用对会计信息质量的影响；价值相关性分析难以单独胜任受托责任观下会计信息质量评价的需求，但对盈余质量分析是必要的补充。此外，作为公允价值信息有用性的相关指标，风险相关性的分析可从另一个侧面衡量公允价值会计信息的质量，也可以作为盈余质量指标的补充。因此，公允价值运用对会计信息质量的影响需要盈余质量评价和价值（风险）相关性评价的平衡和互补。在此基础上，可以辅之以信息透明度和披露质量的评价或者个别会计信息质量特征的评价。

# 第三章
# 公允价值及其在会计准则中的运用

## 第一节 公允价值概念的缘起与界定

就财务呈报的实践或要求而言,公允价值运用并非新生事物。公允价值概念演进已经历了一个多世纪(Zyla,2012)。据史料记载,公允价值(fair value)一词的提出最早可追溯到 1898 年史密斯与阿迈斯(Smyth v. Ames)一案的高等法院判例(任世驰和陈炳辉,2005)。高等法院在该判例中指出,公司有权按投资性财产的公允价值获得公平的报酬或合理的利润,为确定投资性财产的公允价值,在所有情况下,都应公平和正确地权衡初始建造成本、持续改善所需支出的金额、相关债券和股票的市场价值、现行建造成本与初始建造成本的比较、根据法律规定进行特定评估得出的很可能的盈利能力、正常经营所需费用的总数等事项。可以看出,该判例公告隐含了公允价值概念及其意义的讨论,清楚地提及多个目前许多会计准则中包含的公允价值估值概念,如市场法、经济价值、预期收益以及专业判断。但遗憾的是,该判例既未对这一概念作出明确的界定,又没有为如何综合考虑这些因素以确定财产的公允价值提供任何指南。

而在会计界,"公允价值"这一概念的提出至少可以追溯到 20 世纪 40 年代中期。早在 1946 年佩顿教授就已指出,"成本和价值并不是对立的和相互排斥的术语。在取得日,至少对于大多数交易而言,成本和价值在本质上是一致的。正如前面所提到的那样，在支付中介是财产而非现金的情况下，取得资产的成本是以某一其他财产的公允市场价值计量的。事实上，成本起初是重要的，因为它近似于取得日的公允价值。成本基本上又是不重要的，因为它代表了一个支付的数额，但成本作为取得物价值的一种计量是重要的。"这里，佩顿教授将公允价值等同于公允市场价值，并将公允价值视为市场对资产价值的一种度量。同时，佩顿教授实际上也强调了按价值对资产项目计量的重要性。然而，他并没有对公允价值这一概念作出明确的界定。

在会计界，最早对公允价值进行定义的可能是埃利克·L. 柯勒（Eric L. Kohler）。他在1952年编著的《会计词典》中，将公允价值解释为"公平合理之价值"，并认为该词通常能够与公允市场价值通用，意指"（1）消息灵通之买卖双方以诚意磋商而决定之价格，此价格普遍于一定期间有效；（2）倘无交易或报价，则本词指估计之公允市场价值"。

1961年，穆尼茨教授在负责撰写的《会计研究论文集》第一集（ARS No. 1）中则把市场价格提到"假设"的高度，并指出要使这个假设成立必须有其他某些条件，例如：（1）两者（或多者）之间进行的交易是公平的；（2）交换中所涉及的各主体的行为是理性的；（3）市场上交易足够活跃，证明所产生的交易具有代表性。在穆尼茨看来，市场要进行交换，交换价值的基础只能是市场价格，其中包括公允价值。穆尼茨还分析指出了"公平的交易""交易双方的理性行为""市场的交易足够活跃"等有关公允价值的理念。

然而，直到1969年，公允价值概念才被引入会计准则，美国注册会计师协会下属的会计原则委员会当年3月公布的第14号意见书《可转换债券和随同认股权证发行的债券的会计处理》最早使用了公允价值概念。该委员会1970年发布的会计原则委员会报告书第4辑（APB Statement No. 4）将公允价值界定为："在包含货币价格的交易中，收到资产时所包含的货币金额，（以及）在不包含货币或货币要求权的转让中交换价格的近似值。"此后，该委员会发布的多份意见书均使用了公允价值概念。

美国财务会计准则委员会1973年成立后，继承了会计原则委员会的这一传统，并从1976年11月颁布的财务会计准则公告第13号《租赁会计》开始使用公允价值概念。为规范日益增多的公允价值运用实践，美国财务会计准则委员会在其2000年发布的第7号财务会计概念公告中给公允价值确定了一个正式的定义，即资产或负债的公允价值是"在自愿的各方进行的当前交易中，也即在非强制或清算性出售交易中，买卖一项资产（或承担或结算一项负债）所采用的金额"。为了对公允价值进行准确定义并作出系统的解释说明，建立公允价值计量运用的基本框架，增强公允价值运用的一贯性和可比性，增进公允价值的信息披露，实现一般公认会计原则范围内（公允价值运用）相关指南的统一化和规范化，美国财务会计准则委员会于2003年6月启动了"公允价值计量"准则的制定计划，经过多次广泛征求意见，于2006年9月发布了财务会计准则公告第157号（现为会计准则汇编主题820，即ASC820）《公允价值计量》。该公告将公允价值定义为"在计量日市场参与者进行的有序交易中，出售一项资产将收到的价格或者转移一项负债将要付出的价格"。

国际会计准则理事会（原国际会计准则委员会）从20世纪80年代开始使用公允价值概念，在其随后发布的绝大多数准则中要求或允许使用公允价值，并多次对公允价值进行定义，这些定义不尽相同，其中具有代表性的定义为：公允价值是指"在公平交易（arm's length transaction）中，熟悉情况并自愿的各方之间交换一项资产或结算一项负债所采用的金额"。这里，公平交易也可译为"正常交易"，指"一臂之隔的正常交易"，意谓交易中不涉及任何个人情面关系，与其相对的是"个人关系交易"（arm in arm transaction），即渗入个人情面关系的交易，包括关联方交易；熟悉情况并自愿的各方都对特定项目（如投资性房地产、金融工具等）的性质、特征、实际的潜在用途以及资产负债表日的市场状况相当熟悉，都是理性的当事人，都是基于市场条件，双方均意图按各自认为按最有利的价格进行买卖；交换的金额只是资产交换或负债清偿的金额，负债清偿的金额是明确的，即为清偿负债所支付的价格，但资产交换的金额可以是购买一项资产支付的价格（即买入价格），也可以是销售一项资产所收到的价格（即脱手价格），这些价格都应当以公开的、活跃市场上相同资产和负债的标价为最佳估计。需要指出的是，为了统一公允价值的定义，建立内在一致的公允价值计量和相关信息披露的框架，国际会计准则理事会于2005年9月启动了相关的计划项目，经过近六年的努力，最终于2011年5月12日发布了国际财务报告准则第13号《公允价值计量》。该准则定义了公允价值，提供了确定公允价值的指引，并引入有关公允价值计量的一致披露要求，是按照国际财务报告准则计量公允价值的单一指引。国际财务报告准则第13号实际上沿用了会计准则汇编主题820对公允价值的定义，在公允价值定义的解释方面与会计准则汇编主题820也基本相同。

除美国财务会计准则委员会和国际会计准则理事会外，其他国家和地区的会计界对公允价值也进行了定义。如加拿大特许会计师协会在其发布的加拿大特许会计师协会手册《会计建议书》第3860章——"金融工具：披露和列报"中，将公允价值定义为"熟悉情况的买卖双方在自愿的、没有受到强制的情况下，在公平交易中商定的对价的金额"。英国会计准则委员会在其发布的财务报告准则第7号《购买会计中的公允价值》中，将公允价值定义为"熟悉情况、自愿的双方在公平的交易而不是在强迫或清算拍卖交易中，交换一项资产或一项负债所使用的金额"。我国《企业会计准则第22号——金融工具确认和计量》将公允价值定义为"在公平交易中熟悉情况的交易双方自愿进行资产交换或者债务清偿的金额"。不难看出，准则制定机构对公允价值的表述虽有不同，但并无明显差异，都强调了公允价值是熟悉情况的交易双方在自愿、公平的交易中所达成的金额。2014年我国也发布了《企业会计准则第39号——公允价值计量》，在公允价值的定义、计量与相关信息披露要求等方面实现了同国际财务报告准则的实质性趋同。

需要指出的是，随着国际财务报告准则在世界上很多国家的采用以及未采纳国家或地区会计准则与国际财务报告准则的趋同，目前世界各地关于公允价值定义的界定已同会计准则汇编820和国际财务报告准则第13号的界定达成了一致。除了对公允价值的一致定义，这些准则还对这一定义进行了比较详细的说明，强调了公允价值及其估值的七个关键特征。(1) 公允价值是被计量资产或者负债在计量日的脱手价格（exit price），而非买入价格（entry price）。(2) 公允价值是基于市场的计量，而非特定主体的计量。因而在估值时必须使用市场参与者在当前市场条件下对资产和负债定价所使用的假设（包括关于风险的假设）。(3) 假定市场参与者以实现其最高经济利益为目的。因此，脱手价格应该是最高效或最佳使用特定资产的价格，或者转移（而非清算）特定负债所需支付的最低价格。(4) 假定交易是发生在主要市场或最有利市场的有序交易，而非强制性交易。估值时，应先寻找主要市场，若主要市场不存在，则假定交易发生在最有利市场。(5) 对用来计量资产或负债公允价值的主要市场（或最有利市场）的价格不需因交易费用而调整。因为交易费用不是资产或负债的特性，它与特定交易相关，因主体采用的交易方式而异。(6) 估值所依赖的实际交易并非是必需的，也不要求相关市场的实际存在。如果缺乏可供参考的价格，报告主体应采用市场参与者使用的假设、模型和估值技术进行估值，且无须识别具体的市场参与者。(7) 估值是基于计量日（或报告日）市场参与者在当前市场条件下对资产或负债定价所使用假设的最新信息进行的，反映了市场参与者当前的预期。

另外，以公允价值的定义和说明为基础，会计准则汇编820、国际财务报告准则第13号等提出了确定公允价值时应用输入值的三个层级。(1) 第一层级输入值，即主体在计量日能获得的相同资产或负债在活跃市场上的报价（未经调整的）。该层级的输入值（活跃市场上的报价）提供了公允价值最可靠的证据。(2) 第二层级输入值，即第一层级输入值以外有关资产或负债的可观察的直接或者间接的输入值。(3) 第三层级输入值，即资产或负债不可观察输入值。该层级输入值应当反映市场参与者定价时所使用的假设，包括有关风险的假设。在确定此类输入值时，主体应当使用当前环境下所有可合理获得的有关市场参与者假设的最佳信息（这可能包括主体自身的数据）。在公允价值估值时，应最优先使用活跃市场上相同资产或负债的（未经调整的）报价（第一层次输入值），最后使用不可观察输入值（第三层级输入值）。

## 第二节 公允价值本质的多维解析

### 一、基于法律层面的分析

要理解公允价值的本质，应先从法律层面的分析入手。这是因为，在会计界提出和运用之前，公允价值在西方法律界早已被广泛使用，只是法律文献一般将其翻译为"公平价值"而已。可以说，它是一个源自法律界的术语，其产生和推广源于人们对经济活动中公平性（fairness）的追求。

在社会发展的历程中，对公平性的追求体现在人类社会活动的每一环节和各个层面，并最终提升为一种基本价值观，综合体现在法律这种由国家制定或认可并由其强制力保证实施的行为规范或社会规则之中，以保证法律的形式正义。作为一个政治口号，它产生于资产阶级革命时期。作为正式的法律规定，则最早出现在1789年的法国《人权宣言》以及包含《人权宣言》的法国宪法之中。随着西方资本主义的发展和市场经济体制的建立，这种价值观逐步渗透到西方国家的各类法律及其执行体系之中，以保护产权的价值与执行，维护市场交易的公平。如在1844年，这种价值观就以"充分和公允"（full and fair）这一术语正式进入英国的《股份公司法》（Joint Companies Act），用以描述企业对外财务报告及作为其编制依据的账户记录的法定标准（legal standard），并演变成欧洲大陆崇尚的"真实和公允"信条或美国青睐的"公允"信条，成为一百多年来财务呈报的至高无上的指导思想。[①] 遗憾的是，时至今日，对于"公平"或是作为其

---

[①] 在英国，1844年的《股份公司法》（Joint Companies Act）要求公司编报的资产负债表必须"充分和公允"（full and fair），1900年的《公司法》（The Companies Act 1900）强调公司的资产负债表应当"正确地编制，以保证其对公司事务的陈述能够体现'真实和正确观'（true and correct view）的要求"，1945年科恩委员会（The Cohen Committee）的报告则建议公司法采纳"真实和公允观"（true and fair view）而非真实和正确观。自此，"真实和公允"就被作为一种信条，在欧洲大陆传播开来。

同义语的"真实和公允"或"公允",相关法律都没有进行确切的定义,而是将其法律含义及其应用的裁定权留给了法院。这导致了人们的多种解读。在欧洲,人们利用这一概念主要强调公司的财务报表必须"准确"(exact)、"真实"(true)、"清晰"(distinct)、"公允"(fair)、"公正"(just)、"正确"(correct)、"被恰当编制"(properly drawn up)、"充分和公允"(full and fair)、"充分和真实"(full and true)、"真实和正确"(true and correct)等。而在美国,人们重在说明"会计规则、程序和方法应该是公允的、不偏不倚的和公正的,它们不应该为某个特定利益服务"(Scott,1941),企业的财务报表因而能在所有重大方面公允地反映其财务状况、经营成果和资金变动状况。可见,公平作为法律上用以判断财务报表质量的一个价值标准,具有不同的运用方式,主要强调财务报表表述的公允。而表述的公允通常是与客观、中立的计量和报告信息相联系的,"它必须以严格的能证实的证据为基础,它不能倾向于某个特定用户(或使用群)的利益而相应地损害其他方的利益"(Lee,1976)。

作为西方法律界早已广泛使用的术语,公允价值一词在相关法律中同样没有确切的定义。据史料记载,美国高等法院在1898年史密斯对阿迈斯一案的高等法院判例中就强调了公允价值。该判例指出,公司有权按投资性财产的公允价值获得公平的报酬或合理的利润,从而确立了"根据资源的公允价值获得公允回报"这一重要准则。美国高等法院(1898)进一步指出,为确定投资性财产的公允价值,在所有情况下,都应公平和正确地权衡初始建造成本、持续改善所需的支出数量、相关债券和股票的数量与市场价值、现行建造成本与初始建造成本的比较、根据法律规定进行特定评估得出的很可能的盈利能力、正常经营所需费用的总和等事项。这里,公允价值被视为一个分配标准,重在强调分配中的公平。但遗憾的是,该判例既未对这一概念作出明确的界定又没有为如何综合考虑这些因素以确定财产的公允价值提供任何指南。实际上,对"公允价值"的任何界定都面临各种各样的局限性和条件限制,因为目的不同,所确定的公允价值就很可能不同(Saliers,1992);公允价值的确定是没有惯例或规则可循的,每一个案例都要从其自身的特点去考虑，其结果或得出的价值都可能是"公平的和正确的"，这不是惯例或者规则的问题，而必须以适当考虑所有相关事实的合理判断为基础（Whitten，1914）。

尽管法律对公平和公允价值没有确切的定义，实务中也存在不同的理解和解释，但我们也不难看出，法律所强调的公平和公允价值是以某种程度的平等为基础的，这种平等反映了某种利益倾向，而这种利益倾向代表了一定社会中居于主导地位的评价公平与否的基本标准。因此，公平是一种有条件的平等，是人们从自身利益出发，对社会经济关系的一种主观认识。形式上，公平表现为观念，是一种主观感受，集中表达了人类的社会理想，存在于人们一切社会活动的方方面面。法律上，公平是以明确、具体的法律规范为表现形式和保障的，并在法律实施的各个环节得以实现和维护。因此，公平的法律意义取决于法律规范的目标和重点。市场经济条件下，宪法关于经济范畴的规范乃至专业的经济法律关注的目标和重点实质上是建立和维护市场公平，以保证市场主体的机会均等、平等交易和竞争以及竞争结果的对称性。事实上，西方法律界对公允价值概念的提出和运用正是在经济领域贯彻公平这一基本价值观念的体现与要求，其根本的目标在于通过对公平的分配或计价标准的规范，维护市场交易的公平。1898年史密斯与阿迈斯一案判例中对公允价值的强调就体现了这一目的要求。该判例旨在将公允价值作为一种分配基础，使投资者获得公允的回报，以示相关市场主体之间交易的平等。可见，从法律层面上看，公允价值重在强调一种计价或分配标准，该标准对各相关市场主体具有公平性，这种公平性又体现为市场主体的机会均等、平等交易和竞争以及竞争结果的对称性。但这种公平性需要法院综合考虑各种现时的因素和条件作出权衡与判断，具有动态性、可变性和主观性。

## 二、基于经济学层面的分析

作为一种分配或者计价标准，公允价值至少在字面上属于价值范畴，而价值是经济学最基本的命题。因此，要准确理解公允价值的本质，还应从经济学中价值理论对价值的理解和界定入手，先弄清价值的内涵与本质。作为解释给定的生产要素之间关系的理论体系，价值理论在整个经济学理论体系中都居于核心地位。价值理论的核心是价值的形成或决定机制，而这又以对价值的界定为前提。

经济学中，有关价值的内涵及其形成或决定机制的理解有多种。斯密（1972）认为，"价值"一词通常有两层含义：使用价值和交换价值。使用价值表示特定物品的效用；而交换价值表示由于占有某物而取得的对他种货物的购买力。马克思从分析交换价值入手进而从更本质的方面或更深层次引出了价值范畴。马克思认为，作为不同使用价值相交换时所体现出来的"共同东西"，价值体现着交换背后商品生产者之间互换劳动的关系，是"凝结在商品中的无差别的人类劳动"，其大小由生产商品所消耗的社会必要劳动所决定，价格是价值的货币表现，并受供求关系的影响，围绕价值上下波动（马克思，1975）。以阿尔弗雷德·马歇尔（Alfred Marshall）和阿瑟·塞西尔·庇古（Arthur Cecil Pigou）为代表的新古典经济学派通过均衡价值理论对价值及其决定因素进行了诠释。该学派认为，价值主要是指物品的交换价值或价格，更多地表现为某一物品交换另一物品的比例，而这一比例体现的不是交换物品所消耗的社会必要劳动的多少，而是交换物品在市场中的稀缺程度或者重要程度（马歇尔，1964）。他们指出，价值既取决于供给因素又取决于需求因素，从供给方面来看，生产费用是决定产品价值的因素，从需求方面来看，效用或边际效用是决定产品价值大小或有无的因素，商品的最终价值决定于供需双方的共同作用，均衡价格就是这种共同作用的结果（马歇尔，1964）。皮埃罗·斯拉法（Piero Sraffa）（1963）强调，价值是在整个经济体系均衡运行时，一种商品交换另一种商品的比例关系，是一种相对价值，这一比例由生产过程中的技术条件与物质补偿条件所决定。不难看出，无论是均衡价值理论还是斯拉法的价值理论，都将价值与价格视为等同的存在，是合一和互用的。

需要指出的是，随着西方国家资本市场的快速发展，20世纪80年代起，人们将研究的重点转向了资本市场，主要运用经济学理论研究金融资源的有效配置。这种研究所要解决的一个重大现实问题就是非理想资本市场上金融工具的估值与定价。与一般商品的价值决定不同，金融工具的价值主要取决于其预期的收益与风险，即未来现金净流入的金额、时间和不确定性，是基于其未来现金净流入及对应风险所要求报酬率的折现值。在完全有效的理想资本市场上，金融工具的现行价格可以反映所有的信息，是金融工具价值的可靠计量，即价格与价值永远是合一和互用的。而在非理想的资本市场上，金融工具的价格就会偏离其价值。在现实经济世界，理想资本市场几乎是不存在的。因此，资本市场上金融工具的价格往往会偏离其价值，价格并非其价值的可靠估计，而是价值的有偏估计。

　　基于上述的分析和说明，我们不难看出以下三点。(1) 虽然除马克思的劳动价值论外，其他价值理论均强调了价值实质上是一种交换价值或价格，价值和价格是合一和互用的，但这些理论均将交换价值或价格的形成条件限定为经济体系均衡运行。这实质上意味着这些价值理论也承认价值和价格并非具有完全一致的内涵：价值重在强调物品或金融工具对购买或持有者的有用性（预期经济利益的大小），具有抽象性和不可观测性；而价格则表现为交易双方最终达成的交易金额，主要取决于现行市场条件下供给与需求的交互作用，是可以观测的，因而也是具体的。(2) 虽然人们对物品、金融工具等不同商品的价值具有不同的理解和界定，但在完全竞争市场上或理想资本市场上，同一物品（或金融工具）在不同价值理论下的价值实质上是一致的，并统一于其均衡价格（或现行交易价格）。(3) 现实市场既不是完全竞争的市场，又不可能是理想的或完美的市场，价格和价值因而也不可能完全等同，两者是不能合一和互用的。总之，从经济学层面看，尤其是从资本市场上金融工具的价值决定原理方面看，价值本身不存在公允与否的问题，而价格的决定由于会受到诸如市场参与者之间信息不对称、认知能力的高低差异、有限理性或非理性、市场竞争受阻或干扰等扰乱市场公平因素的影响，客观上存在着价格对不同的市场参与者是否公平或公允的争论。

　　因此，在经济学意义上，公允价值是一个存在逻辑错误的术语，公允价格才是能够对这一概念意欲表达的含义作出精准概括的术语。从这层意义上看,公允价值实质上是公允价格的替代语,其本质是完全竞争市场上或完全有效市场上的交易价格,市场中形成的均衡价格是基于现实环境对这种价格的最佳估计,是现实环境下最具公平性的价格,因而也是公允价值的最佳代表。

### 三、基于会计学层面的分析

(一) 基于会计理论概念的推断

会计与经济相伴而生并随着经济的发展而发展。在市场经济条件下,会计主要是作为一个经济信息系统,为资源的所有者或实际控制人的资源配置决策提供财务信息,以实现资源在微观范围内和宏观领域中的合理有效配置。作为会计的一个分支,财务会计主要面向企业的投资者、债权人等外部信息使用者,为他们提供有用的货币量化的信息。

会计计量是"会计系统的核心职能"(Yuji Iriji,1979),主要解决资产计价和收益决定问题,即资产和收益的定价问题。计量属性选择是会计计量的关键,受财务呈报目标的定位、会计信息质量的要求、资产与收益等要素的定义、资本保全的观念(财务资本保全和实物资本保全)、收益计量的模式(收入费用观和资产负债观)等多种因素的影响。

自20世纪70年代末以来,随着西方国家资本市场的发展和完善,财务呈报目标的定位逐步由受托责任观转向了决策有用观,强调财务报告应提供对投资者和债权人作出投资、信贷等资源配置决策有用的信息,这种信息要有助于评价报告主体未来现金净流入前景(数量、时间和不确定性),是有关主体资源、要求权以及管理层和董事会如何有效地使用主体资源以解脱其受托责任的信息,包括主体拥有或控制的资源、对主体的要求权以及这些资源和要求权变动的信息,主要表现为反映主体特定时点财务状况的信息、特定期间财务业绩的信息以及其他交易或事项的信息;应具有相关性(预测价值和反馈价值)、反映真实性(完整性、中立性和免于差错)和可比性等质量特性(IASB,2018)。与财务呈报目标的转向及其对会计信息质量要求相适应，对资产的定义由"成本观"转向了"未来经济利益观"或"价值观"，对收益的界定也向经济学收益迈出了实质性的步伐，提出了"综合收益"概念并应用于财务报告的实践，收益确认与计量的基础由财务资本保全向实物资本保全移动，收益的计量模式也从收入费用观转向了资产负债观。财务会计理论概念的这些显著变化，强调了资产负债表作为决策有用信息来源的作用，对资产、负债的后续计量提出了新的挑战，要求选择能公允反映特定时点资产或负债"预期经济利益"或"价值"的计量基础。这为公允价值概念在会计界的提出和具体运用奠定了良好的概念基础。

因此，从会计理论的层面看，公允价值应该是能够正确履行财务会计"资产计价"和"收益决定"职能的计量属性，这种计量属性应该能够真实公允地反映资产或负债在资产负债表日的预期经济利益或现行价值，是经济学中价值概念的会计表达，是对能反映会计要素本质特征的现值概念的体现。也可以说，公允价值是基于"市价"、未来现金流量的折现值，在某些情况下是通过某些数学模型所计量资产或负债价值的概括表达（斯科特，2006）。

（二）基于会计实践动因的思考

从会计实践上看，公允价值概念的提出及其推广运用的最直接、最简单的诱因是历史成本会计的环境不适应性（夏成才和邵天营，2007），而20世纪80年代后期美国存款储蓄行业储蓄和贷款危机的爆发，则成为最终的触发器。

长期以来，历史成本是占据主导地位的计量属性。它具有含义简明、易于操作、可验证性强等特点。在经营环境相对稳定的条件下，历史成本就能比较忠实地履行资产计价和收益决定的功能，如实地反映企业的财务状况和经营业绩。而在经营环境出现剧烈波动的情况下，资产、负债等要素项目市场价格的重要波动，极可能导致会计信息不具可比性，不能如实地反映其现行价值或预期经济利益，不能正确揭示企业的财务状况和经营业绩，无法简单直观地反映大多数风险管理战略对企业的影响，不利于在日益激烈的竞争环境中的风险管理等。历史成本的上述种种缺陷，客观上促使人们寻求相应的对策措施。物价变动会计模式的提出、发展和完善就是这种努力的成就，现时价值会计、一般物价水平会计都是这种努力的杰作，现行成本、现行市价、现值等反映资产、负债现行价值的计量属性的提出和应用，也都是这种努力的产物。会计计量模式的这种转换，源于历史成本信息决策相关性缺失以及市场基础计量指标决策相关性的假定。这也是财务报表应对报告现行价值需求的较早反应。

20世纪70年代国际金融市场的剧烈动荡，以及金融业为规避风险而进行的金融工具创新等，历史成本会计的局限性突显，它既无法适应衍生金融工具确认与计量的需求[1]，又无法满足金融风险管控的需要，进而对采用公允价值计量金融工具提出了客观要求。20世纪80年代后期美国存款储蓄行业金融危机的爆发，暴露了基于历史成本/配比范式的财务呈报体系的不足，导致了允许或者要求按照"公允价值"基础进行现行价值计量的会计准则的颁布（如财务会计准则公告第115号、第133号和国际会计准则第39号），最终促成了公允价值运用的实践。1990年9月，时任美国证券交易委员会主席的理查德·布雷登（Richard C. Breeden）在美国参议院的银行、住宅及都市事务委员会作证时明确指出，历史成本的财务报告对于预防和化解金融风险于事无补，应当以公允价值作为金融工具的计量属性。他还指出，公允价值是金融工具最相关的计量属性，而公开活跃市场上的报价是公允价值的最佳证据，是金融工具市场价值的真实反映，公允价值能够如实反映金融工具的价值及其变动，这种信息便于投资者预防和化解金融风险，有利于金融工具投资的相关决策。正是基于上述认识，美国财务会计准则委员会率先将公允价值运用于金融工具的计量，随后又迅速将之扩展到其他报表项目，以摆脱现行财务会计模式正在失去相关性的批评。

---

[1] 互换等衍生工具的历史成本可能是零，但可能由于取得后市场状况的变化而具有巨大的市场价值。对这些衍生工具采用公允价值计量最初是对其会计报告不适当性的特定补救措施，而公允价值也证明了其在金融工具计量范式中的优势。

布雷登的态度对会计准则的准则制定产生了重要的影响，这一方面表现在美国财务会计准则委员会扩展了公允价值的运用范围，另一方面表现在对公允价值的定义方面。在财务会计准则公告第157号发布以前，美国财务会计准则委员会发布的10多项涉及公允价值的准则及财务会计概念公告第7号（SFAC No.7）对公允价值都作出了比较明确的界定，这些定义虽存在表述上的差异，但都从操作层面定义公允价值，强调公允价值是一种现行市场价值，是在非强制性、非清算销售情况下的当前有序交易中，熟悉情况、不关联、自愿的各方之间进行交换（资产买卖、负债发生与清算）的金额或价格，公开活跃市场上的公开报价是公允价值的最佳证据。2006年美国财务会计准则委员会虽然在财务会计准则公告第157号中对公允价值进行了重新定义，但相对于先前的定义，这一定义并无实质性的改进，只是强调了作为公允价值的价格是在"计量日"市场参与者进行的有序交易中的"脱手价格"。这些定义旨在说明，公允价值实际上是资产、负债的公允市场价值/价格，公开活跃市场上的报价是公允价值的最佳计量或估计，是资产、负债现行市场价值的如实反映。正如美国财务会计准则委员会和国际会计准则理事会所强调的，作为一种市场价值/价格，公允价值能够以一种有效和实际上公正无偏的方式反映有关未来现金流量现值或价值的市场一致预期（Marra，2016）。

由上述分析不难看出，会计理论和会计实践对公允价值在理解上有不同的侧重。理论上，人们更多地强调企业持有资产或承担负债在资产负债表日的预期经济利益或现行价值，即公允价值实质上是资产或负债的现行市场价值。会计实践中，人们主要从可操作性的角度对公允价值进行理解，将其界定为资产或负债在特定时点特定市场上有序交易的价格，其实质在于为计量公允价值提供明确的标准和指南。

**四、关于公允价值本质属性的暂行结论**

公允价值是一个可以而且需要从不同层面理解的概念。对这一概念的不同层面解释存在着明显的差异。从法律层面上看，公允价值与公平价值是同义语，强调的是一种具有公平性的计价或分配标准，作为基本的价值观念，它源于人们对公平性的追求以及公平这一基本价值观得到法律的正式确定，旨在维护市场公平，保护产权的价值与执行。从经济学意义上看，公允价值实质上是指公允市场价格，是一种基于市场而非特定主体的计量，完全竞争市场上的均衡价格或完美市场上的交易价格则是公允价值的最佳估计。从会计理论上看，公允价值应能够真实公允地反映资产或负债在资产负债表日的预期经济利益或现行价值，是现行市场价值的会计表达，是反映会计要素本质特征的现值概念的体现，是基于"市价"、未来现金流量的现值或某些数学模型所计量的资产或负债现行市场价值的概括表达。而会计实践则从可理解性和可操作性出发将公允价值理解为公允市场价格或公开活跃市场上的报价。

然而，不同层面的公允价值理解也存在统一的前提，并为正确把握公允价值的本质奠定了良好的基础。不同层面对公允价值理解的统一性在于：（1）强调公允价值是以市场为基础的概念；（2）强调形成公允价值的市场应具有公平性，尽管对公平市场特征的表述不同，但并不存在本质上的差异；（3）强调市场价格是公允价值的表现形式，并认为在完全竞争市场或完美的资本市场中，交易价格和公允价值是合一和互用的。因此，从本质上看，公允价值是能够真实体现市场公平的交换价格，而完全竞争市场上的均衡价格或完美市场上的交易价格则是这种交换价格的最佳代表。这种价格能以一种有效和几乎公正无偏的方式聚合市场参与者关于资产或负债的现金流量模式的一致预期，即包含了所有市场参与者关于资产或负债的用途、未来现金流量、这些现金流量所面临的不确定性以及市场参与者承担这些不确定性所要求金额的一致观点。这种价格对于一项资产或者一项负债的初始确认或者新起点计量来说，是能够提供对其经济特性的最完全和最具反映真实性的计量。简言之，公允价值是市场参与者基于公平、活跃的市场及各种可得信息，根据预期的现金流量及其时间和不确定性等因素，对计量日的资产和负债市场价值的客观评价与估计，是一种公认的市场价值；在量方面，它应该等于资产和负债的预期现金净流量的贴现值,其中,预期现金净流量的估计和折现率的确定应反映市场参与者在正常情况下所考虑的所有问题和所依据的所有假定;而在公平、活跃的交易市场上,熟悉情况并且自愿的双方进行资产交换或结算负债所采用的金额(即达成的交易价格或市场价格),既是公允价值本质的最佳体现,又是对公允价值的最佳估计;这一交易或市场价格应该包含所有市场参与者关于资产或负债的用途、未来现金流量、这些现金流量所面临的不确定性以及市场参与者承担这些不确定性所要求金额的一致观点。

## 第三节 公允价值在美国和国际财务报告准则中的运用与分析

### 一、公允价值在美国和国际财务报告准则中的运用概述

在美国一般公认会计准则(GAAP)和国际财务报告准则中,公允价值主要运用于计量金融资产和金融负债。金融资产和负债主要包括证券投资、衍生金融工具、贷款和其他应收款、应付票据和其他应付款以及发行的金融工具等。也并非所有的金融资产和金融负债都需要采用公允价值计量,而且有些准则给予企业公允价值计量的选择权。对采用公允价值计量的资产和负债,其公允价值变动所导致的未实现利得或未发生的损失,有些需要确认计入当期损益,体现在利润表中,而有些则需要作为直接计入所有者权益的利得或损失,作为其他综合收益列示在资产负债表的所有者权益部分。应注意的是,需要在每一报告期进行的公允价值计量称为"重复计量"(recurring),而当且仅当认为资产减值时的计量称为"非重复计量"(non-recurring)。在美国一般公认会计原则和国际财务报告准则中,重复计量应用于某些类别的证券投资和衍生金融工具等,而非重复计量应用于需要进行减值测试且减值时需要将其账面价值减记到其公允价值的各种资产。

## 第三章 公允价值及其在会计准则中的运用

具体地，公允价值的运用直接体现在大量涉及公允价值强制性披露或公允价值确认与计量的会计准则之中，如美国财务会计准则委员会1975~2009年6月发布的财务会计准则公告第12、15、33、105、107、114、115、116、118、119、121、123（修订稿）、126、133、135、137、141、144、153、155、156、157、158、159、160、161、163、164、165、166、167号以及针对第157号发布的4份工作人员立场公告（FASB Staff Position，FSP），于2009年7月以后发布的所有反映2009年7月1日前后有关公允价值计量和披露方面研究成果的会计准则汇编主题820《公允价值计量与披露》（Topic 820《Fair Value Measurements and Disclosures》）及会计准则更新（Accounting Standards Update，ASU）2009-05、2009-12、2010-06、2011-04、2013-09、2015-07、2018-13等。其中，最重要的准则是有关金融工具公允价值披露与公允价值确认的准则以及公允价值计量和披露的准则。与金融工具相关的最重要的披露准则是财务会计准则公告第107号和第119号。财务会计准则公告第107号要求披露所有已确认金融资产和金融负债的公允价值估计值，因而也是第一份要求在报表附注中披露有价证券、贷款、储蓄存款以及长期债务等主要资产负债表项目公允价值的准则，同时这也是第一份对公允价值进行明确界定以体现财务会计准则委员会尽可能获取市场报价的目标。财务会计准则公告第119号要求披露远期、期货、互换、期权合同等衍生金融工具的公允价值估计值，以及基于交易目的持有的金融工具的持有现利得与损失的估计值。最重要的有关金融工具公允价值计量的准则包括财务会计准则公告第115号、第123号修订稿、第133号和第159号。财务会计准则公告第115号要求按照公允价值确认以交易或可供出售目的而持有的债务或权益性证券投资，将前者的公允价值变动计入净收益，将后者的公允价值作为其他综合收益的一个组成部分排除在净收益项目以外，而将持有至到期的债务证券投资采用摊余成本法进行确认。财务会计准则公告第123号修订稿要求将授予雇员股票期权的成本按授予日的公允价值计量，并将该成本分摊至雇员提供服务的期间，计入该期间的净收益，从而取消了第123号《股份基础补偿的会计处理》（1995），这一准则允许企业选择采用公允价值法或内在价值法估计补偿成本的做法。财务会计准则公告第133号要求按公允价值确认所有独立的衍生工具，但保留了现有套期会计模式的要求，即用于公允价值套期的衍生工具的公允价值变动计入净收益，被套期资产负债表项目或确定承诺的公允价值变动亦确认计入净收益，对于用于现金流量套期的衍生工具的公允价值变动，由于针对指定的被套期资产负债表项目或预期交易不存在确认的公允价值的相应变化，而将之作为一项其他综合收益进行处理。财务会计准则公告第159号基于扩展公允价值在金融机构运用的长期目标，以及减缓由于相关资产和负债计量差异且未采用复杂的套期会计条款所导致的报告盈余的波动，允许企业行使其选择权，对持有的已确认金融资产与金融负债、因租赁合同形成的金融资产和金融负债、银行等金融机构吸收的可随时提取的存款、被发行者全部或部分分类为股东权益的金融工具等金融工具以及某些仅涉及金融工具且初始未得以确认的确定承诺、发行者可通过向第三方支付结清的非金融保险合同和保证、自非金融混合工具分拆嵌入的非金融衍生工具后形成的主金融工具等其他项目按公允价值计量，将公允价值的变动计入净收益，但这种选择权只能用于工具整体而非该工具的某一组成部分且不能撤销。专门规范公允价值计量及相关信息披露的准则主要是财务会计准则公告第157号《公允价值计量》（2006）和会计准则更新2011-04《公允价值计量》（2011）。财务会计准则公告第157号提供了公允价值的明确定义，构建了计量公允价值的框架体系，并扩展了公允价值计量的披露要求。会计准则更新2011-04是基于2006年美国财务会计准则委员会与国际会计准则理事会发布的致力于制定一套共同的高质量全球会计准则这一谅解备忘录的要求，体现美国一般公认会计原则与国际财务报告准则在公允价值定义、公允价值计量及相关信息披露要求上高度趋同的一项会计准则，是对财务会计准则公告第157号（会计准则汇编主题820）的全面修订与完善。

国际上，国际会计准则委员会发布的国际会计准则（IAS）第16、17、19、30、32、36、39、40、41号以及国际会计准则理事会发布的国际财务报告准则第2、3、4、5、7、9、10、12、13、15、16、17号等也都对公允价值的确认、计量或披露提出了具体的规范要求，公允价值的运用范围、方式和要求与美国财务会计准则委员会的准则要求基本一致。如作为公允价值的披露准则，国际会计准则第32号《金融工具的披露和呈报》和国际财务报告准则第7号《金融工具的披露》与财务会计准则公告第107号和第119号的要求相似；作为金融工具公允价值确认的准则，国际会计准则第39号《金融工具的确认与计量》和国际财务报告准则第9号《金融工具》的具体要求则与财务会计准则公告第115号、第133号的要求基本相同，国际财务报告准则第2号《股份支付》的规定与财务会计准则公告第123号修订稿相一致；作为公允价值计量与相关信息披露要求的准则，国际财务报告准则第13号《公允价值计量》同会计准则更新2011-04的要求实现了实质上的趋同。可以说，美国财务会计准则委员会和国际会计准则理事会在公允价值确认、计量以及相关信息的披露等方面已基本上实现了实质上的趋同。

## 二、美国一般公认会计原则关于公允价值的运用与分析

（一）公允价值在金融工具计量中的运用

美国一般公认会计原则是否要求对金融工具采用公允价值计量并将其变动计入当期损益，主要取决于金融工具的特征、法律形式以及企业持有金融工具的目的。有时还要考虑企业所处的行业。对某些特殊的行业，如证券与投资公司的经济商和交易商，公允价值长期以来一直运用于金融工具的计量。

对那些不要求每期采用公允价值计量且其变动计入当期损益的金融资产来讲，企业应对金融资产是否减值进行评价。由于存在不同的减值概念以及对不同金融资产的不同减值测试要求，资产减值会计是比较复杂的。

（1）权益性证券（equity securities）投资。在美国，权益性证券投资具有多种会计处理方法。一是如果一项投资使投资者拥有控制性的财务利

益，就需要进行企业合并，编制合并财务报表。二是如果一项投资使投资者对被投资者产生重大影响，就需要采用权益法进行会计处理，但当这些投资发生非暂时性减值时，就需将其账面价值减记到其公允价值。需要指出的是，企业还可以选择对这些权益性证券投资采用公允价值计量。三是如果企业持有的权益性投资不属于上述两种情况，且其公允价值能够可靠计量时，应采用公允价值计量，但对公允价值的变动可根据管理当局的选择计入当期损益或其他综合收益：划分为交易性证券投资的，应计入当期损益；划分为可供出售证券投资的，应当计入其他综合收益（该证券投资被出售时应当转入当期留存收益）。同时，准则允许交易性证券投资与其他权益性证券投资之间的转换。需要指出的是，会计准则更新2016-01对于权益性证券投资的会计处理进行了修改，要求企业对需要按权益法核算和编制合并财务报表之外的权益性证券投资按公允价值计量且其变动计入当期损益，同时也允许企业对无法可靠估计其公允价值的权益性证券投资采用成本扣除减值损失计量，若同一证券发行者的相同或类似证券投资存在有序市场，还可以减去其价格变动的金额。

（2）债务性证券（debt securities）投资。债务性证券投资也可采用多种方法进行会计处理。一是划分为交易性证券投资的应采用公允价值计量，其公允价值变动应当计入当期损益。二是企业购买并有明确意图和能力持有至到期的债务性证券投资，应当划分为持有至到期投资，并按摊余成本计量，除非该投资价值减损（其公允价值低于账面价值时），否则企业不应确认其公允价值的下降。三是企业没有指定为交易性证券或持有至到期投资的债务性证券划分为可供出售证券投资，并在资产负债表中采用公允价值计量，其公允价值变动应作为其他综合收益确认，不计入利润表，直到该证券投资被出售或发生非暂时性减值时。在每一报告日，企业应对债务性证券投资分类的适当性进行再评估，若原分类不再适当，应进行重分类调整。此外，会计准则更新2016-01对于债务性证券投资的信息披露也进行了简化的处理，如不再要求非上市商业企业披露按摊余成本计量的金融工具的公允价值，对于上市的商业性公司也不再需要披露按摊余成本计量的金融工具公允价值估值的方法和重大假设等。

（3）证券化资产（securitized assets）。证券化资产的持有者可根据其持有利益的性质，将其划分为债务性证券投资或权益性证券投资进行会计处理。其会计处理同债务性或权益性证券唯一的不同之处在于其减值的会计确认与计量。

（4）直接贷款投资（direct investments in loans）。相对于债务性证券而言，直接贷款投资的会计处理因其是否划分为持有以投资（held-for-investment）或持有待出售（held-for-sale）而不同。一般地，持有以投资的直接贷款投资应按摊余成本计量，且在发生信用损失时才确认减值。由于损失的计量仅考虑源于计量日已发生的事项可能导致的期望现金流量的预期延迟，很可能信用损失的确认与公允价值损失的确认存在显著的差异。对于持有待出售的直接贷款投资，则应按成本与公允价值孰低计量，并将其公允价值的下跌损失确认计入当期损益，这种公允价值下跌造成的损失包括预期现金流量、风险报酬、流动性等所有市场因素的影响。另外，企业也可不考虑直接贷款投资的类型，直接对其贷款按公允价值计量。

（5）衍生性资产和负债（derivative assets and liabilities）。正如美国财务会计准则公告 133 号结论中所指出的，公允价值是衍生工具唯一相关的计量属性。该准则要求企业对衍生工具采用公允价值计量，公允价值的变动直接计入当期损益。但该准则也提供了指定为套期工具的衍生工具的特殊会计处理方法：一是指定为现金流量套期的衍生工具，其公允价值的变动不能立即计入损益，而应将其先计入资产负债表股东权益部分的其他综合收益，待相关的现金流量影响收益时重分类转入损益；二是指定为公允价值套期的衍生工具，其公允价值的变动连同被套期项目公允价值的抵消性变动，应立即计入当期损益。这样，在套期有效的情况下，对收益的影响可立即被抵消。

（6）其他金融负债。一般地，美国现行的会计准则只要求企业对衍生金融负债采用公允价值进行后续计量。但财务会计准则公告第 159 号对某些金融负债提出了采用公允价值计量的选择。正如财务会计准则公告第157号所界定的，如果企业选择公允价值计量，公允价值应基于转让考虑而非处置考虑确定，即负债的公允价值是市场参与者为承担该负债将支付给另一市场参与者的金额。这实际上假定，在负债转让前后，债务人的违约风险没有任何变化。这种计量要求在计量负债的公允价值时需要考虑借款人信用程度的变化，而一家公司信用程度的下降会导致负债公允价值的下降，进而会导致应计入当期损益的利得的确认。需要指出的是，这种状况随着会计准则更新 2016 - 01 的发布而得以改变。该准则更新要求，因自身信用状况改变引起的负债公允价值变动的部分应单独在其他综合收益中列报。

（7）公允价值选择权。近些年来，美国财务会计准则委员会发布了多项包含"公允价值选择权"的会计准则，这些准则允许（并非强制要求）报告主体在计量特定资产或负债时采用公允价值。如 2006 年发布的财务会计准则公告第 155 号和第 156 号都允许在某些情况下选择公允价值计量。2007 年发布的财务会计准则公告第 159 号扩展了报告主体的能力，允许对大多数金融资产和金融负债按公允价值计量，并将其公允价值变动作为收益进行确认和报告。随后发布的财务会计准则公告第 159 号为公允价值的选择设定了条件。该准则指出，报告主体对公允价值的选择应以各个工具为基础进行（允许少量例外），一旦选择就不可改变，并且只能用于一个工具的整体而不是其特定的风险、现金流量或某个部分。这里，以各个工具为基础进行公允价值选择就意味着企业可选择某一符合条件的项目，而不选择其他完全相同的项目（允许少量例外）。

（8）减值。对于那些不受公允价值会计约束的金融资产的减值的会计处理，许多年来一直由各个准则进行规范并因金融资产的性质、形式和预期用途不同而不同。例如，对持有以投资的贷款而言，如果债权人预期很可能无法收回全部到期金额时，应确认减值损失，其减值损失的计量往往基于管理当局对遭受的信用损失的估计，并作为计价准备进行记录（一般称为"信用损失准备"），同时将预计计价准备的变动确认计入损益；而对债务或权益性证券而言,当其公允价值(这里公允价值应根据市场参与者对资产进行定价时所考虑的因素综合估计)低于账面价值时,就可以认为发生了减值,但这种减值只有是非暂时性的,才需要对其按公允价值进行再计量,并须将公允价值的变动计入损益,而对确认减值损失后资产公允价值的增加在资产出售前也不得转回计入损益。针对如何判断资产减值是非暂时的,财务会计准则公告第115号和紧急问题工作组论题第99-20号(EITF Issue No. 99-20)提供了必要的指南。

(二)公允价值在非金融工具计量中的运用

一般而言,非金融资产和负债不能按照公允价值进行再次计量。美国一般公认会计原则通常要求对非金融资产和负债按照其成本计量,或者以收到的对价为基础进行计量。另外,美国一般公认会计原则还要求,当发生减值时,许多非金融资产应当减记至其现行价值。如果这些资产的公允价值随后有所增加的,原已确认的资产减值损失也不允许转回。美国一般公认会计原则关于公允价值在非金融资产和负债计量中运用的具体要求如下。

(1)企业合并。财务会计准则委员会于2001年发布了财务会计准则公告第141号《企业合并》,并于2007年发布了该准则的修订稿,以取代先前发布的第141号。该准则尽管提供了企业合并的会计处理指南,但由于该准则要求购买方对合并中取得的大多数资产和负债以及被购买方的非控制性权益按公允价值计量,它实际上是立足于公允价值计量观点的会计规范。然而,财务会计准则公告第141号在初始确认中运用公允价值仍存在很多例外。相应地,相关资产可以在目标企业的账簿中以历史成本列报的同时,常常在被收购时按公允价值进行再计量。另外,财务会计准则公告第141号修订稿也要求以公允价值识别和确认无形资产。可以说,财务会计准则公告第141号修订稿虽然只要求对收购交易按公允价值计量(并不要求收购后采用公允价值进行再计量),但也诠释了美国财务会计准则委员会的基本观点:公允价值计量不仅与金融工具相关,而且也与企业合并及企业合并中取得的无形资产等非金融资产相关。

（2）商誉。尽管商誉本身不是按公允价值计量的，但它通常表现为购买方在购买日付出对价的公允价值与非控制性权益金额（其账面价值或公允价值）之和扣除合并中取得的各项可辨认资产的公允价值减去所承担的负债的公允价值之差后的一个剩余金额。购买日后，企业需要对商誉进行减值测试，确认减值损失，计入当期损益，确认的减值损失金额不应该超过分摊至报告单元的商誉的总金额，且对已确认的减值损失不允许转回。在会计准则更新2017-04发布之前，要求企业每个年度资产负债表日必须采用两步法对商誉进行减值测试：第一步，估计包含商誉的报告单元在减值测试日的公允价值，并将报告单元层次上包括商誉在内的账面价值与公允价值进行对比。如果其公允价值低于包含商誉的报告单元的账面价值，就应当进入第二步测试。第二步，按照并购日商誉价值的确定方式确认商誉的内含公允价值（the implied fair value of goodwill），将报告单元中商誉的账面价值与商誉内含公允价值进行对比，如果商誉的账面价值超过了内含公允价值，则将此差额确认为商誉的减值损失。这里，商誉的内含公允价值是在测试日通过对比报告单元的公允价值与报告单元可辨认净资产的公允价值得出，其超过报告单元可辨认净资产公允价值的部分即为商誉的内含公允价值。会计准则更新2017-04简化了商誉减值的会计处理：企业有权选择对报告单元进行定性评估以决定是否进行定量减值测试；对于账面价值为零或为负的报告单元也不需要进行定量的减值测试；将定量减值测试的两步法改为一步法，删除了原准则要求的第二步减值测试，即企业只需估计包含商誉的报告单元在减值测试日的公允价值，将包含商誉的该报告单元账面价值大于其公允价值的差额确认为商誉的减值损失，计入当期损益。

（3）寿命不确定的无形资产。同商誉一样，企业对寿命不确定的无形资产也应该至少每年进行减值测试。如果该资产的账面价值大于其公允价值，就必须将该资产的账面价值减记到其公允价值，发生的损失确认计入损益。

（4）其他长期资产。美国一般公认会计原则要求，当财产、厂场、设备和使用寿命有限的无形资产等其他长期资产的一项或其组合产生的预期现金流量小于其账面价值时，应将其账面价值减记到其公允价值。此外，对持有待售的长期资产也必须按公允价值减去处置成本后的金额计量。所有这些损失都应确认计入损益。

（三）2008年金融危机后公允价值运用的进展

美国财务会计准则委员会对公允价值会计运用的巅峰之作财务会计准则公告第157号《公允价值计量》，该准则从立项到最终发布历时三年多，其统一了公允价值定义，建立了详细的公允价值计量框架并要求扩大披露，而其本身并不规定运用公允价值计量的资产或负债的范围，具有开放性的特征。然而，时运不济，随后金融危机引发的公允价值存废之争，迫使财务会计准则委员会于2008年2月针对财务会计准则公告第157号发布相应的工作人员立场公告第1号和第2号，调整公允价值的计量使用范围，对非金融资产和负债项目运用公允价值计量的生效日期予以递延。2008年10月10日，发布了工作人员立场公告第3号，规定对所有的与第157号公告相一致的要求或允许公允价值计量的会计公告范围里面的金融资产都适用，并明确了市场不活跃时公允价值的运用问题。该指南发布后，对于是暂停采用公允价值，还是按照工作人员立场公告第3号继续采用公允价值，美国各方出现了不同意见。美国银行家联合会强烈要求证券交易委员会搁置工作人员立场公告第3号，并要求暂停会计准则制定机构涉及公允价值准则项目的一切制定工作；而美国审计质量中心、注册金融分析师协会、美国消费者联盟和机构投资者委员会四个机构督促美国证券交易委员会采纳工作人员立场公告第3号，强烈要求不能暂停使用公允价值。证券交易委员会采取妥协态度，成立研究小组对公允价值运用进行调查，研究结论是完善公允价值而不是放弃。

（四）公允价值在美国运用的评价

美国公允价值会计准则体系建设具有代表性，一般体现为一个分层推进的过程：首先在财务会计概念框架中，引入公允价值计量——提供理论支撑；其次在具体准则中"一对一"规范具体交易或事项中公允价值的运用——有针对性的实验；最后制定专门的公允价值计量准则，统一分散的计量指南——统一计量标准，提高会计信息的可比性（王晓军，2008）。另外，分析美国各阶段公允价值运用情况，也不难发现有这样的态势：20世纪70~80年代，主要运用于资产类项目，并且主要是非货币性交易方式（包括租赁）获得的资产项目，一般要求有关资产公允价值取得是可行的，同时开始尝试运用于金融工具，如债券、票据和计划资产等；20世纪90年代，转向金融工具和衍生工具这一主战场，覆盖资产、负债和权益工具；21世纪初至2008年金融危机阶段，运用领域进一步拓展到企业合并、长期资产减值和无形资产等非金融工具领域（于永生，2007）。体现由"实"到"虚"的轨迹，这是会计计量中对可靠性的追求使然，当然也是估值技术和市场环境完善的推动。而公允价值在金融工具相关准则中的运用可分为两个阶段：前一阶段注重于信息披露，包括披露涉及表外风险和信用风险的金融工具的范围、性质和条件；后一阶段的重点转向了确认与计量，主要是衍生金融工具和套期保值的确认与计量（于永生，2007）。还需指出的是，2008年金融危机之后，公允价值在会计准则中的运用又呈现出逐步简化和日益谨慎的态势。如会计准则更新2016-01和2017-04都强调了公允价值运用应以其能够可靠估计为前提，在某种程度上也减少了公允价值表内确认和表外披露的要求。

### 三、国际财务报告准则关于公允价值的运用与分析

（一）国际财务报告准则中公允价值运用现状

自1982年的国际会计准则第16号"不动产、厂场和设备"开始，先后发布了一系列运用公允价值的准则。目前生效的46项国际会计准则/国际财务报告准则中，按其运用公允价值情况，分为三类：一是要求公允价值计量的准则；二是要求参照其他准则进行公允价值计量的准则；三是没有要求公允价值计量的准则（IASB，2005）。具体情况如表3-1所示。

表 3-1　　根据运用公允价值计量的情况划分的 IFRS

| 分类 | 准则名称 | 分类 | 准则名称 |
|---|---|---|---|
| 要求或允许运用公允价值计量的准则 | IAS11 建造合同 | 要求参照其他准则进行公允价值计量的准则 | IAS2 存货 |
| | IAS16 不动产、厂场和设备 | | IAS21 汇率变动的影响 |
| | IAS17 租赁 | | IAS27 合并财务报表和单独财务报表 |
| | IAS18 收入 | | IAS28 对联营企业的投资 |
| | IAS19 雇员福利 | | IAS31 合营中的权益 |
| | IAS20 政府补助会计和对政府援助的披露 | | IAS32 金融工具：披露和列报 |
| | IAS26 退休福利计划的会计和报告 | | IFRS7 金融工具披露 |
| | IAS33 每股收益 | | IFRS12 在其他主体中权益的披露 |
| | IAS36 资产减值 | | IFRS17 保险合同 |
| | IAS38 无形资产 | 没有要求进行公允价值计量的准则 | IAS1 财务报表列报 |
| | IAS39 金融工具：确认和计量 | | IAS7 现金流量表 |
| | IAS40 投资性房地产 | | IAS8 会计政策、会计估计变更和差错 |
| | IAS41 农业 | | IAS10 资产负债表日后事项 |
| | IFRS1 首次采用 IFRS | | IAS12 所得税 |
| | IFRS2 以股份为基础的支付 | | IAS14 分部报告 |
| | IFRS3 企业合并 | | IAS23 借款费用 |
| | IFRS5 持有以备出售的非流动资产和终止经营 | | IAS24 关联方披露 |
| | IFRS9 金融工具 | | IAS29 恶性通货膨胀经济中的财务报告 |
| | IFRS11 合营安排 | | IAS30 银行和类似金融机构财务报表中的披露 |
| | IFRS15 源于客户合同的收入 | | IAS34 中期财务报告 |
| | IFRS16 租赁 | | IAS37 准备、或有负债和或有资产 |
| | | | IFRS6 矿产资源勘探与评估 |
| | | | IFRS8 经营分部 |
| | | | IFRS10 合并财务报表 |
| | | | IFRS14 监管递延账户 |

(二) 国际财务报告准则关于公允价值运用要求与美国一般公认会计原则的异同

在当前生效的46项国际会计准则中，有21项直接要求或允许对一些资产或负债项目进行公允价值计量，其中，有些比较全面地论述了与公允价值计量有关的问题，既规定了何时对哪些资产或负债进行公允价值计量，又为这些计量提供了计量指南；另一些仅规定主体应在何时对哪些资产或负债进行公允价值计量，并不提供任何计量指南。总体而言，国际财务报告准则关于公允价值会计运用的大多数要求与美国一般公认会计原则相同，但两者也存在一些显著的差异。

(1) 两者就公允价值在金融工具会计中运用的差异。与美国一般公认会计原则不同，国际财务报告准则就公允价值在金融工具会计的运用方面存在许多明显的差异，这主要表现在以下五个方面。

第一，在国际财务报告准则第9号《金融工具》（IFRS9）发布之前，国际会计准则理事会对债务性证券投资和贷款投资不加区分。国际会计准则理事会要求，对具有固定或可确认支付金额的债务投资，不管其形式如何，只要该项投资不再活跃市场上交易且持有者不打算近期出售该投资，企业都可作为贷款进行会计处理。同美国一般公认会计原则要求类似，对那些不能划归为贷款的投资，应划分为交易性、持有待售或持有至到期投资进行会计处理。2009年11月，国际会计准则理事会正式发布了国际财务报告准则第9号。该准则要求报告主体根据管理金融资产的业务模式和合同现金流量的特征，将金融资产划分为两类：按摊余成本计量和按公允价值计量的金融资产。如果持有金融资产是为了取得合同约定的现金流量，且合同约定的现金流量仅包括本金和利息，则报告主体应将其划分为按摊余成本计量的金融资产，否则应划分为按公允价值计量（公允价值变动计入当期损益或其他综合收益）的金融资产。同时，为了缓解资产和负债采用不同计量方法产生的错配效应，国际财务报告准则第9号允许报告主体对符合摊余成本计量要求的金融资产改按公允价值计量。

第二，国际会计准则理事会2008年10月对国际财务报告准则第9号修改补充之前，就金融资产的转换比美国一般会计原则有更严格的限制。在此之后，企业可在特定条件下将持有的交易性和可供出售等非衍生金融资产进行重分类。修改后的国际财务报告准则第9号规定，除行使公允价值选择权和指定以公允价值计量且其变动计入其他综合收益的权益工具投资外，允许对其他金融资产进行重分类调整，重分类日为企业业务模式发生改变的下一会计期间的第一天，企业应采用未来适用法对重分类转换进行会计处理。

第三，按照国际财务报告准则，只要资产出现了资产减值，不管是暂时性减值还是非暂时性减值，企业一般应确认资产减值损失。这不同于美国一般公认会计原则，进而可能导致资产减值损失确认的时间差异。

第四，对于持有至到期证券投资（现为以摊余成本计量的金融资产），尽管国际财务报告准则和美国一般公认会计原则都要求将其减值损失计入损益，但两者对减值损失的计量不同，美国一般公认会计原则要求将这类证券的账面价值减记到其公允价值，而国际财务报告准则只要求确认已发生的信用损失。

第五，国际财务报告准则在公允价值会计选择权的使用方面有更多的限制。

（2）两者就公允价值在非金融工具会计中运用的差异。就公允价值会计在非金融工具中的运用，除以下三个主要方面的差异外，美国一般公认会计原则与国际财务报告准则的要求基本相同。

第一，对于财产、厂场和设备以及除商誉外的无形资产等非金融资产（长期经营性资产），国际财务报告准则提供了公允价值选择权，但并未将该项选择权提供给抵押服务权（mortgage servicing rights），这与美国一般公认会计原则的要求不同。

第二，对于投资性房地产，国际财务报告准则要求提供了公允价值选择权，即企业可以选择公允价值模式或成本模式对投资性房地产进行后续计量，选择成本模式的，必须在报表附注中披露投资性房地产的公允价值信息。

第三，在某些情况下，国际财务报告准则允许除商誉之外的非金融资产在其价值恢复时将已确认的减值损失转回。

（三）国际会计准则理事会关于公允价值运用的最新进展

尽管公允价值计量已经在国际财务报告准则中广泛运用，而关于公允价值计量的指南散见于各个准则中，导致公允价值计量上的不一致（David Tweedie，2005）。为此，2005年9月，国际会计准则理事会在工作计划中增加了公允价值计量项目，并于2009年5月28日发布《公允价值计量（征求意见稿）》，于2011年5月12日发布了国际财务报告准则第13号《公允价值计量》。该准则定义了公允价值，提供了确定公允价值的指引，并引入了有关公允价值计量的一致披露要求，从而成为按照国际财务报告准则计量公允价值的单一指引。另外，国际财务会计准则理事会还于2010年10月发布了国际财务报告准则第9号，针对现行准则中有关金融工具分类与计量规定过于复杂的现状，以及由分类与计量引发的减值问题，进行了修改和完善。

（四）国际会计准则理事会关于公允价值运用的分析

国际会计准则理事会是公允价值会计运用的积极推动力量，从其研究进展来看，可以分为两个阶段：第一阶段为2001年改组前的国际会计准则委员会时期，独立进行研究，主要成果有《现值问题文稿》（issues paper on present value）；第二阶段为2001年改组后的国际会计准则理事会时期，在推动国际趋同的目标下，寻求与美国财务会计准则委员会的合作，充分借鉴美国财务会计准则公告第157号的成果，同时根据国际金融环境的变化，适时调整公允价值会计的运用，简化金融工具会计处理。总的趋势是统一、简化公允价值会计的运用，提供更加决策相关的会计信息。

# 第四节 公允价值在我国会计准则中的运用与分析

2006年2月15日，我国颁布了《企业会计准则——基本准则》和38

项具体会计准则（以下简称《新会计准则》）。2014年、2017年和2018年，我国又陆续发布了10项具体会计准则的修订稿，发布了4项新的企业会计准则。其中，运用公允价值的会计要素确认和计量准则有17项，占该类会计准则（共30个）的比例高达57%，有关的报告准则也对公允价值会计信息的报告与披露提出了比较明确的要求。特别是2014年发布的《企业会计准则第39号——公允价值计量》，为相关资产或负债公允价值的计量和信息披露提供了基本框架和具体规范。

## 一、我国现行会计准则对公允价值运用的基本要求

《企业会计准则——基本准则》明确指出，公允价值是可用于确定会计要素金额的一种独立的计量属性，其运用应当保证所确定的会计要素金额能够取得并可靠计量。根据这一要求，结合各类交易和事项以及具体会计要素项目的性质和特点，有关具体会计准则主要从五个方面对公允价值会计的实践进行了规范。

### （一）初始确认

新会计准则规定，初始确认中会计要素应按历史成本计量。历史成本是以交易发生时买卖双方达成的交换价格为基础确定的，它通常是因交易的发生所支付的现金或者现金等价物的金额，或者所付出的对价的公允价值，或因承担现时义务而实际收到的款项或者资产的金额，或承担现时义务的合同金额，或日常活动中为偿还负债预期需要支付的现金或者现金等价物的金额。一般地，如果缺乏相反的证据，交换价格就可认为是公允的。也就是说，初始计量实际上是以公允价值为基础的。新会计准则对会计要素的初始确认隐含了这一重要的假设，并特别规定了采用公允价值计量的情形，归纳起来主要有三种。

（1）交易中不涉及或只涉及少量现金及现金等价物，因而无法根据其金额确定入账价值的会计要素项目，应采用公允价值计量。这种情况主要包括：通过发行权益性证券、政府补助以及在具有商业实质的非货币性资产交换中取得的资产；债务重组中取得的实物资产、股权、资本、债权和

债务；非同一控制下的企业合并中取得的被购买方的各项可辨认资产、负债及或有负债，以及企业在购买日对作为企业合并对价发生或承担的负债；股份支付交易中所形成的资本、负债及相关的成本或费用等。

（2）合同或协议约定的价值不公允，且相关资产或负债的公允价值能够可靠确定的，应按公允价值计量。如投资者投入的资产，如果投资合同或协议约定的价值不公允，应将其公允价值作为初始成本；企业销售商品或提供劳务时，如果合同或协议约定的价款不公允，或者合同或协议价款采用递延方式且实质上具有融资性质的，应按照合同或协议价款的公允价值确定销售商品的收入金额。

（3）企业取得的金融资产和发生的金融负债，应当以公允价值计量。这种情况具体包括企业取得的金融资产、发生的金融负债以及企业年金基金在运营中根据国家规定的投资范围取得的具有良好流动性的金融产品。取得的金融资产或金融负债如果按公允价值进行后续计量且其变动计入当期损益，则取得时发生的相关交易费用应直接计入当期损益。否则，应当计入初始确认金额。

（二）新起点计量

新起点计量是在初始确认后的期间为确定一个与先前金额和会计惯例无关的新账面价值所进行的计量，主要包括后续计量、资产减值损失确认和重分类调整时的计量。

（1）后续计量。资产或负债项目是否按公允价值进行后续计量取决于多种因素，主要包括持有目的和管理意图、相关现金流量与其公允价值的关系、公允价值估值结果的可靠性、公允价值变动的风险、会计信息使用者的要求等。权衡上述各因素，新会计准则规定了以下三方面的内容。一是有确凿证据表明公允价值能够持续可靠取得的投资性房地产和生物资产，可以采用公允价值进行后续计量。二是企业年金基金运营中持有的具有良好流动性的金融产品，以及企业持有的以公允价值计量且其变动计入当期损益的金融资产和金融负债以及可供出售金融资产，应当以公允价值进行后续计量。三是以现金结算的股份支付，企业应当在相关负债结算前的每个资产负债表日以及结算日,对负债按公允价值重新计量。

(2) 资产减值损失确认。从某种意义上说,资产减值损失的确认是稳健性原则下对有关资产项目采用公允价值进行后续计量的结果。[①] 新会计准则根据持有的意图和目的、后续计量模式、未来经济利益的流入方式等方面的差异,提出了各类资产的减值损失确认方法。大致可归结为两种情况:一是采用公允价值模式的投资性房地产和生物资产、可供出售金融资产以及未探明矿区权益,资产减值损失为资产的公允价值低于其账面价值的差额。二是其他资产,减值损失为资产的可变现净值、预计未来现金流量现值或可回收金额低于其账面价值的差额。资产的可变现净值、预计未来现金流量现值或可回收金额,要么是其公允价值,要么是以其公允价值为基础确定的。[②]

(3) 重分类调整。企业持有资产或负债意图目的的改变,也往往意味着其计价基础的改变,因而需要进行再计价。新会计准则规定,采用公允价值模式计量的投资性房地产与自用房地产的相互转换,不同类型金融资产之间的相互转换,重分类后的资产一律按其公允价值重新计价登记。

(三) 终止确认

终止确认中,公允价值主要用于计量不涉及或只涉及少量现金流入或流出(即补价)的资产转让或债务结算所产生的利得或损失。新会计准则要求以公允价值为依据确定损益的情况包括以下四种。一是具有商业实质的非货币性资产交换交易中,换出资产的损益确定。二是以非现金资产清偿债务、将债务转为资本和修改其他债务条件时,债务人转让非现金资产、结清(原)债务的损益以及债权人结清(原)债权的损益确定。三是非同一控制下的企业合并中,企业在购买日对作为企业合并对价付出资产

---

① 根据目前各个国家或地区的会计准则,资产减值损失都是直接或间接采用公允价值计量的结果。按照美国现行的财务会计准则,大多数长期资产的减值损失就是资产的公允价值低于其账面价值的金额。

② 美国财务会计准则委员会在其发布的财务会计概念公告第7号 (SFAC No. 7) 中指出,计算资产或负债未来现金流量的贴现值的目的就是要估计其公允价值。另外,在不存在处置费用的情况下,资产的可变现净值、可回收金额也往往是其公允价值。

的处置损益确定。四是采用公允价值进行后续计量的资产与其他类型资产之间相互划转时,转出资产的未实现利得或损失的确定。

(四) 因采用公允价值计量所产生差额的确认

企业对有关会计要素项目按公允价值计量,通常会产生计量的差额,如期末持有的交易性金融资产、其他债权投资、其他权益工具投资等期末的公允价值与其账面价值之间的差额等。这种差额代表了资产或负债的市场价值相对于其历史成本或账面价值的变化,大多不符合传统收益的确认标准,因而成为会计确认的难点。新会计准则根据相关交易的实质及其所涉及会计要素项目的性质、管理这些资产的业务模式以及稳健性原则等要求,对这种差异规定了四种确认方法。

(1) 直接计入当期损益。如果某项差额实质上已实现或者很可能实现,或者企业管理当局意欲通过短期市场价格的波动获取收益的,应当将其予以确认,计入当期损益。采用这种确认方法的差额与下列交易、事项和资产与负债项目相关:一是债务重组;二是非货币性资产交换;三是资产减值损失确认;四是采用公允价值模式计量的投资性房地产转为自用房地产,或自用房地产转为采用公允价值模式计量的投资性房地产的(转换日公允价值小于原账面价值时);五是非同一控制下的企业合并中作为企业合并对价付出的资产以及合并中取得的被购买方的可辨认净资产(合并成本小于取得的可辨认净资产的公允价值时);六是采用公允价值模式进行后续计量的生物资产和投资性房地产;七是企业年金基金运营中取得和持有的具有良好流动性的金融产品,以及以公允价值计量且其变动计入当期损益的金融资产和金融负债;八是以现金结算的股份支付所形成的尚未结算的负债。

(2) 直接计入所有者权益。如果企业持有资产的目的并非通过短期价格波动获取收益,或者属于尚未实现的有利差额(公允价值大于账面价值的差额),应作为未实现的利得或损失直接计入所有者权益。这种情况包括以下两种。一是自用房地产转为采用公允价值模式计量的投资性房地产时,转换当日的公允价值大于原账面价值的差额。二是其他债权投资和其他权益工具投资的公允价值变动差额,以及交易性金融资产重分类为其他债权投资时,重分类日资产账面价值与其公允价值之间的差额。该差额应在相关资产发生减值或终止确认时转出,计入当期损益,或采用实际利率法分期摊销计入损益。

(3)递延到以后期间作为损益确认。如果差额的产生与延期付款有关,且实质上具有融资性质的,应当将产生的差额作为未确认融资费用,按照实际利率法进行摊销,计入本期及以后各期的损益。这种情况包括以下三种。一是购买固定资产、无形资产的价款超过正常信用条件延期支付,实质上具有融资性质的,实际支付的价款与购买价款的现值之间的差额。二是融资租赁中,租赁开始日租赁资产公允价值低于其最低租赁付款额现值时,公允价值与最低租赁付款额的差额。三是企业销售商品或提供劳务时,合同或协议价款采用递延方式,实质上具有融资性质的,应收的合同或协议价款与其公允价值的差额。

(4)确认为商誉。在非同一控制下的企业合并中,合并成本大于合并中取得的被购买方可辨认净资产公允价值份额的差额,应当确认为商誉。初始确认后的商誉,应当以其成本扣除累计减值准备后的金额计量,商誉的减值应直接计入当期损益。

(五)公允价值的估值

公允价值估值是公允价值会计实践的基本前提,也是当前公允价值会计实践所面临的主要技术问题。我国新会计准则中,涉及公允价值估值的准则主要是《企业会计准则第39号——公允价值计量》。该准则将公允价值的估值主要区分为两种情况。

(1)存在活跃市场时公允价值的确定。如果需要估值的金融工具存在活跃的市场,则活跃市场中的报价应当用于确定金融工具的公允价值,这种报价应该是易于定期从交易所、经纪商、行业协会、定价服务机构等获得,且能代表在公平交易中实际发生的市场交易的价格。作为公允价值的报价应根据具体情况选择确定:对于已持有的金融资产或拟承担的金融负债,报价应该是出价;对于拟购入的金融资产或已承担的金融负债,报价应该是要价；对于持有的可抵消市场风险的资产和负债，可采用中间价作为可抵消市场风险头寸的公允价值，同时用出价或要价作为净敞口的公允价值。一般而言，用于确定公允价值的报价应该是估值日的报价。估值日不存在报价的，应以最近交易的市场报价作为确定公允价值的依据：当最近交易日后经济环境没有发生重大变化时，可直接以最近交易的报价作为金融工具的公允价值；否则，就应当参照类似金融工具的现行价格或利率，调整最近交易的市场报价，以确定该金融工具的公允价值。另外，当足够的证据表明最近交易的市场报价不是公允价值时，还应当对最近交易的市场报价作出适当调整，以确定该金融工具的公允价值。

(2) 不存在活跃市场时公允价值的估值。若需要估值的金融工具不存在活跃的市场，则应当采用估值技术确定其公允价值。估值技术包括参考熟悉情况并自愿交易的各方最近进行的市场交易中使用的价格、参照实质上相同的其他金融工具的当前公允价值、现金流量折现法和期权定价模型等。选用的估值技术应当得到市场参与者的普遍认同，并被以往市场实际交易价格证实具有可靠性，估值时采用的参数也应该是在市场参与者对金融工具定价时考虑的所有市场参数，以保证估值结果能够反映估值日在公平交易中可能采用的交易价格。当采用未来现金流量折现法估值时，应当使用合同条款和特征在实质上相同的其他金融工具的市场收益率作为折现率。

(六) 公允价值相关信息的表内确认与表外披露

表内确认是通过会计报表列示公允价值会计信息的表述方式。由于报表的规范性及其项目的综合性，表内确认只能提供公允价值计量的总括性信息资料。新会计准则要求，重要会计要素项目的期末公允价值应单独列示在资产负债表中，因公允价值变动所确认的计入当期损益的利得和损失应单独列示在利润表中，所确认的直接计入所有者权益的利得和损失应单独列示在所有者权益变动表中，其他相关信息应与同类或类似项目的信息合并列示。

表外披露是通过会计报表附注列示公允价值会计相关信息的表述方

式。它用文字和数字相结合的方式提供有关公允价值计量项目的详细、解释性的信息资料。在我国《企业会计准则第39号——公允价值》发布之前，公允价值信息的表外披露要求散见于各具体会计准则中。概括起来，要求表外披露的各主要资产、负债类别或项目、权益工具的信息包括以下三种。一是账面价值、公允价值以及公允价值变动对损益的影响。二是债务重组、非货币性资产交换、企业合并等相关交易或事项中因采用公允价值计量所确认的损益。三是公允价值的确定方法和依据。采用估值技术的，估值的相关假设、估值技术对估值假设具有重大敏感性的事实及改变估值假设可能产生的影响。采用现值技术估计公允价值的，应披露预计未来现金流量的各关键假设及其依据和所采用的折现率等。2014年发布的《企业会计准则第39号——公允价值》第十一章对公允价值信息披露目标、原则和具体要求进行了详细的说明。该准则要求，企业应当披露在公允价值计量中所使用的估值技术和输入值，以及在持续的公允价值计量中使用的重大不可观察输入值及其对当期损益或其他综合收益的影响，以使财务报表使用者作出合理评价；企业应当根据所处的市场环境，考虑公允价值披露的详尽程度、重要程度、汇总或细化程度，以及是否需要向报表使用者提供额外信息，以帮助这些使用者评价公允价值披露的量化信息；企业应当根据相关资产或负债的性质、特征、风险以及公允价值计量的层次对该资产或负债进行恰当分组，并按照组别披露公允价值计量的相关信息；企业在进行公允价值披露时，应当区分持续的公允价值计量和非持续的公允价值计量，并适用不同的披露要求；企业以公允价值计量市场风险或信用风险可抵消的金融资产和金融负债组合的，应当披露该事实；对于以公允价值计量并且附有不可分割的第三方信用增级的负债，企业应当披露该信用增级，并说明该负债的公允价值计量中是否已反映该信用增级；企业应当以表格形式披露本准则要求的量化信息，除非其他形式更恰当。

## 二、公允价值在我国运用的特点

公允价值在我国现行准则体系中的运用，体现与我国经济环境契合的如下特点。

1. 谨慎性。虽然在涉及计量的准则中有70%运用了公允价值计量，可谓运用面广，但是我们应该看到，其运用是有约束条件的，表现在以下两个方面。一方面，历史成本基础地位没有动摇，基本准则第43条规定："企业在对会计要素进行计量时，一般应采用历史成本。"这强调了历史成本计量属性的主导地位。另一方面，公允价值运用中苛刻的限制条件。例如，《企业会计准则第7号——非货币性资产交换》规定，非货币性资产交换中运用公允价值计量必须满足两个条件：一是交换具有商业实质；二是换入资产或换出资产的公允价值能够可靠计量。其中，商业实质是指换入资产的未来现金流量在风险、时间和金额方面与换出资产显著不同，或者换入资产与换出资产的预计未来现金流量现值不同，且其差额与换入资产和换出资产的公允价值相比是重大的。这表明我国现行会计准则对公允价值的运用是全面而谨慎的。

2. 针对性。现行准则体系采用"交易或事项"导向，即打破原来分行业的会计制度模式，针对"交易或事项"进行规范，这样容易实现不同行业的统一，这种导向延伸到公允价值的运用中。具体准则规范对象涉及资产、负债、收入、费用、所有者权益等会计要素，但就公允价值运用来看，主要涉及资产或负债，尤其是资产的计量①。从公允价值的估值来看，一般需区分金融工具和非金融工具，对金融工具一般采用直接法确定，如交易价格，而非金融工具一般采用间接法，如评估法确定。另外，从交易过程来看，有的交易一次完成，例如非同一控制下的企业合并，初始计量采用公允价值，由于没有后续交易，所以就没有后续计量；而另一些交易是一个持续的过程，所以在后续计量中亦运用公允价值，主要是金融工具以及一些动态的事项（如或有负债等）。

3. 层次性。具体准则公允价值运用可分为三个层次。(1)要求主体对某些资产或负债项目进行公允价值计量并将计量结果在表内确认，这是运

---

① 收入或费用甚至利得或损失的计量也涉及公允价值的运用，但是对它们的计量可以通过资产或负债的计量实现。

用的主流,从金融工具到非金融工具,基本都要求运用公允价值计量并在表内确认。(2)要求主体对某些资产或负债项目进行公允价值计量并将计量结果在表内确认,但规定了特定的运用条件,在该条件无法满足时主体就可以选择其他计量属性进行计量,例如对投资性房地产,有确凿证据表明投资性房地产的公允价值能够持续可靠取得的,可以对投资性房地产采用公允价值模式进行后续计量。采用公允价值模式计量的,应当同时满足下列条件:一是投资性房地产所在地有活跃的房地产交易市场;二是企业能够从房地产交易市场上取得同类或类似房地产的市场价格及其他相关信息,从而对投资性房地产的公允价值作出合理的估计。从实施情况来看,截至2019年末,我国拥有投资性房地产的上市公司中,选择采用公允价值计量模式的公司仅有5%左右。这一层次的运用具有过渡性,随着条件的成熟,范围会扩大。(3)为了相关会计处理的需要而要求对一些资产或负债项目进行公允价值计量,其计量结果不在表内确认,例如租赁准则中,主体要依据公允价值计量的结果对租赁的交易实质作出是融资租赁还是经营租赁的判断,这一层次的运用是间接的,由于不在报表中反映,具有隐蔽性。我国注册会计师审计准则第1322号《公允价值计量和披露的审计指南》中将运用公允价值的情形分为四种:公允价值能够可靠取得;作为资产金额分配的依据;非现金资产用于清偿、交换或支付手段;作为确定资产减值的标准。这也体现了公允价值运用的层次性。

### 三、我国现行准则中公允价值运用的国际比较

我国金融工具相关准则在公允价值的运用方面采用的是"拿来主义"原则,只是结合我国实际将国际会计准则第39号进行拆分,没有实质区别,基本实现了与国际的趋同。在非金融工具中公允价值的运用则存在着较大的差异,表现在两个方面。

1. 运用的范围差别较大。国际会计准则理事会是公允价值的积极倡导者,已经将公允价值覆盖到长期资产和长期负债的计量中,以重估价模式、公允价值模式等形式要求或鼓励报告主体尽量多提供公允价值相关信

息。我国在非金融工具的公允价值运用问题上持谨慎的态度，还基本上坚持了历史成本为主、公允价值为辅的会计模式。而美国一般公认会计原则不承认投资性房地产、生物资产的公允价值模式和固定资产、无形资产的重估价模式。

2. 运用条件存在差异。我国现行准则体系对非金融工具计量，强调历史成本计量属性的主导地位，而对公允价值运用有苛刻的条件限制，主要体现在《企业会计准则第3号——投资性房地产》和《企业会计准则第5号——生物资产》准则中，从执行情况来看，企业为减少麻烦，持有这些资产的企业主要以历史成本计量；企业合并只有非同一控制下的合并才能运用购买法，用公允价值计量取得的购买方可辨认资产和负债。而国际会计准则理事会在这些业务上则以公允价值为首选，没有这么严格的条件限制。

### 四、关于我国公允价值运用的问题分析

公允价值会计主要包括四个相互联系的问题，即计量对象的确定、公允价值的估值、计量产生差额的确认以及相关信息的报告和披露。总体而言，新会计准则对公允价值会计问题的规定是明确、具体的，有利于保证和提高会计信息的质量，符合会计国际趋同的基本要求。但也存在一些需要注意的问题，值得进一步研究与探索。

（一）关于公允价值计量对象的确定

在所有计量属性中，公允价值是所有会计要素初始确认和大多数资产、负债项目新起点计量的理想的计量属性，也是资产转让、负债结算时确定交易价格并计算处置损益的主要依据。由于交易发生时的成本是其公允价值的最好代表，也是当时最具相关性和可靠性的记录金额，因此，会计要素的初始确认一般是按实际取得成本入账的。只有在取得成本无法根据需支付或可收到的现金或现金等价物的金额或合同、协议金额确定，或者根据付出或收到的现金或现金等价物或者合同协议所确定的取得成本明显偏离其公允价值时，才应以其公允价值作为取得成本入账。初始确认后

的新起点计量中，计量属性的确定需要综合考虑财务呈报的目标、相关性与可靠性、稳健性原则、项目的持有目的和管理意图及其对现金流量的影响方式等因素。我国新会计准则以计量的可靠性为前提，充分考虑上述要求和因素以及相关交易、事项或情况的特点，对公允价值运用对象的确定提出了明确、具体的要求，具有较大的灵活性，便于贯彻执行。因而向企业管理当局提供了较大的选择空间，创造了盈余管理的机会。另外，也可能出现不同企业或同一企业不同时期对同样的资产或负债项目选用不同计量属性的情况，继而削弱会计信息的可比性。

（二）关于公允价值的估值

公允价值的估值是公允价值会计实践的关键。可以说，关于公允价值会计的争论大都与计量的可靠性有关。如上所述，我国许多新会计准则虽然涉及了公允价值计量的要求，但在2014年之前，仅有《企业会计准则第22号——金融工具确认与计量》对金融工具的公允价值估价提出了原则性要求。即如果金融工具存在活跃的市场，则直接以市场上的公开报价作为其公允价值；否则，就应按以下顺序确定金融工具的公允价值：使用活跃市场上的最近交易的市场报价（报价不公允时还应对其进行适当调整），对本质相同的其他金融工具的市场报价调整后确定，采用期权定价模型估值，采用未来现金流量折现法或其他合理的股价技术估价。该准则关于公允价值估值的原则要求对其他资产或负债的估值虽具有普遍的适用性，但其原则性较强，缺乏系统性，尤其是对于估值技术的选择使用规定过于笼统。这无疑会增大公允价值估值的难度，使相关信息的可靠性和可比性难以保证。2014年发布的《企业会计准则第39号——公允价值计量》提供了公允价值估值及相关信息披露的基本框架，比较系统、详细、具体。

（三）关于计量产生差额的确认

采用公允价值计量尤其是后续计量中所产生差额的会计确认，也是当今会计实务中的一个难题。我国新会计准则根据相关交易或项目的性质、管理意图和目的、产生差额的可实现程度以及稳健性原则等要求，规定了四种确认方法,明确具体,能够比较真实地反映企业的财务状况和经营业绩。但须指出,后续计量中所产生的差额所代表的资产或负债的价值的有利或不利变动,都是未实现的,不符合传统净收益的确认标准。为解决这种差额的确认,美国财务会计准则委员会、英国会计准则委员会、国际会计准则理事会等纷纷对传统的收益概念进行拓展,提出了全面收益概念,并将其定义为"一个主体在特定的期间内除去与业主进行交易之外的企业净资产的变动"(FASB,1985),将采用公允价值计量所产生的有利和不利差异作为传统净收益或权益准备进行确认,分别作为未实现利得和损失(其他全面收益的一种)纳入全面收益之中。当作为权益准备确认的未实现利得或损失在以后会计期间因资产出售或债务清偿等实现时,应进行再确认,将未实现的利得或损失确认为已实现的利得或损失。我国要求根据资产或负债项目的特点及其管理目的以及稳健性原则,将不同项目或不同性质(有利或不利)的未实现的利得或损失分别作为直接计入当期利润的利得和损失或直接计入所有者权益的利得和损失分别确认。这种做法虽与国际惯例并无实质上的不同,但实际上有将问题复杂化之嫌,并可能有损于会计信息的反映真实性和可比性。

(四)关于公允价值会计相关信息的表内确认与表外披露

公允价值会计相关信息表内确认和表外披露的主要问题在于,未实现利得和损失的表内列示方式和表外披露的具体内容方面。对于未实现利得和损失,许多会计准则制定机构都要求列报在一张报表中,如全部已确认利得和损失表、全面收益表、收益和全面收益表、权益变动表等。对于公允价值会计相关信息的披露,应符合遵循充分披露原则和完整性原则的要求,便于财务报告使用者的理解和使用。因此,应披露的信息一般包括两类:一是有利于信息使用者评价报告主体使用公允价值进行资产和负债再计量范围的信息,以及用以估计公允价值的市场输入信息;二是有利于信息使用者评价公允价值计量对收益或净资产变动影响的信息。我国新会计准则在公允价值会计相关信息的报告和披露方面,总体上比较全面、具体,符合国际会计惯例的要求。稍有不同的是,对不同资产和负债项目的未实现利得和损失，采用了不同的表内确认方法。这种做法考虑了不同项目的市场价值风险及其持有目的意图的不同，也避免了未实现利得或损失在以后期间实现时的重复确认问题，但不利于全面反映已确认的未实现利得和损失及其影响。

# 第四章
# 公允价值对会计信息质量的影响：理论分析

## 第一节 公允价值运用的缘起

尽管公允价值这一概念的提出最早可追溯到 1889 年史密斯与阿迈斯一案的高等法院判例，但以公允价值作为资产和负债计量属性的会计计量模式（即公允价值会计）在实务中得以广泛运用，却是 20 世纪 90 年代以后的事情。公允价值会计实践的兴起有多种原因。其中，最直接、最简单的诱因在于历史成本会计的环境不适应性（夏成才和邵天营，2007）。

历史成本会计是以历史成本作为计量属性的会计计量模式。它具有含义简明、易于操作、可靠性强等特点，在现代财务会计中长期居于重要地位。它以关于企业经营环境的一系列假设为基础，这些假设主要包括相对稳定的技术经济环境和市场环境、币值稳定、持续经营、会计分期等。相应地，有关确认、计量的原则与方法，也是这些假设下的产物。如果企业经营环境相对稳定，历史成本会计就能比较忠实地履行资产计价和收益决定的功能，如实地反映企业的财务状况和经营成果。否则，资产计价和收益决定的可靠性就会受到影响。企业面临的经营环境越不稳定，会计确认、计量的结果就越不可靠，财务信息的质量就越差。这是因为，不稳定的经营环境会引起市场价格的剧烈波动，这极可能导致：（1）相似的资产或负债项目产生不同的确认、计量结果，而不同的项目出现类似的确认、计量结果,降低了会计信息的可比性;(2)提供的信息只能反映资产取得时预期的经济利益流入,或负债发生时预期的经济利益流出,而不能如实地反映报告日与资产或负债相关的经济利益;(3)提供的信息只能反映资产取得或处置决策以及融资或偿债决策对业绩的影响,而无法反映继续持有决策的影响;(4)即使导致利得或损失发生的事项不是资产的销售或负债的清偿,也只能在实际交易发生时报告价格变动的损益,而不能正确地反映企业的期间损益;(5)只能根据过去交易中的市场价格确定报告的金额,而不涉及或参考外部的市场数据,无法反映市场价格变动对企业财务状况和经营成果的影响;(6)价格变动的损益只能在实际交易发生时才能确认,为企业管理当局进行盈余管理或收益操纵提供了可乘之机;(7)无法简单直观地反映大多数风险管理战略对企业的影响,不利于在日益激烈的竞争环境中的风险管理。此外,历史成本会计在通货膨胀条件下也不符合资本保全尤其是实物资本保全的要求,不利于企业的长远发展。再者,历史成本会计由于必须以实际发生的交易以及交易中付出或收到的现金或现金等价物的金额为基础进行确认、计量和报告,因此,也无法适应某些要素项目(如接受捐赠的资产与衍生工具)的会计确认、计量要求。

历史成本会计在不稳定经营环境中暴露出来的上述种种矛盾与问题,使其长期以来备受抨击,同时也是会计摆脱历史成本计量模式"一统天下"局面的主要原因。20世纪20~30年代西方主要工业国家轻度、持续的通货膨胀,导致了通货膨胀会计处理方法的提出。第一次世界大战后大部分欧洲国家发生的严重通货膨胀,以及20世纪70年代发生的全球性通货膨胀,使历史成本会计的环境不适应性更加全面、更加突出地暴露出来,这也促进了变现价值会计、现行成本会计等物价变动会计理论和方法的不断完善和成熟,这些会计理论和方法要求采用变现价值、现行市价、现行成本等反映现时价值的计量属性进行资产的计价和损益的确定。20世纪70年代西方各国政府对利率、汇率管制的放松以及由此所引起的国际金融市场的剧烈动荡,金融业为规避风险并实现金融资产的保值而进行的金融工具创新等,使历史成本会计既难以适应衍生金融工具确认与计量的要求，又无法满足金融风险管理与控制的要求，从而客观上产生了采用公允价值计量金融工具的需求。20世纪80年代后期，美国存款储蓄行业储蓄与贷款危机的爆发，成为由历史成本转向公允价值的决定性事件。这次危机暴露了基于历史成本/配比会计这一流行财务报告体系的不足：历史成本会计不利于储蓄与贷款机构财务状况的正确识别，普遍的实务做法则是将证券指定为投资以防止注销，随后再按高于账面价值的价格出售以实现的证券利得。这导致了美国证券交易委员会的监管行动，其中之一就是建议对某些债务性证券的会计处理建立以其公允价值而不是其摊余成本为基础的会计准则（Wyatt, 1991；Cole, 1992；White, 2003）。美国证券交易委员会主席理查德·布雷登（Richard Breeden）1990年9月在美国参议院的银行、住宅及都市事务委员会作证时甚至指出，历史成本财务报告对于预防和化解金融风险于事无补，并提出了应当以公允价值作为金融工具的计量属性。与此同时，美国证券交易委员会前主席道格拉斯·布雷登（Douglas Breeden）也公开倡议所有金融机构都按市场价格报告金融投资，认为公允价值是金融工具最相关的计量属性。上述观点的提出并非偶然。因为美国有举世公认的最发达有效的资本市场，公开活跃市场上的报价被认为是公允价值的最佳证据，是金融工具市场价值的真实反映，能够如实反映金融工具的价值及其变动，这种信息便于投资者预防和化解金融风险，有利于金融工具投资的相关决策。正是基于上述认识，美国财务会计准则委员会率先将公允价值运用于金融工具的计量，随后又迅速将之扩展到其他会计报表项目的计量，以摆脱关于历史成本会计模式正在失去相关性的批评。美国会计界对公允价值计量的重视和运用，拉开了公允价值会计实践的序幕。随后，公允价值在国际会计准则理事会发布的金融工具等准则中得到了迅速的推广运用。

## 第二节 公允价值的理论基础

实际上，历史成本的环境不适应性作为一种诱因之所以能够导致公允价值运用实践的兴起，是因为公允价值具有广泛的理论基础。本书认为，公允价值的理论基础主要包括产权理论、决策有用性的计量观、经济学收益概念和实物资本保全概念。它们既为公允价值的实践提供直接的理论支撑，又为准确理解公允价值的本质属性提供强有力的依据。

### 一、产权理论

产权理论是以产权安排和资源配置效率之间的关系为研究对象，以交易费用为基本分析工具来对诸多社会经济现象进行解释和预见的理论。该理论认为，产权是在相应法律保护下的财产权利在经济活动中的具体的和实际的应用，体现了由于物的存在以及对物的使用所引起的人们之间相互认可的行为关系，是一组行为性权利或"权利束"，是一定社会经济利益的集中体现，是一种经济体制中激励个人或集体行为的最基本的制度安排；"产权是一种社会工具，其重要性就在于事实上它能帮助一个人形成他与其他人进行交易时的合理预期"，其主要功能之一就在于"引导激励以实现外部性的更大内部化"（Demsetz，1967）。因此，产权界定及其制度安排不仅影响产权转让和重组的市场，而且还将直接影响资源配置的效率，而只有产权的清晰界定、自愿交易和自由转让，才可能实现资源的有效配置。

市场经济本质上是产权经济，其核心是稀缺资源用途的权力安排，所要解决的主要是关于价格如何决定的问题，即产权如何界定和交换，以及按怎样的条件界定和交换的问题。产权活动是民法规范的核心，因此，民法的平等、公平、等价、自愿和诚信原则也就是产权的基本原则，它是产权本质要求的体现，是产权制度赖以建立的基础（陈美华，2006）。

会计发展与产权经济发展之间的关系既十分密切又历时久远，无论是产权经济的发展对于会计所产生的重要影响，还是会计的发展对于产权经济发展的重要贡献，都是与生俱来的（伍中信，1998）。会计是环境的产物，会计的发展受环境的制约和影响。就产权经济对会计发展的影响来看，无论是过去、现在和未来，会计都确实存在着一个对产权、产权经济乃至产权价值运动的全面而深入的认识问题，这种认识是否到位决定着现代会计的发展，决定着是否能够实现会计在各个层面上进行全方位的改革（郭道扬，2004）。从这个层面上讲，产权的清晰界定和合理安排，以及产权的有序交换和严格保护，都应成为会计的确认、计量和报告的总体目标，相应地，产权的基本原则也应作为会计确认、计量和报告的基本原则。因此，从产权理论的角度讲，会计的本质就是受托责任，财务呈报的目标就在于认定和解脱受托责任，而会计的任务则是界定和保护产权（伍中信，2000）。就会计对产权经济发展的影响来看，一个单位的产权活动及其结果，须依赖于会计的全面、系统、恰当和及时的反映与控制；会计反映与控制所生成的信息又构成产权活动决策的重要依据。这要求会计提供基础性的"真实、公允"的有关产权利益的会计信息，而价值计量是唯一能够被普遍接受的计量属性，作为理想与现实的最佳耦合，公允价值是价值计量属性的实现形式。采用公允价值作为计量基础，会计就可以比较准确地界定产权和保护产权（曹越和伍中信，2009）。

会计计量是"会计系统的核心职能"（Yuji Iriji，1979），其根本目的是解决资产计价和收益决定问题，即资产和收益的定价问题。而"所有定价的问题实际上都是产权问题"（Alchian，1967）。因此，会计计量在本质上属于产权问题，正确进行产权计量既是产权经济的基本要求，又是对会计计量的根本要求，也是会计计量的最终目标。怎样才能实现产权的正确计量？平等、公平、等价、自愿和诚信作为产权的基本原则，同样也是会计计量应遵循的基本原则。因此，在会计计量属性的选择或使用方面，必须以遵循平等、公平、等价、自愿和诚信原则的经济交易金额为基础。产权经济对会计计量的这些要求，使其成为公允价值运用最根本的理论基础（经济理论基础）。作为理论基础，产权理论要求公允价值应该是基于平等、公平、等价、自愿和诚信原则的交易金额。

## 二、决策有用性的计量观

决策有用性的计量观是从20世纪90年代起在财务会计理论和实务中

逐步占据统治地位的一种理论观点,它取代了从1968年起就在财务会计理论与实务中占统治地位的决策有用性的信息观。但无论是决策有用的信息观还是计量观,都从属于财务呈报目标的决策有用观。

决策有用观是伴随着资本市场的快速发展及其在资源配置中主导地位的确立而居于主导地位的财务呈报目标理论。决策有用观认为,财务呈报应为现有和潜在的投资者、债权人以及其他使用者提供作出理性投资、信贷和类似决策所需的有用信息;这类信息应有助于使用者评估主体未来现金净流量的金额、时间和不确定性,主要是关于主体的经济资源、对这些资源的要求权及其变动的信息,包括主体经济资源、债务和所有者权益的信息,主体财务业绩和盈余的信息;主体流动性、偿付能力和资金流量的信息,管理当局受托责任和业绩的信息等(FASB,1978)。实质上,对投资者和债权人等决策有用的信息,从证券市场的投资决策来看,主要是有助于他们评估证券期望收益和收益风险的信息。尽管决策有用观对决策有用的信息作出了上述种种界定,但仍未能准确回答"什么样的信息真正有用"这一问题,这是因为某项信息是否有用的判断,取决于证券市场是否充分有效、经济环境的稳定性、信息对证券价格的解释能力大小等多种因素。因此,基于人们对证券市场有效性以及历史成本基础净收益信息对证券价格解释能力等认识方面的差异,又形成了两种不同的观点,即决策有用的信息观和决策有用的计量观。

决策有用的信息观假设证券市场是有效的,认为市场会对包括财务报表在内的所有来源的信息作出反应,而预测未来公司业绩的责任在个人,财务呈报应专注于为此提供有用的信息(斯科特,2006)。这种观点实质上是把信息的有用性等同于信息含量,认为投资者希望对未来证券报酬作出"他们自己的预测",并"吸收"这方面的所有有用信息。从信息观的角度看,财务呈报的信息代表的仅仅是同其他信息系统提供信息相竞争的一个信息来源。会计人员为了巩固其作为信息供应者的竞争地位,可以以证券市场对各种会计信息的反应程度为指导,决定所要提供的财务报表信息,以提高他们对投资者的有用性(斯科特,2006)。从这一角度看,公允价值对决策有用性贡献的评价应该根据它是否能够改变投资者的预期并因此修正决策，或者是否能够有效地聚合价值相关的信息。有用信息即信息含量这一严格概念的应用，产生了一个直接的结果：由于公允价值从定义上看仅包括市场上公开可得的信息，它本身就不能修正市场参与者的预期。这样，公允价值信息就没有增量的信息含量，更不用说信息价值了。这对第一层级估计的公允价值来讲是特别正确的。从概念上讲，这种结果同样适用于通过模型估计出的第二和第三层级公允价值，因为市场基础计量的原则要求使用公开可获得的市场数据资料并模仿市场预期。然而，事实上内部估计和假设即私人管理信息融入了这类公允价值之中。这就导致了尴尬的结果：当公允价值的估值违背了市场基础计量的概念基础时，信息含量才会产生。因此，决策有用的信息观更愿意接受以历史成本为基础的会计，并依靠充分披露提高其对投资者的有用性。然而，基于证券市场并不是完全有效的，历史成本基础的净收益也只能解释股价变动的一小部分，以及奥尔森的净剩余理论的支持等原因，决策有用的信息观在近年来逐步转向了决策有用的计量观。

决策有用的计量观认为，会计人员应认可他们在帮助投资者预测公司内在价值（指当所有相关信息都公开后公司股份所具有的价值）时应承担的义务，并在具有合理可靠性的前提下，负责将公允价值（市价、未来现金流量的折现值乃至通过某些数学模型所计量资产或负债价值的概括表达）融入财务报表中（斯科特，2006）。计量观的基本理念是，会计应该直接计量和呈报投资者所需要的公司价值或至少一部分公司价值的基本信息。因此，报告主体就有义务进行公司估价。根据计量观，资产、负债和所有者权益等存量指标和收益等流量指标应该明确定义并展示其经济特性。在一个理想的完全和完美的市场环境中，所有公司资产和负债的市场价值的披露就直接报告了公司价值，即所有资产和负债在任一时点的公允价值的总和就构成了公司价值的一个精确计量，因而公允价值也就是投资者渴望得到的信息。在这种情况下，公允价值代表了一种理想的决策有用的计量属性。这意味着，财务报告的表内部分将大量使用公允价值，以体现资产负债观的要求，从而为公允价值计量奠定了直接的会计理论基础。根据这种观点，计量企业所有资产或负债的价值进而确定公司的内在价值应该是会计计量的最终目标，而公允价值计量又是实现这种目标的最理想的手段。也就是说，在完全和完美市场这一理想化的环境中，计量观为公允价值计量提供了理论支持。然而，现实的市场环境并非理想化的完全和完美，财务呈报正是由现实生活中市场存在的这些缺陷尤其是不对称的信息和交易成本创建的一种制度。在现实的不完全和不完美的市场中，即使假定是发达的市场，公允价值计量所有的可辨认资产和负债也会导致对一个公司价值的系统性低估，这是因为市场价值没有包含来自公司不可辨认（不可分割）的特定无形资产的竞争优势。因为与市场价值不同，一个公司的在用价值包含了两个部分：相关的可辨认资产或负债加上不可辨认（不可分割）的无形资产，它是公司价值与其资产和负债市场价值的差异。因此，在现实的不完全和不完美的市场中，公允价值计量的有用性关键不在于公允价值计量能否生成公司价值的公正无偏的计量，而在于公允价值计量能否通过提供有关未来现金流量的结构（分布）这种直接输入估价模型的（所收集到的）信息从而改善个人的估价。这样，支持公允价值计量潜在决策有用性的最理想情况就是出现如下活动：不与租金相关联，且不与公司其他活动相互作用因而可独立地用于估价目的。投资者可以合并这些活动的公允价值和源于剩余活动现金流量的现值（采用资本成本折现），以确定公司的价值。当然，这不仅要求相关活动的可分离性和零租金，而且还要求公允价值的高信息质量。如果投资者认为公允价值是未来现金流量现值的更准确计量，它才能用以替代个人主观的推测。更进一步的条件是，可以在不损害准确性的前提下完成剩余活动现金流量的推测。可见，在现实的市场环境中，尽管无法借助于公允价值取得公司价值的精确计量，只要公允价值是未来现金流量现值的更准确计量，公允价值对投资者的估值决策依然是有用的。此外，更少限制的决策模型方法的应用也会给公允价值带来积极的评价。如剩余收益估价模型将公司价值看作所有者权益现行账面价值的合计再加上未来剩余（不正常的）收益的现值

(Edwards and Bell, 1964; Ohlson, 1995), 以帮助证实公允价值信息的价值相关性。该模型减轻了股利或自由现金流量预测以及处置时公司价值所面临的难题，并"带来了面向未来的价值"（Penman, 1998; Penman and Sougiannis, 1998）。尽管剩余收益估价模型仍未讨论不同计量属性的比较优势，但这种基本观点意味着公允价值与历史成本相比具有优势，因为它"在资产负债表中带来了更多的价值"，并且在其他条件不变的情况下，减少了需要预测的剩余收益的现值。因此，虽然关于公允价值作为资产负债表计量属性的计量观强化了公允价值仅仅是公司价值一部分的不完全计量的结论，但直观地从剩余收益股价模型（计量观）来看，公允价值计量具有突出的决策有用性。综上所述，决策有用的计量观为公允价值相对于历史成本的比较优势提供了相关的证据。实际上，公允价值的运用是随着决策有用的财务呈报目标的提出而引入的（Holthausen and Watts, 2001）。

### 三、经济学收益概念

收益决定是财务会计的一项重要功能，也是财务会计的根本任务。而对收益的定义是收益决定的基本前提。

收益概念起源于经济学，如实地反映经济学收益也一直是会计追求的目标。亚当·斯密（Adam Smith）在其1890年的《国富论》中最早将收益定义为"财富的增加"。20世纪初，欧文·费雪（Irving Fisher）对收益概念作了进一步的阐述，并提出了真实收益概念，将其定义为"一定期间经济财富的增加"。约翰·希克斯（John R. Hicks）指出，"一个人的收益就是周末保持与期初同样富裕的情况下，他这一周能够消费的数额"。这些概念，都是经济学收益本质的精确概括：某一期间内公司价值的变化。在一个确定的环境中，经济学收益等于期初公司价值的利息收益。在不确定性的环境中，还应在这一预期收益基础上加上一个无法预期的组成部分。

以经济学收益概念为基础，自20世纪20年代起的40余年中，坎宁、麦克尼尔（MacNeal）、穆尼茨、佩顿等十余位西方著名会计学家相继对真实收益的计量问题进行了研究。他们认为，按照经济学收益的概念界定会计收益不仅是必要的，而且是可行的，在理想的情况下，使用单一的价值基础来计量收益将能满足所有使用者的需要，并据以提出了重置成本会计、可变现净值会计、现值会计等会计方法（贝克奥伊，2000）。他们还完全同意，现实价格信息比传统的历史成本信息对用户制定经济决策更为有用。可以说，他们的研究结论使经济学收益成为会计学收益定义和计量的基础，资产负债观也因此成为主要的收益决定理论。根据资产负债观，利润是企业在某一期间内除与所有者的经济往来外的净资产的变动额，即为除去企业与其所有者往来外的期末净资产与期初净资产的差额。它要求在确定期末净资产时，应按照能够体现资产、负债现实市场价值的计量属性进行度量。只有这样，所确定的收益在概念和度量方面才能与经济学收益保持一致。在一个理想的完全和完美的市场环境中，所有公司资产和负债的市场价值的披露就直接报告了公司价值，因而也就是投资者渴望得到的信息。在这种情况下，公司盈余就等于经济学收益。若不完全采用以价值为基础的计量模式，真实收益（即经济学收益）的计量在会计中就是不现实的。

会计界对计量经济学收益的追求，促使全面收益概念的提出，重视了对能够反映资产和负债的现时市场价值的计量属性的运用，报告的收益更接近于经济学收益。事实上，在一个公司的寿命周期中，公允价值收益等于历史成本收益等于经济学收益。尽管在某一期间会存在差异，但差异只是暂时的，并源于会计学收益延迟或者有偏确认的不同程度。由于实现原则和成本上限并不构成约束，采用公允价值计量基础确认收益很少会出现延迟，即价值创造和会计确认的差异小于历史成本基础的会计收益。也就是说，公允价值收益虽然不是对经济学收益公正无偏的计量，但公允价值盈余在概念上比历史成本盈余更接近经济学收益。因而，公允价值概念的提出及其实践，体现了计量经济学收益的内在要求。从这种意义上讲，经济学收益概念为公允价值会计的实践提供了内在的动力，奠定了必要的理论基础。

### 四、资本保全概念

资本保全概念要求企业应在资本保全或成本收回之后才能确认收益，它提供了收益计量的参照点，从而构成了收益决定的基本前提。基于资本具有财务和实物两种概念，资本保全概念因而也有财务资本保全和实物资本保全之分。根据财务资本保全概念，企业的利润等于本期内扣除业主投资和向业主分配以后期末净资产的财务（货币）金额大于期初净资产的财务（货币）金额的差额。而根据实物资本保全概念，在扣除业主投资和向业主分配以后，企业的期末实物生产能力或企业期末达到上述实物生产能力所需的资源或资金，必须大于期初实物生产能力，才算赚得了利润。财务资本保全与实物资本保全的主要差别在于对待资产和负债价格变动的处理不同（IASC，1989），前者将这种变动视为持有损益，计入资本利得中，归属于资本增值，而后者将该增值的一部分看作资本保值，是在不同时点为保持同样的实际生产能力所付出的额外代价。因此，实物资本保全要求采用现行成本等现行价值计量基础进行计量，而财务资本保全对计量属性的选择则没有上述特殊要求。

上述两种资本保全概念及其计量基础的选择，决定了财务报表所采用的会计模式，而不同的会计模式又表现出不同的相关性和可靠性，因此，资本保全概念的选择必须以会计信息使用者的需要为基础。

在科学技术飞速发展、产品革新速度日益加快以及物价水平不稳定的环境中，币值稳定和物价不变假设往往不再成立，导致财务资本保全观念下的资本保全利润虚增、收益差额分配以及实际发生的生产损耗无法通过折旧或摊销得以补偿，不利于企业维持其原有的生产能力，致使会计信息使用者更青睐于基于实物资本保全概念的收益信息。本质上，实物资本保全概念的提出是与计量经济学收益的目标相一致的。因此，实物资本保全概念同样构成了公允价值运用的理论基础。实物资本保全概念要求对资产和负债按其现时价值计量和报告。这即意味着现时价值会计是体现实物资本保全概念要求的会计模式。这种会计模式的难点在于如何可靠地估计资产或负债的现时价值，以保证在提高会计信息相关性的同时，不会降低会计信息的可靠性。在会计实践中，采用资本化或现值法计算的现值、现时入账价值（指为获取同样或等价的资产所需要的现金或其他等价物的金额）、现时脱手价格等通常被作为资产或负债现时价值的估计。实际上，它们是对资产或负债现时市场价值的估计，这些估计应尽可能基于公平活跃的交易市场或者类市场上的所有可得信息。与现时价值的这些估计相同，公允价值实际上也是对资产或负债市场价值的一种估计，只是它强调了估计的目标，而并非如现值、现时入账价值、现时脱手价格那样突出了估值的手段。

## 第三节 公允价值对会计信息质量特征的影响

### 一、公允价值对会计信息相关性与可靠性的影响

会计信息的相关性和可靠性与计量属性的选择存在一定的关联性，关联性的大小又往往取决于特定的环境。从反映企业的投入及过去时点发生的交易和事项的情况看，历史成本同时具有较强的相关性和可靠性。但是，在经济环境不稳定及物价波动幅度较大的情况下，若从投资者和债权人等主要使用者的投资、信贷或类似决策对信息的需求来看，基于历史成本的会计信息无法正确地反映报告主体当期的经营业绩及当前的财务状况和面临的风险，不利于预测、比较和评估企业的盈利能力、资源的有效利用能力以及未来现金流量的金额、时间和不确定性，相关性和可靠性都比较差。

（一）公允价值与会计信息的相关性

会计计量是"会计系统的核心职能"（Yuji Iriji, 1979），致力于解决资产计价和收益决定问题，即资产和收益的定价问题。计量属性的选择作为会计计量的一个主要方面，必然会对企业提供的有关经济资源、对这些资源的要求权以及导致其发生变动的交易和其他事项或情况的信息产生直接或

间接的影响，进而会影响到会计信息的决策有用性。公允价值作为一种立足现在、面向未来的计量属性，其运用也必然影响到会计信息的相关性。

理论上，公允价值对会计信息相关性的影响，不仅同企业所处外部环境的稳定性相关联，而且还同会计信息使用者的类型及其信息需求密切相关。在企业所处的经济环境不稳定且物价变动幅度较大的情况下，若从资本提供者的投资、信贷等资源配置决策对信息的需求来看，基于历史成本的会计信息无法正确地反映报告主体当期的经营业绩及当前的财务状况和面临的风险，无助于实物资本的保值，不利于预测、比较和评估企业的盈利能力、资源的有效利用能力以及未来现金流量的金额、时间和不确定性，无论是站在决策有用观的视角，还是站在受托责任观的视角，其相关性都比较差。而公允价值体现了公平、活跃的市场对相关资产和负债现时价值的客观评价，能够充分反映现有资产和负债在面临不确定性和风险情况下的现时市场价值，有利于直接从而可能更准确地预测企业可能取得的未来现金流量的金额，有利于将物价变动对当期经营业绩的影响同企业管理当局的经营决策和管理水平对经营业绩的影响相区分，从而有利于更准确地比较、评价、预测企业的盈利能力和有效利用资源的能力，能够反映企业拥有的各项资源的市场价值的波动及其不确定性，及时确认资产或负债价值的增值以提高收益报告的及时性，降低企业管理当局盈余管理或收益操纵的可能性。从这种意义上讲，相对于历史成本会计信息而言，公允价值会计信息更有利于资本提供者提高其资源配置决策的科学性以及企业管理当局经管责任履行情况评价的正确性，因而更具相关性（夏成才和邵天营，2007）。这也是支持者坚持推行公允价值的主要原因。正如美国证券交易委员会和投资者当初面对金融工具会计准则引入公允价值时所指出的：公允价值运用能使会计信息反映金融资产和负债的真实价值，会极大地提高会计信息的相关性，且有助于防范和化解金融风险。①

---

① 美国在2009年初进行的一项对2000名投资者的在线调查显示，79%的应答者认为，对金融机构而言，公允价值会计改进了财务报告的透明度和对风险的理解。见 Rossi III J. D. Weighing Your Financials: A Look at the Impact of Fair Value [J]. Pennsylvania CPA Journal, Spring 2009.

基于公允价值对会计信息相关性的理论分析不难看出，相对于历史成本信息，公允价值信息的相关性不仅与企业所处的经济环境以及物价波动程度相关，而且还在很大程度上依赖于公允价值估值的可靠性。若计量对象本身或类似项目不存在活跃交易市场，其公允价值的估值更多取决于企业管理者拥有较大自由裁量权的假设、模型和输入，缺乏有效的内部控制或外部监管，公允价值估值的可靠性就难以得到保证，公允价值就很可能沦为盈余管理或操纵的工具，其相关性更无从谈起。再者，会计信息的相关性并不等同于公允价值的相关性，会计信息的相关性强调企业提供的信息整体上是否具有预测价值或反馈价值，公允价值信息只是会计信息集合的一个子集，其对会计信息相关性的影响，既取决于这一子集本身的相关性强弱，又取决于这一子集在会计信息集合中的重要性大小。前已述及，现行会计准则关于公允价值的运用主要限于交易性或可供出售金融资产的初始与后续计量以及某些非金融资产的后续计量或减值损失计量，这些公允价值信息对会计信息相关性的影响程度与企业采用公允价值计量要素项目对企业实现其经营目标的重要性相关联。若这类资产不具有重要性，公允价值可能无助于提升会计信息的相关性。

可见，尽管理论上公允价值的运用可提供具有相关性的会计信息，但这是建立在一系列假设基础之上的，如企业持有这些资产是为了出售、在资产总额中占有较大比重、相关要素市场充分有效、公允价值估值可靠等。但在实践中，这些假设是否完全成立仍存在较多的不确定因素，因而公允价值信息的相关性可能会呈现出多种不同的结论，甚至是截然相反的结论。

（二）公允价值与会计信息的可靠性

自公允价值开始引入会计准则以来，公允价值计量对会计信息可靠性的影响就成为社会各界争论的焦点。可以说，公允价值会计信息缺乏可靠性是反对者批评甚至指责公允价值会计的主要原因。早在20世纪90年代初公允价值开始在会计准则中引入时，就受到了联邦储备委员会、财政部和金融界的极力反对，它们指出：公允价值运用是对现行会计模式（以历史成本为主要计量属性）的极端背离，缺乏可靠性，将会导致金融机构的收益产生巨大波动，可能导致金融机构的贷款决策短期化等。随后，对公允价值的批评之声也从未间断过。2008年末全球性的金融危机的爆发，更是将公允价值推向了风口浪尖，有人甚至主张取消现行会计准则中公允价值计量的相关要求。对公允价值的种种批评和指责，除了人们对可靠性与相关性的不同倚重外，还折射出人们对可靠性理解的偏差，以及对现行公允价值估值可靠性的疑虑。

人们对可靠性理解的偏差，主要源于可靠性概念运用的不适当性、内涵难以清晰界定以及由此导致的对这一概念解释的模糊性和不一致性，这使人们往往过多地将可验证性、精确性、稳健性等同可靠性联系在一起（IASB/FASB，2008）。这也因此成为人们指责公允价值的一个重要原因。如有人认为，公允价值是估计的，也并非基于实际交易计量的，因而公允价值是不可靠的；还有人认为，历史成本提供了更加有用的计量，因为它更加清晰地反映了经营业绩的经济本质，而公允价值估计可能是不可靠的或不可验证的；也有相当数量的人们指出，公允价值运用引起或至少应对美国某些金融机构2008年经受的财务困难负责，在他们看来，对于那些在非活跃、非流动或潜在非理性市场上交易的投资而言，运用公允价值导致资产估价不能准确反映投资的经济价值（Carcello，2009）。实际上，会计信息在很大程度上是以估计、判断以及对已经发生的或者现有的交易和其他事项与情况对企业的财务影响的模拟为基础的，而不是对那些影响的精确描述（FASB，2010）。基于上述各方面的原因，国际会计准则理事会和美国财务会计准则委员会得出结论，基于进一步解释可靠性的内涵的努力很可能是徒劳的，"可靠性"本身值得再仔细斟酌，它们因此也致力于寻求一个可以替代"可靠性"的术语，以便能够更清晰地传达它们意欲表达的含义，而"反映真实性"就是这种努力的结果（FASB，2010）。

与历史成本不同，公允价值的确定并非基于企业实际发生的交易，而是基于市场信息或其他类似信息对资产和负债现行市场价值所作出的判断和估计，因而其可靠性同估值所依据的信息以及所使用的估值技术的适当性直接相关联。现行实务中,一般按照估值所依据信息的相对主观性大小,将其由小到大依次分为三个层次:第一层次为企业在计量日可以进入的相同资产或负债活跃交易市场的报价;第二层次为第一层次报价之外的有关资产或负债的可观测市场数据,既可以是直接数据资料,如类似资产或负债在活跃市场上的报价、相同或类似资产或负债在非活跃市场上的报价等,又可以是由价格派生而来的间接性数据资料,如利率、信用风险、违约率等;第三层次为不可观测市场数据资料,这些数据资料应该包括市场参与者对资产或负债估价时使用的所有假设,这些假设的提出应基于估价时可得的最佳信息,甚至包括企业自身的数据资料。上述三个层次的数据资料中,第一层次提供了公允价值最可靠的证据,据以估计的公允价值具有很高的可靠性,是公允价值估值的理想数据资料;第二层次具有一定的客观性,据以作出的估计也有较大的可靠性,但其可靠性的高低又同估值对象与参照物的吻合程度密切相关;第三层次数据资料的可靠性在很大程度上依赖于企业管理当局的判断与选择,而这种判断与选择的正确性对公允价值估值结果会产生很大的影响,因此,管理当局的任何有意或无意的偏见和疏忽,验证管理当局判断与选择的巨大挑战性,都会导致公允价值估值结果的可靠性难以保证。调查结果表明,利用第一和第二层次的可观测市场数据估计的公允价值是可靠的(Elifoglu et al.,2009)。当然,公允价值估值结果的可靠性还与所采用的估值技术有关,这些估值技术主要包括市场法(market approach)、收益法(income approach)和成本法(cost approach)。一般地,当运用不同估值技术所得出的结果能够相互印证时,公允价值的估值结果就是可靠的,除非估值所依据的数据资料是相同的。

综上所述,公允价值作为市场对资产、负债价值的公平、合理和正确的度量,其在会计计量中的运用不仅可以提高会计信息的相关性,而且在计量对象的估值存在可观测的市场数据时,其可靠性也能够得到相应的保证,从而有利于会计信息质量的提高,为会计信息使用者提供对于决策有用的信息。但应该注意,公允价值运用的对象必须综合市场状况、经济环境的稳定性、资产和负债项目的性质及其持有目的等因素慎重选择,以保证会计信息质量的提高。此外，建立和完善各种要素市场，进一步加强对公允价值估值技术的研究和探索，强化对企业和市场的监管，培养和提高会计专业人员的专业素质和能力，都是推行公允价值所必不可少的。

**二、公允价值对会计信息其他质量特征的影响**

除了相关性和可靠性两个质量特征外，对使用者有用的信息通常还应具备可比性、可验证性、及时性、可理解性、谨慎性等特征。在不稳定的经济环境中，相对于历史成本信息，公允价值信息的可比性、可验证性、及时性、可理解性和谨慎性会呈现出一些不同的特点。

（一）公允价值与会计信息的可比性

资产计价和收益决定是财务会计的两项基本功能，两者均与会计计量属性的选择直接相关。在其他因素不变的情况下，同一个企业采用不同的会计计量属性会导致显著不同的资产计价和收益决定结果，本质上存在显著差异的企业也会因为选择不同的会计计量属性进而导致相同或者类似的资产计价和收益决定结果。这同可比性的本质含义是相矛盾的。对不同的资产、负债项目采用同一时点的公允价值进行计量，既解决了历史成本模式下同一企业不同时点确认的资产、负债项目摊余成本缺乏相加的基础或成本之和缺乏实际经济含义的问题，使其不同时点的资产计量与收益决定的结果前后可比，又解决了不同企业因计量属性不同所导致的资产计价和收益计量结果相互不可比的问题。因此，采用公允价值作为一个共同的货币计量标准，计量、报告企业的资产、负债和所有者权益以及相关的交易、事项和情况的影响，才有可能实现完全的会计信息可比性（Barlev and Haddad，2007）。当然，这种可比性的实现是建立在所有资产、负债项目均按公允价值计量且其变动计入当期损益这一完全公允价值会计模式的前提条件以及所有要素项目的公允价值均具可靠性的假设基础之上。前提条件或者基本假设不满足，公允价值运用就会有损于会计信息的可比性。

（二）公允价值与会计信息的可验证性

按照现有文献的解释，若独立的具有不同知识背景的观测者能够就某一特定描述是否具有反映真实性的问题，能够达成一致或相似的看法，就具有可验证性。具体到公允价值，可验证性重在强调具有不同知识背景且独立的观测者能就某一财务报表要素项目的公允价值得出相同或类似的估值。这也就意味着，估值输入值的层级不同，公允价值的可验证性就不同。一般而言，第一层级的公允价值估值源于活跃市场上的同质项目未经调整的可观察值，其可验证性最强。第三层级的公允价值估值源于相关资产或负债的不可观察输入值，且应当反映市场参与者对相关资产或负债定价时所使用的假设，使用在当前情况下可合理取得的最佳信息，这对不同知识背景的观测者来讲很难做到一致，其可验证性与其披露相关信息的详细程度及其是否能得到认可相关。第二层级公允价值估值源于第一层级外资产或负债直接或间接可观察的输入值，并需要根据该资产或负债的特征对输入值进行调整，其可验证性取决于观测者对计量对象与参照对象所具特征差异的认识，其可验证性往往介于第一层级与第三层级公允价值估值之间。

（三）公允价值与会计信息的及时性

一般而言，资产、负债项目的公允价值是对其现行价值的一种估计，根据估值所依据的输入值层级不同，这种估计值可能反映了计量日该资产在活跃市场上的脱手价格，也可能是活跃市场上其脱手价格的估计值，或者是市场参与者基于相关资产或负债定价时所使用的假设及当前情况下可合理取得的最佳信息对资产现时价值的一种估计。从这种意义上讲，资产、负债项目的公允价值信息至少向使用者传达了其现行价值的估计、内外部环境变化对其价值的影响以及未来可能实现的利得或损失等最新信息，比历史成本会计信息更具前瞻性，因而也更具及时性。

（四）公允价值与会计信息的可理解性

从准则制定者的视角来看，公允价值的含义界定清晰，估值指南详细，相关信息披露要求具体，但由于相关准则缺少公允价值运用依据的详细说明，财务报表中采用公允价值计量项目与采用其他计量属性项目交叉混杂，再加上相关信息披露的碎片化，很可能增加了使用者对呈报财务信息理解的难度。

(五)公允价值与会计信息的稳健性

理论上,公允价值是市场参与者对资产、负债项目现行价值的一种无偏估计,具有中立性。根据国际会计准则理事会(2018)对谨慎性的界定,以及谨慎性与中立性的关系说明,即谨慎性是中立性的基本要求,中立性需要谨慎性提供保证,公允价值信息符合谨慎性的质量特征要求。这同长期以来人们普遍理解的谨慎性相矛盾,进而与受托责任观的要求不一致。不仅如此,公允价值的谨慎性还与公允价值估值的可靠性相关。金融危机期间的公允价值信息被认为过于稳健,就源于这种环境中的脱手价格严重低估了其现时价值。而金融泡沫期间的公允价值信息被认为违背了谨慎性,则源于此时的脱手价格往往高估了资产的现实价值。另外,公允价值信息的谨慎性还与其运用环境有关,资产减值会计中公允价值的运用作为谨慎性会计的经典体现,就是因为在资产计量中对公允价值的非对称运用,即资产公允价值低于其成本或摊余成本时按公允价值计量,确认资产价值下跌损失,而高于其成本或摊余成本时,并不确认价值上升及其升值利得。

由上述分析不难看出,公允价值对会计信息质量特征的影响受多种因素的作用,这些因素主要包括计量对象的选择、计量对象的重要程度、运用的条件与环境、估值所依据的输入值层级、相关信息的披露是否充分等。在某些情况下,公允价值的运用对不同质量特征产生相反的影响。因此,公允价值对会计信息质量的影响需要结合相关影响因素进行具体分析,甚至需要结合对不同质量特征的影响进行权衡并作出综合评价。

## 第四节 公允价值与决策有用和受托责任目标的实现

如前所述,决策有用观主要关注现有及潜在投资者、债权人的资源配置决策的信息需求，而受托责任观则主要关注现有的投资者（股东或资源委托者）评价管理层（受托者）受托责任履行情况及结果以及管理层聘任、激励、更换等缔约决策的信息需求，两者的服务对象既存在交集（现有投资者），但又存在明显的不同。即使是同样的现有投资者，不同目标下的信息需求也各有侧重，进而对会计信息质量特征提出了不同的要求。由于决策有用观和受托责任观的上述差异，两种财务呈报目标必将侧重于不同的信息（Yuri Ijiri，1975）。作为一种主要计量基础，公允价值是否有助于财务呈报目标的实现，既可能与其运用对象有关，又可能与其估值的可靠性、相关的会计确认或相关信息的披露相关。

**一、公允价值与决策有用目标的实现**

如前所述，决策有用观强调向现有及潜在的投资者和债权人提供有助于其作出资源配置决策的信息。一般而言，这些投资者的资源配置决策目的通常在于谋求资本的增值，而资本增值最终表现为现金流量的增加。这些投资者和债权人从资源配置活动中获得的现金流量包括股利、利息、债务工具本金以及出售金融工具的价款。从长期来看，投资者和债权人能否以及获得现金流量的多少不仅取决于企业能否通过其经营活动获利以及获利额的大小，更取决于企业是否能够取得足够的现金净流量以支付股利或者债务的利息和本金。因而，对资源配置决策有用的信息主要是企业管理层规范运作前提下的未来前景信息，应有助于评价企业未来业绩以及未来现金净流量的金额、时间和不确定性，进而对企业发行在外的权益工具和债务工具等有价证券进行估值。从证券估值的角度来看，决策有用观意味着财务呈报要么应当直接提供关于企业价值或企业权益价值的信息，要么应当提供有助于证券投资者进行估值的信息。前者体现的是决策有用的计量观，后者体现的是决策有用的信息观。决策有用的计量观要求在具有合理可靠性的前提下，会计人员应负责将现值融入财务报表中，从而确认他们在帮助投资者预测公司业绩和价值时应承担更多的义务（斯科特，2012）。而决策有用的信息观则基于证券市场有效的假设，强调预测公司未来业绩和价值的责任在投资者个人，会计人员应专注于为投资者提供有用的信息。然而，财务会计没有能力直接可靠地估计企业的价值或权益价值，但可以为企业价值或权益价值的估计提供有用的信息。这里，有用的信息是指能够成为股利折现模型、现金流量折现模型、剩余收益模型、异常收益增长模型等预测或估值模型有用输入变量的信息。这些模型有用输入变量的信息既包括现金制下的现金流量信息，又包括应计制下的财务状况和经营成果信息，以及有关企业现金流量、财务状况和经营成果的不确定性的信息，即关于企业所控制的经济资源、对企业的要求权和企业资源及要求权变动的信息，以及有关商品价格变动、汇率波动、利率波动、市场竞争等外部因素和企业战略与执行、研发与创新能力、商业模式、竞争优势、风险管理等内部因素对企业财务状况、经营成果和现金流量预期影响的信息。可见，决策有用观的信息主要是有关估价的信息，更强调会计信息的相关性，在提供企业财务状况、经营业绩和现金流量历史信息的基础上，鼓励呈报有关企业财务状况、经营业绩和现金流量前景的主观信息。另外，投资者资源配置决策的实质是在不同投资机会之间的抉择，客观上要求不同企业提供会计信息的可比性。所以，决策有用观也更关注会计信息的可比性。

相对于历史成本，公允价值是一种理想的市场价格，包含了市场参与者所有可得的信息，代表了计量日资产、负债项目的市场价值，而市场价值又反映了市场参与者对相关资产、负债项目未来现金流量时间、金额和不确定性等的合理预期，实质上是资产、负债未来现金流量的现值，而折现的现金流量是资产和负债最相关的计量属性（Staubus，2000）。公允价值不仅可运用于资产、负债项目的初始计量，而且还可用于这些项目的新起点计量，提供资产、负债项目于资产负债表日市场价值及相对于以前发生变动的信息，这些信息包含了市场参与者的一致预期以及不同时点上该预期的波动或变化，扩展了财务呈报的信息内涵，能够提供更加完整、相关和具有反映真实性的信息，进而为其决策提供更好的基础。因此，相对于历史成本信息，公允价值运用对于决策有用观下投资者的预测或估值模型提供了更多、更及时和更直接的信息。前已述及，从会计信息质量特征来看，若公允价值运用于直接影响企业现金流量的资产、负债项目的计量且其估值的可靠性能够得到合理的保证，公允价值的运用就可以提高会计信息的相关性、可比性和及时性。从这一意义上看，公允价值的运用不仅可以提供投资者所需要的信息，而且还能提高所提供信息的质量，有助于决策有用目标的实现。正如巴斯所指出的，在现行各种计量基础中，公允价值是唯一具有综合性和内在一致性的计量基础，有助于提供具有相关性、可比性、一致性、及时性等有用财务信息质量特征的财务信息，采用公允价值计量资产和负债是最具吸引力的（Barth，2006）；公允价值与强调未来经济利益流入和流出的资产、负债定义相协调，综合了目前对货币时间价值与风险的评估，提供了主体资产、负债项目在报告日的市场价值的无偏估计，具有相关性和可靠性，与决策有用这一财务报告的主要目标一致（Barth，2011）。但需要注意的是，巴斯的观点建立在市场足够完善和充分有效这一理想的假设基础之上。而在现实的市场环境条件下，公允价值不可能成为资产、负债市场价值的无偏估计，无法准确反映对未来现金流量与风险的预期，因而决策有用目标的实现程度还要受到其运用范围、估值可靠性、公允价值变动的确认、相关信息的列报等多种因素的制约。

## 二、公允价值与受托责任目标的实现

不同于决策有用观，受托责任观关注现有股东评价管理层对企业经济资源受托责任的信息需求，以帮助他们作出有关管理层的续聘或更换、薪酬激励、职位升迁以及是否同意管理层提出的筹资、投资、收益分配等相关活动政策方案的决策。基于这些决策的需求，企业财务呈报所提供的信息应当能够反映受托责任履行过程及其结果，有助于评估管理层履行其受托责任的成效与能力，这些信息主要是企业所控制的经济资源、资源提供者对企业的要求权以及有关企业过去交易和事项对企业控制的经济资源及要求权变动影响的信息，应当能够客观地反映管理层的主观努力程度，其核心是有关管理层业绩的信息。这里，企业所控制的资源是所有者托付给管理层的资源，对这些资源的构成信息是判断管理层受托责任履行情况的起点；关于资源及要求权的信息是判断企业管理层业绩的基础，因为企业业绩通常被理解为所有者投资和向所有者分配以外因素所导致的企业所控制资源及要求权的变动。提供这些信息的财务报表应当反映特定主体的财务业绩和状况，而且当这些报表反映可供主体利用的真实机会时，应该作出主体特定的假设，使其能够反映企业管理层对受托经济资源保管、保护、配置、利用的状况和效果，有助于评估对所有者投入资本的保值与增值情况。这种信息需求表明，受托责任观并不特别关注前瞻性的信息，进而与决策有用目标形成巨大的反差。另外，由于委托代理关系可能导致的信息不对称，管理层存在主观上操纵信息的可能性，因而相对于决策有用观，受托责任目标更关注会计信息的可靠性、可验证性和谨慎性，一般要求财务呈报的数据都应当基于具体交易的记录和支持凭证，强调历史成本计量基础的应用。从这一层面上看，相对于公允价值，历史成本会计模式下的业绩信息似乎更能体现受托责任目标的信息质量要求，更有助于受托责任目标的实现。

但需要指出的是，管理层业绩并不等同于企业业绩，对外报告的业绩是企业业绩，并不等同于管理层的业绩。正如美国财务会计准则委员会（1978）在第1号概念公告里所指出的："财务呈报特别是财务报表经常无法并且也不区分管理层业绩与企业业绩。企业是高度复杂的机构，其生产和营销过程漫长且错综复杂，其成败是多种因素交互作用的结果。管理能力和管理执行是能够发挥作用的因素，但一般经济状况、企业投入与产出的供给与需求特性、偶发的事项和情况等都可能是管理层无法控制但会对业绩产生影响的因素。一个企业发生的事情通常是许多复杂因素相互作用的共同结果，会计或其他统计分析都不能合理准确地辨别出管理或任何其他因素对共同结果的影响程度。以往期间管理层的行动影响到本期的业绩，现任管理层的行动影响到未来期间的业绩。财务呈报提供企业在特定管理层主导下的特定期间的信息，但不直接提供该管理层的业绩信息。因此,这种信息对于评价管理层业绩的作用是有限的。"所以,受托责任观要求提供足够详细的业绩信息,使现有的股东能够分别评估管理层的各种受托责任履行情况,例如,业绩信息应当分离价格变动导致的业绩和交易活动导致的业绩,这样现有股东才能够分别评价管理层保护经济资源免遭不利因素影响的能力和管理层利用经济资源赚取回报的能力;业绩信息应当有助于辨认管理层可控因素和不可控因素对业绩的影响,以便于将管理层业绩同企业业绩相区分;业绩信息应当有助于区分以往期间管理层行动对本期业绩的影响以及本期行动对本期及未来期间业绩的影响,等等。将公允价值作为资产和负债的后续计量属性,分析影响公允价值变动的因素是否可控,有助于将管理层无法控制的外部因素所导致的物价变动对当期经营业绩的影响同企业管理当局的经营决策和管理活动对经营业绩的影响区分开来,有利于评估所有者投入资本是否真正实现了保值和增值,有利于降低企业管理层借助于利得交易(gains trading)或选择交易时间进行业绩管理或操纵的可能性,比历史成本更符合实物资本保全的内在要求,更有利于产权的明晰和保护,进而使对管理层受托经济资源运用效率和效果的评价更客观。正如安德森等(Anderson et al.,2015)的实验研究所发现的,投资者倾向于将企业业绩的外部原因归结为管理者,而公允价值信息有助于投资者克服这种倾向,也能比拥有历史成本信息的投资者作出更好的受托责任决策,这是因为公允价值信息更透明地提供了适当考虑管理者行为相关机会成本所需的信息,也有助于将管理者的内生行为与管理者无法控制的外部市场力量的影响区分开来。

另外,在经济全球化的背景下,传统的静态经济被打破,全球风险联动,加剧了经济的波动性。相对于历史成本,公允价值能够及时地揭示企业所面临的风险,既能迫使管理层更加积极主动应对各种风险,降低价格波动、竞争格局、技术进步、商业模式创新以及利率、汇率和税率等因素变动对受托经济资源价值的不利影响,又有助于投资者以更加直观、及时、透明的方式评价管理层对受托经济资源的风险管理是否有效。

再者,随着20世纪80年代以来企业对资本市场依赖程度的日益增加,财务管理逐步进入了以"价值"为中心、以价值最大化为目标的价值管理阶段，拓宽了受托责任的范围，客观上要求管理层围绕价值最大化目标，准确把握投资机会，及时调整企业发展战略，优化受托经济资源配置，提高企业的灵活性和对环境的适应性，为投资者创造更多的财富，这进一步要求管理层制定财务政策时，应充分考虑资金时间价值以及风险与报酬的关系，因而更需要面向未来的信息。公允价值注重对风险与价值的综合权衡和计量，充分考虑企业所面临的各种风险，试图计量各种风险并将其融入企业价值管理之中，有利于投资者正确评价管理层在提高股东财富方面的效率和效果。

不难看出，在公允价值能够可靠计量的前提下，相对于历史成本，公允价值更有利于现有股东对管理层受托责任履行情况的客观评价，有助于受托责任目标的实现。可以说，受托责任观强调历史成本，主要是基于可靠性和成本效益原则的考虑，随着外部市场逐步成熟以及公允价值计量技术的快速发展，在评价受托责任履行方面，公允价值不仅不逊色于历史成本，而且丰富了受托责任观的内涵，拓展了受托责任观的外延（黄世忠，2018）。

综上所述，尽管决策有用观和受托责任观的财务呈报目标强调不同的信息使用者及其不同的决策需求，对会计信息质量特征的要求也有不同的侧重，甚至存在不同的理解，但在所需信息方面又存在大致相同的内容。作为一种反映资产、负债现时市场价值的计量属性，公允价值的估值可靠性如果能够得到合理保证且运用范围合理，相关信息披露充分适当，既有助于决策有用目标的实现，又有助于受托责任目标的实现。

# 第五章
# 公允价值对会计信息质量的影响：经验证据

## 第一节 公允价值与盈余质量

相对于历史成本，公允价值的运用引起了企业盈余构成和数量的变化，这主要表现在如下三个方面：第一，以公允价值计量且其变动计入当期损益的金融资产、金融负债和非金融资产项目因其公允价值变动所确认的公允价值变动损益计入企业盈余；第二，未采用公允价值计量且其变动计入当期损益的资产项目发生减值时，以公允价值为基础计量的现时价值低于其原账面价值的资产减值损失计入企业盈余；第三，上述资产（负债）项目售价（结算价）与其历史成本之间差额形成的净损益，由历史成本模式下的一次性计入终止确认期间的企业盈余，转换为依其公允价值变动情况分期确认计入初始确认至终止时各相关期间的企业盈余。理论上，公允价值运用所导致的企业盈余的上述改变往往被视为企业盈余信息更及时、更准确地反映了内外部各种因素错综复杂的影响以及在这种环境中管理层管理受托经济资源的效率和效果，更趋近于经济学收益，压缩盈余管理的空间，提升了盈余质量进而增强了盈余信息的有用性。但截至目前，国内外有关公允价值运用对企业盈余质量影响的研究较少。相关研究主要借助于资本市场的数据，通过对比历史成本模式与公允价值模式下的盈余波动性、盈余管理度量指标及分析师盈余预测的准确性，验证公允价值运用对盈余质量的影响,其检验发现同预期也并不完全一致。

## 一、公允价值与盈余波动性

盈余波动性,同盈余持续性和可预测性一样,是反映盈余时间序列特性的重要指标,通常用盈余的标准差来衡量其大小。一般而言,盈余波动性越大,意味着其可持续性越低,可预测性越差,盈余质量就越低;反之,则盈余可持续性越高,可预测性越强,盈余质量越高。相对于历史成本,公允价值具有动态性和估计性,进而把波动性融入了企业盈余。首先,公允价值计量强调"盯住市场"交易形成的价格,这必然将经济活动固有的内在波动性传递到会计系统,进而增加了会计盈余的波动性。其次,不存在活跃市场时,需要通过估价模型估计资产、负债的公允价值,而估计的主观性也会加大公允价值的波动性。第三,将公允价值运用限制在某些项目上也会导致"人为的"波动和"扭曲的"盈余(Beatty,1995;Mauriello and Erickson,1995)。巴斯(2004)将公允价值盈余波动性的根源分为三类:会计应当如实反映经济活动本身具有的内在波动性(inherent volatility)、公允价值计量误差以及所有资产和负债的混合计量导致的波动性(mixed-measurement volatility)。在公允价值的估值客观可靠的情况下,其运用形成的再计量利得和损失如实地反映了真实的经济波动(Sprouse,1987;Wyatt,1991),不仅如此,基于"客观的"市场价格的收益实现还可以剥夺管理当局进行盈余管理的手段(Barlev and Haddad,2003)。但盈余波动也可能带来不利的影响,除影响盈余的预测能力外,博耶(Boyer,2007)认为,与历史成本模式下追踪企业利润的产生过程不同,公允价值计量将股票市场的定价纳入企业现有财务估价系统中,并把它作为确定股利水平的依据,股票市场的波动性由此被传送到企业内部的价值评估系统,并使金融市场过度的波动性向整个经济系统蔓延和渗透。普兰汀等(Plantin et al.,2004)则从现实金融市场状况的视角解释了公允价值盈余波动性的原因,他认为,在不完美市场存在的现实条件下,公允价值计量结果使财务报告向金融市场输入过量的波动性,该波动性增大了公司资产定价中的外部性影响,导致了银行短期行为的发生,对金融市场稳定性带来了不利影响。事实上,从长期来看,无论是采用历史成本基础还是公允价值基础,企业的盈余会趋于一致。因而,在市场价格相对稳定的环境中,历史成本基础和公允价值基础下的盈余并不会产生显著的差异;而在持续稳定增长的市场环境中,公允价值基础下确认持有利得,使历史成本基础下一次性确认的处置利得在其持有期间较为均匀地得以确认,因而企业盈余往往会展现出较小的波动幅度;而在市场环境不稳定的情况下,两种模式下的盈余波动性孰大孰小,则取决于价格波动方向与幅度、购买与处置的时机选择和数量等多种因素。对此,有少数学者基于资本市场的数据进行了检验。

在国外,关于公允价值运用对企业盈余波动性的影响研究主要有两类:一类主要借助于按照会计准则要求披露的金融工具公允价值信息,构造相关的指标或模型,研究公允价值运用对盈余波动的影响;另一类是研究企业行使公允价值选择权对盈余波动性的影响。

第一类研究以巴斯等(Barth et al.,1995)、伯纳德等(Bernard et al.,1995)、霍德等(Hodder et al.,2006)、迪切夫和唐(Dichev and Tang,2008)等为代表,大多发现公允价值的运用加大了盈余的波动性。巴斯等(1995)通过对大约90家美国银行1971~1990年的数据分析发现,公允价值基础的净收益指标比历史成本基础的净收益指标波动性更大,同时公允价值会计模式下银行违反监管资本要求的频率更高。伯纳德等(Bernard et al.,1995)通过对丹麦所有银行1976~1989年的1035个样本数据分析发现,公允价值调整后的盈余波动性是调整前盈余波动性的3~4倍,增加的波动性主要来源于未被套期的长期固定利率债券投资所产生的利得与损失。兰兹曼(Landsman,2006)的研究表明,如果采用完全公允价值会计模式确认金融工具的利得和损失,即将巴斯等关于证券投资的研究成果推及银行其他资产负债,会使监管资本和盈余波动更大。霍德等(2006)基于美国202家商业银行1995~2004年的数据,计算了现行计量模式下净收益、综合收益以及构造的完全公允价值模式下收益指标的标准差，结果显示，完全公允价值收益指标的波动性是综合收益的 3 倍以上，是净收益的 5 倍以上。迪切夫和唐（2008）基于构建的较差收入费用配比与会计盈余特性之间关系的配比模型，并利用美国最大的 1 000 家公司过去 40 年的数据进行检验，呈现出一个清晰且具有实质经济意义的趋势，即收入与费用的同期相关性持续下降、盈余的波动性逐渐增强、盈余的持续性不断下跌以及盈余变化负自相关现象日益凸显，意味着会计配比随着时间推移逐渐恶化，已经对盈余的特性产生显著影响。他们认为，由于公允价值变动的不可预测性以及包含公允价值变动于盈余之中致使识别盈余中持续成分的难度更大，准则制定机构由配比会计转向公允价值会计的既定目标和实际做法很可能会继续深化这种趋势。国际货币基金组织（2008）采用模拟的方法，分析市场繁荣和低迷时央行提高或降低利率等不同的外生冲击对金融体系产生的影响，结果发现在流动性短缺的情况下，金融机构采用公允价值计量方法会使外生的冲击被放大。格威利安和杰克逊（Gwilliam and Jackson，2008）借助于安然公司倒塌前利用公允价值的案例分析发现，将实物资产证券化以适应公允价值会计的要求、独立第三方公允价值估值的不可靠性以及管理层确认公允价值利得与公允价值损失的欲望的非对称性，既增加了报告收益的波动性，又增加了收益与现金流量的差距。

第二类研究中，哈米达（Hamida，2006）、费希特（Fichter，2011）和库什等（Couch et al.，2017）的研究具有代表性。哈米达（2006）基于法国银行的数据，采用同格布哈特等（Gebhardt et al.，2004）类似的方法，捕捉了现代全能银行最重要特征的模拟模型（该模型不允许在呈报银行经营成果时行使自由裁量权），利用所有可能的利率风险管理策略（公允价值套期和现金流量套期），比较分析利率下降背景下欧盟实施国际财务报告准则前后的银行收益表数据，结果表明，由于市场利率的变化，按照国际会计准则第 39 号对风险完全套期银行的收益表不可避免地呈现出波动性，而相同情况下部分套期银行的收益表受到的影响较小，现行会计准则规定的严格套期会计规则无法使银行充分适当地反映其投资银行和商业银行业务，银行资产负债管理活动最佳实践无法在其财务报表中得以充分体现，而采用联合工作组（JWG）提出的完全公允价值可以适当反映银行业务的经济后果。费希特（2011）基于来自41个国家222家银行的国际样本数据，检验公允价值选择权对盈余波动性的影响，与巴斯等（1995）和霍德等（1996）的研究发现（公允价值会计与较高的盈余波动相关）不同，其研究结果表明，基于减少会计错配目的而行使公允价值选择权的银行比其他银行展现出更低的盈余波动性，且来自监管质量较高国家的银行更有可能运用该选择权以减少会计的错配，这意味着银行可以借助于会计的灵活性减少人为的盈余波动。库什等（2017）利用556家（其中90家是财务会计准则公告第159号的采纳者）美国金融机构的数据，检验公允价值选择权的行使对盈余波动性的影响，他们用2008年前后各四年的季度经营性收益收入波动增长率衡量盈余波动性的变化，结果发现大部分持有公允价值资产且不承担公允价值负债的采纳者经历了盈余波动性的增加，这与费希特（2011）的研究发现不同，他们将之归因为公允价值选择权的采纳。上述证据表明，公允价值选择权的行使如果以减少会计错配为目的，且运用适当，有助于降低盈余的波动性，与准则制定机构的期望相一致；作为一种公允价值选择权，由于严格的运用条件，套期会计准则的运用可能无助于盈余波动性的降低；放宽套期会计的运用条件，使会计实务恰当反映企业风险管理的策略，则有助于风险管理效果的如实反映，减少盈余的波动性。

在我国，也有一些学者检验了公允价值运用对盈余波动的影响，但绝大多数属于第一类研究，第二类研究极少。黄丽娟和张佳梦（2008）基于我国13家上市银行2006年第一季度～2008年第一季度的数据分析发现，金融工具的未实现利得或损益是银行利润波动的主要来源。刘红霞和吴艳琴（2010）的研究表明，公允价值计量的引入加大了会计收益的波动，同时还指出综合收益的波动幅度显著高于公允价值会计收益和历史成本会计收益的波动幅度。陈学彬和许敏敏（2010）以我国2007～2009年资本市场的大起大落为背景，以存在公允价值变动的A股上市公司为对象，通过统计和面板数据分析发现,公允价值变动损益对上市公司盈利波动具有显著影响。侯晓红和陈华(2012)采用与陈学彬和许敏敏(2010)相同期间的我国上市公司数据,通过描述性统计和案例分析发现,公允价值计量对我国上市公司财务报表的波动性和真实性产生了显著影响。刘斌等(2013)基于2007年第一季度~2011年第三季度的沪深A股上市公司的样本数据分析发现,公允价值变动产生的损益给公司利润带来了很大影响,加剧了公司利润的波动。唐凯桃和杨彦婷(2016)基于2010~2013年我国A股上市公司的样本数据分析发现,公允价值的运用显著提高了企业盈余的波动性;但内部控制能够有效缓解公允价值运用对盈余波动的正向影响,这在内部控制质量高的企业中表现最为明显;与国有企业相比,非国有企业采用公允价值时的盈余波动更大。吕兆德和宿增睿(2016)使用我国沪深两市A股上市公司1998~2014年的数据研究表明,公允价值确实能够导致企业盈余波动程度增加。与之前的发现不同,许新霞等(2010)基于2006年1月~2009年6月在沪深两市上市所有商业银行的样本分析发现,新会计准则实施后的净利润波动略低于历史成本下净收益的波动,但是引入公允价值后全面收益的波动性明显高于前两者。邓永勤和裴丽丽(2016)对2008~2014年我国沪深两市上市商业银行的样本数据分析结果表明,运用公允价值选择权整体上使盈余波动显著增加;仅运用于金融资产与同时运用于金融资产和负债的盈余波动增加没有显著差异;信息披露质量较高的上市商业银行盈余波动显著增加,而信息披露质量较低的上市商业银行盈余波动增加并不显著,信息披露质量低且同时对金融资产和负债运用公允价值选择权的银行表现为最低的盈余波动性。

　　国内的研究证据表明,公允价值的运用增加了企业盈余的波动,除非企业恰当地行使了公允价值选择权。企业盈余波动性的增加同多种因素相关,外部市场状况、公允价值运用的目的及其估值可靠性、会计准则的改变、企业的商业模式等都可能对盈余的波动性产生重要的影响,公允价值只是其中的一个重要因素。正如迪切夫等(2013)就盈余质量问题对169位上市公司首席财务官(CFO)的问卷调查以及对12位首席财务官和两个准则制定机构进行深入调查访谈所得出的结论一样:首席财务官们坚信,总体上高质量的盈余是可持续和可重复的,具体特征包括一致的报告选择、以实际现金流量为支撑以及不存在一次性项目和不可靠的长期估计等;半数左右的盈余质量取决于商业模式、所处行业及宏观经济状况等因素;外部观测者很难发现公司的盈余管理,尤其是当这些盈余被通过微妙的不可观测选择或真实行动管理时,但同行业比较以及盈余同现金流量的不一致可以提供有用的信息;美国财务会计准则委员等准则制定者对配比原则、稳健性会计的忽视以及对公允价值会计的强调,会导致盈余的波动,损害盈余的质量。

**二、公允价值与盈余管理**

尽管盈余管理是会计研究的一个重要领域,但学术界对其并不存在严格的完全统一的界定。一般认为,盈余管理是指企业的管理层为了获得私人利益而对外部的财务呈报过程进行的有目的的干预(Schipper,1989)。具体而言,盈余管理就是企业管理层基于契约动机、资本市场动机和管制动机,为实现自身利益的最大化或以董事会成员为代表的股东利益最大化,在会计准则允许的范围内综合运用会计政策选择、应计项目管理、改变交易时间、交易创造等会计或非会计手段对会计收益进行控制和调整,以影响企业对外呈报的盈余信息。"洗大澡"、收益最小化、收益最大化和收益平滑是盈余管理最常见的模式。从这一意义上看,盈余管理通常会导致企业报告的收益背离其真实收益,对企业对外呈报盈余信息的有用性产生不利的影响,这种情况在相关信息披露不充分时尤其突出。因此,盈余管理程度可作为盈余质量高低的重要衡量标准之一,企业的盈余管理程度越高,盈余质量越低;反之,则盈余质量越高。

公允价值在企业会计准则中的运用会对盈余管理的抑制产生有利或不利的影响。一方面,对企业持有的准备出售的资产按照公允价值计量并将公允价值变动产生的利得或损失计入会计收益,会使企业对外呈报的盈余信息更及时、更准确地反映内外部各种错综复杂因素的综合影响以及在这种环境中管理层对受托经济资源管理的效率和效果,使会计收益更趋近于经济学收益,压缩盈余管理的空间,提升盈余质量进而增强盈余信息的有用性。但另一方面,若将上述项目公允价值变动产生的利得或损失计入所有者权益且允许在资产出售处置或发生减值时重分类转入会计收益,或者按照公允价值基础对持有以备自用的资产进行减值测试确认减值损失,或者给予企业管理层过多的公允价值选择权,或者公允价值的估值缺乏客观可靠的输入,或者缺少充分有效的信息披露要求,或者缺乏强有力的内部治理或外部监管等,都有可能给予企业管理层相应的自由裁量权,为其运用会计政策选择、应计项目管理、改变交易时间、交易创造等会计与非会计手段进行盈余管理提供更多的机会或空间,加剧企业盈余管理的程度,损害盈余的质量。国内外现有的一些研究同时提供了正反两个方面的证据。

国外的许多研究证据表明,公允价值的运用与盈余管理有关甚至加剧了盈余管理的程度。布莱克等(Black et al., 1998)基于对1985~1995年英国公司的数据分析发现,在资产重估损失不能计入净收益的期间,资产出售时间与收益平滑一致,但在1993年财务报告准则第3号发布实施后,样本公司中的上述盈余管理行为消失了。这意味着公允价值运用确实导致了盈余管理,但盈余管理并非源于公允价值计量本身,而是对公允价值变动的会计确认方式。类似地,阿布迪等(Aboody et al., 1999)基于英国公司1983~1995年的样本数据分析表明,当公司面临财务困境等压力的时候,存在着管理层操纵,影响了资产重估值的有用性。迪特里希等(Dietrich et al., 2001)基于英国房地产行业所有公司1988~1996年的数据,发现投资性房地产公允价值的评估值低估了其实际销售价格,管理层存在通过选择会计方法来提高报告利润,通过调节销售实现时间来平滑每期利润、净资产变化以及在举借新债前提高公允价值等行为,这种现象在公允价值估值由公司内部做出时更突出。格布哈特等(2004)的研究结果证明,源于严格的套期会计规则,国际会计准则第39号实施前的原国际会计准则、现行国际会计准则或美国一般公认会计原则环境中,银行的财务报表无法充分展示其风险管理活动最佳实践的成果,而完全套期情况下强制性实施完全公允价值模式能够充分适当地反映银行活动的经济实质和成果(即零经济盈余)。这一研究发现表明,现行会计准则给予管理层的自由裁量权引发了盈余管理。巴利弗等(Barlev et al.,2007)基于允许对资产重估值国家35个公司的数据研究发现,尽管不同的国家或地区影响资产重估决策的具体因素有所不同,但资产重估值决策一般与公司融资需求、资本密集度以及政治成本等相关议题有关,意味着资产重估值的决策具有盈余管理的动机,市场因而也并不认为公司的重估值决策具有信息含量或者是及时的。丹伯特和里斯(Danbolt and Rees,2008)通过对英国房地产和投资性公司的相关数据分析发现,相对于投资性公司样本而言,房地产公司样本公允价值的价值相关性要低得多,且该样本的证据(若不是决定性的)与盈余管理是一致的,且价值相关性和盈余管理的程度与估值的可靠性正相关。拉曼纳和瓦茨(Ramanna and Watts,2012)基于美国公司中有商誉减值市场迹象公司2003~2006年的数据,发现管理层按照财务会计准则公告第142号利用公允价值对商誉进行估值时存在盈余管理甚至是操纵行为,证实了代理理论提出的管理层一般会运用该准则中与私人激励相一致的不可验证的自由裁量权的预测,未能确定管理层是否向外界传递了私人信息。姚等(Yao et al.,2018)基于手工收集的来自22个国家210家银行2009~2013年的871个年度观测值,分析银行选择第三层级公允价值估值输入的解释变量时发现,在公司层面,银行业绩(以总资产报酬率衡量)越好、规模越大、资本充足率管理动机越强、一级资本充足率越低以及审计质量越低(非国际四大客户),采用第三层级输入值的可能性越大;在国家层面,资本市场发展和流动性、法律体系的强弱、财务报告的透明度以及银行监管的强度都同资产公允价值估值中第三层级输入值使用的百分比相关;第三层级"转入"行为同银行业绩、规模、一级资本充足率、市场流动性以及审计师的选择等特征的变化有关;这意味着使用可提供盈余管理机会的可自由裁定的第三层级输入值的动机同公司与国家层面的决定因素相关。

在我国，也有不少研究得出了与国外研究类似的结论。魏涛等（2007）基于我国上市公司 2003～2005 年的数据分析发现，无论是亏损公司还是盈利公司，都较为普遍地操纵了非经常性损益交易的时点和力度进行盈余管理，其常见动机包括亏损前的"洗大澡"、扭亏动机、利润平滑动机等，其采取的主要手段有处置资产、政府补贴、其他营业外收支、减值准备及其转回。刘志远和白默（2010）以 2007 年交叉持股上市公司为样本，考察在公允价值计量模式下公司如何利用股票投资的会计政策选择管理盈余，实证结果表明，2007 年除股票投资外的盈余增幅越高，公司越倾向将股票投资计入不继续增加当期盈余的会计科目，以实现盈余平滑；而短期偿债能力低的公司，更倾向将其股票投资计入不影响流动比率和损益的会计科目，以避免偿债能力和盈余水平的波动；2006 年业绩亏损的公司，为避免连续亏损更倾向在 2007 年年报中将股票投资计入增加当期盈余的会计科目，以实现扭亏；而处于受管制行业的公司，则规避披露较多盈余。贺等（He et al.，2012）通过对我国实施新会计准则后 2007～2008 年的上市公司数据分析发现，持有交易性证券且其公允价值变动为负的公司更有可能出售可供出售证券以确认利得，公允价值运用诱发的这种盈余管理在具有强烈避免报告损失的公司表现得更为突出；公司具有平滑交易性证券公允价值计量引发的盈余波动的动机，且这种盈余管理缓解了公允价值的预期效益；在会计承担更多缔约功能进而导致强烈盈余管理动机的情况下，公允价值运用产生更具相关性信息的预期效应更有可能被抵消；公允价值运用所导致的会计错配给公司提供了借助于债务重组利得避免报告损失的盈余管理机会；公允价值诱发的这些盈余管理活动在制度环境较差（如法制环境不健全或政府干预经济较多）的地区以及公司治理机制不健全（如经理的政治关联或非"四大"审计人）的公司表现得更为显著。吴腊（2014）以我国 2003～2010 年上市公司财务数据为样本，从操控性应计利润的角度对比新准则实施前后上市公司盈余管理程度，并考察公允价值计量对盈余管理程度的影响，其研究证据表明，新准则实施后上市公司盈余管理程度显著提高；同时，公允价值计量下债务重组、非货币性交易和资产减值很有可能已成为管理者进行盈余管理的新选择。刘行健和刘昭（2014）基于对我国上市公司2009~2012年的4300个观测值的分析发现，上市公司普遍采用公允价值进行盈余管理，且内部控制对公允价值和盈余管理的关系产生影响：存在内部控制缺陷的上市公司只有营业外收入与盈余管理具有显著正相关关系，而不存在缺陷的上市公司则表现为投资收益和资产减值损失与盈余管理具有显著正相关关系。谭洪涛等（2014）通过对我国A股上市银行2007~2012年数据分析发现，当银行面临核心资本充足率监管压力时，管理层倾向于持有交易性金融资产进行资本管理；当银行预计当期资本充足率较低时，管理层倾向于持有交易性金融资产。李文耀和许新霞（2015）通过2007~2013年沪深2593家上市公司的年度数据分析发现，盈余管理动机不仅与公允价值变动损益显著相关，而且与计入所有者权益的公允价值变动显著相关；在盈余管理动机实现中，计入损益的公允价值变动与其他盈余管理手段被配合使用，公司盈余管理手段呈现组合使用的态势。顾署生和周冬华（2016）基于我国沪深两市2002~2013年的17 237个公司年度样本数据，研究不同类型资产减值信息应计可靠性的差异及其原因，发现资产减值的计提和转回过程中存在较多的盈余管理行为，资产减值应计的可靠性低于非资产减值应计的可靠性，现行会计准则禁止转回已计提的资产减值准备提高了资产减值应计的可靠性。与刘行健和刘昭（2014）的发现类似，时祎和陈少晖（2017）基于2011~2014年沪深两市非金融保险类A股上市公司的4296个观测值的分析发现，企业运用公允价值进行盈余管理的行为具有普遍性，存在和不存在内部控制缺陷的上市公司运用公允价值进行盈余管理的手段与方式具有差异性。黄霖华等（2017）通过对我国2007~2013年A股上市公司的数据研究发现，投资性房地产项目以公允价值进行计量扩大了管理层的盈余管理空间，真实的公允价值成为管理层的私有信息，他们由此指出，公允价值计量改革需要更为及时有效的公允价值输入值来源，以便制约盈余管理空间。蔡利等（2018）基于2007~2016年我国A股上市公司的数据分析发现，采用公允价值计量的公司更倾向运用真实盈余管理，且真实盈余管理随着公允价值运用程度的加深和范围的扩大而增大。李超颖等（2018）基于我国某上市公司2007～2016年数据的案例研究发现，业绩压力、制度环境与融资需求加大管理层盈余管理的动机，管理层通过可供出售的金融资产处置逐步释放"隐藏"的利润，弥补业绩下滑导致的利润损失，盈余管理达到了缓解公司融资需求、保护管理层薪酬水平的目的。类似地，张侠（2019）基于雅戈尔公司的案例分析发现了其借助于将金融资产均划分为可供出售金融资产进行盈余管理的证据，指出公允价值计量模式给企业提供了操纵的空间，但公允价值并不是导致企业进行盈余管理的直接原因，主观性较强、可操作性较差才是导致盈余管理的诱因。谢会丽等（2019）通过对我国A股上市公司2013～2017年的样本数据分析也发现了不同类型的公允价值计量被用于不同的盈余管理目的的证据：交易性金融资产、交易性金融负债、衍生金融工具和投资性房地产的公允价值计量被用于正向盈余管理；公允价值在债务重组、非货币性资产交换、股权增加与处置中的运用也被用于正向的盈余管理，抑制了负向盈余管理；可供出售金融资产的公允价值计量和公允价值在资产减值损失计量中的运用被用于负向盈余管理以囤积利润；后两种公允价值运用中正、负向盈余管理程度在高管变更企业更强。

尽管不少研究证据证明了公允价值与盈余管理有关，或者加剧了盈余管理，但这些盈余管理行为主要与公允价值的运用对象、运用方式、相关会计确认、估值可靠性及运用环境等因素相关。若运用环境良好、估值可靠、运用恰当，公允价值很可能会抑制企业的盈余管理行为。不少研究为此提供了相关的证据支持。布莱克等（1998）对1985～1995年英国、澳大利亚和新西兰公司样本数据的分析，没有发现澳大利亚和新西兰公司通过安排资产出售时间进行盈余平滑的行为，英国1993年财务报告准则第3号发布实施后，英国样本公司中先前发现的选择资产出售时间进行收益平滑的盈余管理行为也消失了，提供了要求将资产重估损失计入净收益可以减少收益平滑行为的证据，表明公允价值计量可以减少公司选择资产出售时间的盈余管理行为，有助于提高报告盈余的质量。阿布迪等（1999）基于英国公司1983~1995年数据的检验发现，盈余管理主要存在于权益乘数较高的公司。格布哈特等（2004）基于利率上升和下降时期历史数据的模拟结果表明，盈余管理与公允价值运用中管理层的自由裁量权有关，减少自由裁量权可以抑制盈余管理。王跃堂等（2005）对我国沪深股市的A股上市公司执行新四项减值后2001~2002年的数据分析发现，我国上市公司在长期资产减值政策实施当年，大多数公司确认了长期资产减值损失，减值总额真实反映了其未来收益能力的下降，追溯调整后计入当年损益的减值数额真实反映其未来收益能力的变化，为公司夯实长期资产，如实反映公司资产未来的收益能力提供了政策途径，并没有沦为盈余管理的手段。类似地，刘英男和王丽萍（2008）以深市A股475家上市公司2005~2007年三年的半年报作为样本，应用截面修正琼斯模型对新准则实施前后年度的可操控性应计利润进行对比，结果表明，新准则对上市公司盈余管理行为起到了有效的抑制作用。丹伯特和里斯（2008）通过对英国房地产和投资性公司的相关数据分析得出结论，当其估值明确可靠的情况下，公允价值在很大程度上是公正无偏的，也具有很强的相关性。谭洪涛和蔡春（2009）借助于我国上市公司2006~2007年的样本数据分析发现，新企业会计准则对我国上市公司的收益平滑限制显著，而特殊目的盈余管理在实施前后没有显著差别。这与公允价值运用很可能会导致盈余波动增加的预期相一致。王建刚和刘庆艳（2009）利用修正的琼斯模型，对我国部分上市公司2005~2007年的相关财务指标进行了分析，得出了新会计准则与旧会计准则对于上市公司盈余管理程度的影响并无明显不同的基本结论。彭珏和胡斌（2015）基于我国非金融上市公司2008~2013年的数据分析发现，公允价值运用与盈余管理程度之间没有显著的关系。潘孝珍和潘婉均（2018）通过我国沪深A股非金融类上市公司2011~2016年的数据分析发现，公司主要通过资产减值损失、投资收益和营业外收入进行盈余管理；但在《企业会计准则第39号——公允价值计量》实施后，盈余管理程度有所下降，且盈余管理路径偏好也发生了变化，管理层更倾向于利用投资收益进行盈余管理。

基于上述文献的梳理不难看出，公允价值的运用确实会引发甚至加剧盈余管理。这种现象同公允价值运用对象的选择、公允价值变动损益的确认、公允价值估值的可靠性以及企业运用公允价值的内外部环境因素有关。公允价值之所以会成为盈余管理的工具，是因为盈余管理动机的存在、相关会计准则规定的不恰当、职业道德的缺失、相关要素市场的不完备不充分以及资本市场监管的失灵等。公允价值与盈余管理之间不存在因果关系。相反，若运用对象选择适当，估值客观可靠，会计确认合理，公允价值反而有助于限制企业管理层的盈余管理行为。

### 三、公允价值与分析师盈余预测

分析师兼具财务报告信息使用者和提供者的双重角色，其主要职能是向市场参与者提供企业未来盈余的预测信息或者能够合理反映有价证券内在价值的价格信息。由于企业的未来盈余既是现有投资者和债权人关注的信息，又是潜在的投资者和债权人关注的信息，因而盈余预测是分析师预测的一个重点领域。尽管分析师盈余预测的准确度和可靠性受公司规模、预测期长短、盈余的变异性或波动性、会计信息质量以及分析师盈余预测模型和预测行为动机等诸多因素的影响，但由于分析师的职业特征和专业特长，分析师盈余预测通常被认为具有较高的参考价值，企业实际盈余与盈余预测之间的差异大小因而也成为评价分析师预测准确性的一个重要评价标准。在分析师盈余预测动机端正、模型选择适当、预测期和公司规模稳定等前提下，盈余预测的准确性主要取决于盈余的变异性或波动性及相关会计信息的质量。因而，分析师盈余预测的准确性可用于评价企业的盈余质量。在其他条件不变的情况下，分析师盈余预测越准确，盈余质量越高；反之，则盈余质量越低。

公允价值在企业会计准则中的运用使会计收益的确认由传统的收入费用观转向了资产负债观，冲破了长期以来固守的收入实现原则和费用配比原则，颠覆了企业收益仅来源于已发生销售商品或提供服务交易的传统观念，相关资产、负债项目公允价值变动产生的未实现利得和损失以及以公允价值为基础计量的资产现时价值低于其原账面价值的差额所形成的资产价值潜在损失被要求确认计入当期损益，原来基于实际现金流入或流出计量的收入和费用也可能被非现金资产、权益工具或债务工具等非现金对价的公允价值所取代，不仅改变了会计收益的构成内容，而且改变了会计收益的计量基础。这些变化包含了更具广泛性和更具完整性的经济冲击，增加了盈余的变异性，而且还可能导致盈余波动性的增加。一方面，公允价值运用可能滋生新的盈余管理机会和空间，进而对分析师的盈余预测产生不利的影响，可能会降低盈余预测的准确性。但另一方面，公允价值有助于更准确和更完全地报告经济冲击，因而公允价值收益可能代表了更好的信息。换句话说，公允价值收益又可能比交易基础的收益包含更多的信息，它的稳定性或许是令人迷惑的。再者，企业管理层也可能基于收益平滑的目的或迎合分析师预测的目的运用公允价值进行盈余管理，公允价值的正确运用可以消除已确认资产的秘密储备，减少甚至消除利得交易，其运用也很可能降低盈余波动性或抑制盈余管理，进而有助于分析师的盈余预测。更为重要的是，公允价值与强调未来经济利益流入和流出的资产、负债定义相协调，综合了目前对未来现金流量与风险的预期，提供了企业资产、负债项目在报告日的市场价值的无偏估计，公允价值盈余实际上还可以分解为可用于评估公司价值的成分以及提供有关各类对价值冲击的信息成分（Barth and Landsman，2018）。从上述两个层面来看，公允价值的运用不仅不会损害盈余预测的准确性，反而有助于分析师的盈余预测，提升盈余预测的准确性。因而，公允价值运用对分析师盈余预测准确性的影响很可能是正反两个方面并存的。

国外的不少直接或间接经验证据表明，公允价值的运用通常情况下可以提升盈余预测的准确性，但当企业面临财务困境或企业管理层具有较强其他盈余管理动机且公允价值估值验证较为困难的情况下，盈余预测的准确性较低。阿布迪等（1999）研究发现，向上的重估值与用经营净收益和来自经营活动的现金净流量计量的未来业绩的变动存在显著的正相关关系，但对于权益乘数较高的公司而言，重估值与未来业绩和股价之间的相关关系比较弱。与阿布迪等（1999）的发现不同，巴利弗等（2007）发现，重估值决策与未来经营收益仅有很微弱的关联性，未来现金流量同重估值金额的大小没有关联性，意味着市场并不认为公司的重估值决策具有信息含量或者是及时的。迪切夫和唐（2008）的研究发现，过去40年间收入与费用的同期相关性持续下降，盈余的波动性逐渐增强，盈余的持续性不断下跌以及盈余变化负自相关现象日益凸显。他们将这种具有经济实质的清晰趋势归结为公允价值变动的不可预测性以及包含公允价值变动于盈余之中致使识别盈余中持续成分的难度更大。他们由此得出结论：准则制定机构由配比会计转向公允价值会计的既定目标和实际做法很可能会继续深化这种趋势。贝佐尔德（Bezold，2009）也认为，公允价值对于预测未来盈余没有任何作用。但埃文斯等（Evans et al.，2014）基于美国商业银行1994~2008年的样本数据发现，企业持有的带息有价证券公允价值与其摊余成本之间的累计调整与未来利息收入、已实现的持有投资总收益以及与投资相关的现金流量正相关，公允价值对未来收益的预测能力与报告公允价值的计量准确性正相关。他们据此认为，尽管公允价值变动的持续性较弱，但公允价值依然具有预测能力，公允价值指标中内含的前瞻性信息使资产负债表数据能够预测未来的财务业绩。梁和里德尔（Liang and Riedl，2014）基于英国和美国的以不动产为主要经营性资产的投资性房地产上市公司2002~2010年的数据分析发现，相对于采用历史成本报告模式的美国公司，采用公允价值报告模式的英国公司的资产负债表基础的净资产价值预测更准确，与公允价值报告模式能够揭示融入分析师资产负债表预测的管理层私有信息的解释相一致；但在经济衰退时期，由于公允价值报告模式与历史成本报告模式的结果更有可能趋同，两种模式对分析师预测准确性影响的差异较小；相对而言，英国公司基于包含未实现利得与损失的收益表的每股收益预测准确性更低，这与公允价值报告模式的净收益因包含公允价值变动产生的未实现利得与损失这类非序列相关的元素会增加净收益预测难度的解释相一致；相对于美国公司，英国公司净资产价值预测的信息含量更高，但伴随着经济危机的到来，两者的差异在缩小；尽管基于国际财务报告准则的公允价值报告模式的每股收益预测误差更大，但英国公司的每股收益预测的信息含量依然高于美国公司；公允价值报告模式下净资产价值与每股收益预测的信息含量分析也进一步证实了公允价值估值内含了管理层私有信息的解释。玛格纳恩等（Magnan et al.，2015）通过使用分析师预测准确度和预测分散度作为代理变量对1996~2009年5 963个银行季度可观测数据分析发现，财务会计准则公告第157号要求的公允价值层级信息披露有助于分析师作出更准确的盈余预测；相对于较高的第一层级公允价值比例，由于第二层级公允价值的主观性使其估值融合了管理层的私人信息，较高的第二层级公允价值比例可以提高分析师盈余预测的准确度；由于估值的可靠性较低，较高的第三层级公允价值比例导致了分析师预测分散度的提高，但对于有相当大比例公允价值资产的银行而言只具有中性效应。相似地，艾尔斯等（Ayres et al.，2017）基于美国所有类型公司2007~2013年的13 990个公司年度观测值分析表明，公司采用公允价值计量的资产和负债所占比例越高，分析师的盈余预测越准确，分析师盈余预测的准确性同第一和第二层级公允价值计量正相关，但与第三层级及公允价值计量之间的这种相关关系不存在，且这种关系在非金融行业公司中表现尤其突出，表明计量对象的商业目的、会计处理等公允价值计量的质量特征也会对分析师盈余预测的准确性产生影响。与玛格纳恩等（2015）和艾尔斯等（2017）的发现不同，劳伦斯等（Lawrence et al.，2016）基于710家美国封闭式投资基金2008~2013年的样本数据，检验总资产中拥有重大比重第三层级公允价值计量资产的公允价值信息的有用性，结果表明，有价证券的第三层级公允价值在预测投资者未来现金流量及其股票回报方面比第一和第二层级公允价值更具信息含量。类似地，巴伦等（Barron et al.，2016）借助于对持有大量第三层级公允价值资产的金融和非金融公司2005~2010年的3 085个季度数据分析发现，财务会计准则公告第157号的采用与更少的分析师盈余预测错误及预测中更低水平的不确定性有关，这些资产的公允价值同公司未来业绩正相关，但并未发现该准则的采纳与预测分散度存在统计上的显著关系，意味着第三层级的公允价值信息的披露能够降低分析师信息环境的不确定性。博斯特威克等（Bostwick et al.，2016）借助于美国公司的样本数据分析发现，尽管商誉减值测试可能会受管理层自由裁量权的影响，但基于未来现金流量估计的商誉减值损失在2001~2009年的整个研究期间及该期间内的每一年，都显著地改善了一年现金流量的测算和预测，而且当采用单独和聚合方式加入重组、资产减值、并购成本等其他非经常性项目或者加入市值变动等市场相关的信息于检验模型中时，商誉减值损失保留了其重要性和解释能力，更为有趣的是该研究还揭示了非流动性应计项目对报告现金流量的预测能力。霍伊塔什等（Hoitash et al.，2017）基于美国公司2011~2014年的6 232个公司年度数据分析发现，公允价值、衍生工具与养老金等方面会计报告的复杂性妨碍了分析师的跟踪，分析师的盈余预测准确度随着分析师的会计专长而增加。何等（He et al.，2018）基于澳大利亚农业综合企业首次采用公允价值会计的所有上市公司的数据分析发现，无论是采用市场定价还是管理层的估计值，生物资产的公允价值都不能为预测未来经营现金流量提供增量的预测能力。与上述研究不同，乔吉欧（Georgiou，2018）运用访谈取得的证据讨论分析师如何评估公允价值对其工作的有用性，相关证据表明，分析师期望会计能为其提供洞悉公司经营业绩的信息，但并非如准则制定者期望那样评估公允价值，他们关注有助于他们评估公司生意做得如何的会计数据，而非提供个别资产和负债市场估值的数据，因此，无法判断公允价值对于资本市场的价值。

相对于国外，我国有关公允价值运用对分析师盈余预测准确性的研究很少，得出的研究结论也不一致。刘斌等（2013）、曲晓辉等（2016）、杨松令等（2018）的研究证据表明，公允价值在我国的运用影响了盈余预测能力和分析师预测的准确性。刘斌等（2013）通过对2007年第一季度至2011年第三季度的沪深A股企业的季度数据分析发现，剔除公允价值变动损益后，样本的盈余预测能力强于原样本的盈余预测能力，且公允价值变动损益占净利润比重越大，样本的盈余预测能力越弱。曲晓辉等（2016）通过对2007~2013年的沪深两市A股上市公司的年度数据分析发现，计提商誉减值损失的行为降低了分析师盈余预测的准确度，提高了分析师盈余预测的分歧度，这种不利影响仅存在于出现负向盈余管理行为的公司中，但高质量的外部审计可以显著降低商誉减值对分析师盈余预测的不利影响。杨松令等（2018）基于2012~2016年沪深两市非金融行业A股上市公司的数据证明，公允价值运用提高了分析师盈余预测偏差与分歧度，但其影响程度受内部控制的制约，较高的内部控制质量显著增强了分析师盈余预测的准确性，且这种现象仅存在于正向盈余管理的公司中。与上述研究不同，也有学者得出了公允价值运用增强了盈余预测准确性的结论。曲晓辉和张瑞丽（2015）借助于2007~2013年A股上市公司的数据分析发现，交易性金融工具公允价值对未来收益具有增量的预测能力。李端生等（2017）基于2014~2015年A股上市公司数据分析发现，公允价值分层计量信息第一层次披露越充分，分析师盈余预测的准确程度越高，并能有效抑制分析师盈余预测的乐观倾向；有效的内部公司治理能够增强公允价值第一层次计量信息与分析师盈余预测的相关性，而作为外部公司治理重要因素之一的市场化程度越高，两者之间的相关性则越低。类似地，陈丽和倪程成（2019）基于2009~2016年沪深A股上市公司的数据发现，公允价值分层信息的披露能提高分析师预测的准确度并降低预测分歧度。

上述研究证据尽管存在诸多方面的差异，但也不难看出，公允价值运用对分析师盈余预测准确性的影响呈现出一定的规律。第一，随着企业面临的经营环境日益复杂，市场竞争的日趋激烈，复杂交易事项的不断涌现，以及公允价值运用范围的逐步扩大，分析师盈余预测的准确性呈现出逐渐下降的趋势。第二，分析师盈余预测的准确性同公允价值运用对象的选择、估值的可靠性、相关信息的披露、运用的内外部环境等密切相关。一般而言，在外部监管环境良好有序、内部治理与控制强有力且外部市场完备充分有效的环境中，将公允价值运用于企业持有以备出售资产的计量，辅之以充分的信息披露，有助于提升分析师预测的准确性。但是，在外部市场环境动荡不定、企业面临较大的财务困境、外部监管存在缺失或不力、公司治理与内部控制不健全、管理层存在较强的盈余管理动机或公允价值估值可靠性难以得到合理保证等情况下，即使公允价值的运用对象合理适当，不仅无助于分析师盈余预测准确性的提升，反而会损害分析师盈余预测的准确性。

## 第二节 公允价值与会计信息的价值相关性

公允价值会计信息是否具有价值相关性的实证研究，重点检验财务报表中的公允价值估计值同股票价格、市净率、股票投资回报等股票市场基础的价值指标是否存在统计上的关联关系。从本质上看，这些研究在于综合判断包含公允价值信息的财务报表是否捕获了对其使用者相关的信息或经济现象，以及这些公允价值会计信息的相关性和可靠性，也就是说公允价值是否以及在何种程度上如实揭示决定公司未来现金流量前景的相关经济状况。这些研究同有关公允价值和历史成本孰优孰劣的争论是分不开的，其研究结论也并不完全一致。在国外，由于相关会计准则在美国的实施较早，这些研究最初主要以美国公司为样本展开。2005年欧盟正式认可采纳国际财务报告准则以后，围绕美国以外国家或地区公司样本的研究逐步增多。1991年底以前，公允价值信息有用性的研究主要集中于非金融资产，相关的研究不多，得出的结论也存在较大的差异。1992年以后，由于美国财务会计准则公告第105号、第107号、第115号、第119号、第133号等系列涉及金融工具公允价值披露、确认等会计准则以及专门规范公允价值估值及信息披露的第157号准则的发布和实施，以及2005年以后国际财务报告准则被欧盟各国及其他国家和地区的认可与采纳，公允价值信息价值相关性的研究呈现出以金融工具为中心、以非金融资产为补充、由美国推向全世界的格局，其内容也由附注披露和表内确认公允价值信息的价值相关性扩展至不同层级公允价值信息的价值相关性，研究发现也并非完全一致。

## 一、公允价值表外披露的价值相关性

(一) 非金融工具公允价值表外披露的价值相关性

有关非金融工具公允价值信息价值相关性的研究始于财务会计准则公告第19号和第33号的发布与实施。美国财务会计准则委员会1977年发布的第19号准则要求石油与天然气行业的公司披露其原油储备方面的某些数据，其中包括其市场价值的估计，1979年发布的第33号准则要求所有具有一定规模的公司披露多种类型资产（主要是存货和固定资产）的现行成本的估计值。由于市场价值和现行成本与公允价值一样，均属于对资产项目现行价值的估计，因而可将相关的研究视同公允价值的研究。针对第19准则的应用，玛格里奥罗（Magliolo, 1986）以及哈里斯和奥尔森（Harris and Ohlson, 1987）借助于统计模型检验发现，基于成本而非公允价值的石油与天然气资产的账面价值对于解释这些公司权益市场价值具有相关性，其解释能力甚至比附注中披露的不同项目现行价值估计值（标准化的现值）更强。针对根据第33号准则的信息披露，比弗等（Beaver et al., 1982）、比弗和兰兹曼（Beaver and Landsman, 1983）、比弗和瑞安（Beaver and Ryan, 1985）、伯纳德和诺兰德（Bernard and Ruland, 1987）的研究均表明，相对于历史成本模式下的账面价值，公允价值的信息披露并没有对公司股价提供额外的或增量的解释能力。而巴布利兹等（Bublitz et al., 1985）、默多克（Murdoch, 1986）、霍和勒斯特加藤（Haw and Lustgarten, 1988）等提供的证据表明，相对于历史成本，公允价值具有增量的解释能力，并将以前无相关性的结果归咎于模型的错误设定，包括相关变量的忽略和计量误差。科特和齐默尔（Cotter and Zimmer, 2003）基于澳大利亚对财产（property）进行重估价公司的数据分析发现，披露的重估价金额的价值相关性低于报表中确认的金额的价值相关性，但当控制了重估价不动产的性质（即土地与其他不动产）后，对于披露的重估值金额的估价折扣就消失了，这表明披露的重估值金额较低的可靠性，投资者考虑了确认与披露金额可靠性的差异。阿布迪等（2004）基于1996~1998年标准普尔500指数成分股公司以及标准普尔中市值和小市值成分股公司中拥有大量股份基础补偿计划的公司数据，在控制净收益、权益账面价值、预期盈余增长以及借助于工具变量法控制了股票价格和期权价值之间的机械关系的基础上，检验股票价格与按照财务会计准则公告第123号披露的股份基础补偿费用之间的关系发现，投资者将公司披露的补偿费用视为公司的一项费用，且足够可靠，可用于他们的价值评估之中，基于年度回报的研究发现也意味着披露的补偿费用及时反映了与股票基础补偿相关的投资者感知成本的变化。洛伦索和卡尔托（Lourenco and Curto, 2008）对英国、法国、德国和瑞典欧洲四国投资性房地产的后续计量模式进行的研究不仅证明了公允价值计量的价值相关性，还发现市场能有效区分针对投资性房地产分别采用历史成本模式、公允价值模式和仅在报表附注中披露公允价值信息三种不同处理方式的差异：与在表内对投资性房地产进行公允价值确认和计量相比，仅在报表附注中披露公允价值的价值相关性较低，可能是因为公允价值的可靠性及取得成本不同。穆勒等（Müller et al., 2015）基于245家采纳国际财务报告准则的欧洲房地产上市公司2003~2012年的1 423个公司年度观测值发现，相对于确认的投资性房地产公允价值金额，披露的金额与股票价格之间的相关性更低，表明投资者对披露金额的定价予以打折，但这种情况伴随着较低的信息处理成本（高度的分析师跟踪）或更高的可靠性（外部估价师的使用）而得以缓解，意味着披露金额的较低可靠性以及投资者较高的信息处理相关成本会影响公允价值的价值相关性。费尔德曼（Feldmann, 2017）通过对欧洲房地产公司2013~2014年数据的分析发现，国际财务报告准则第13号实施后，房地产公司公允价值计量相关信息的披露方式同公司市值之间不存在显著的相关关系。

透过这些研究可以看出，非金融资产公允价值信息披露的价值相关性虽然取得了相关的支持性证据，但并不充分。其主要原因可归结为如下四个方面：第一，非金融资产的持有目的主要是使用而非对外出售，这可能导致其公允价值对投资者决策的相关性受到限制。第二，非金融资产的公允价值计量可能缺乏可靠性,这种情况对长期经营性资产来讲尤其严重,这类资产的市场报价通常无法观测,其公允价值的估值一般只能依赖于市场报价以外的可观测输入值或不可观测输入值,给予管理层相应的自由裁量权,增加了操纵的风险。第三,非金融资产性质特殊,尤其是财产、厂场和设备以及无形资产之间可能存在协同效应,致使其主体特定价值(在用价值)可能显著不同于其公允价值,单个经营性资产公允价值之和也不一定能够很好地反映它们所支撑的经营业务的整体价值。第四,相对于确认,仅在附注中披露的公允价值信息可靠性较低。因此,对持有以备出售的非金融资产采用公允价值计量并保证其估值的可靠性,是公允价值具有价值相关性的基本前提。

(二) 金融工具公允价值表外披露的价值相关性

1992年以后,由于美国财务会计准则公告第105号、第107号、第115号、第119号、第133号等系列涉及金融工具公允价值披露的会计准则发布和实施,公允价值价值相关性的相关研究开始转向金融工具。由于美国有关金融工具公允价值披露的准则实施较早较多,因而有关公允价值信息披露的价值相关性的研究主要集中于美国,其样本数据大多集中在20世纪70~90年代中期。

与非金融工具公允价值信息披露的价值相关性不同,对于金融工具公允价值表外披露的价值相关性,绝大多数研究发现了相同或类似的证据。巴斯(1994)基于大约90家美国银行1971~1990年的数据,在控制了投资性证券的账面价值后,发现投资性证券的公允价值与银行股票价格具有增量相关性;而当检验年度回报时,发现相对于净收益的其他组成部分,未确认的利得和损失在是否具有增量的解释能力上提供了混合的结果,她将这一模糊结论的原因归结为利得和损失相对于其市场价值的真实变动而言包含了太多的计量差错。彼得罗尼和惠伦(Petroni and Wahlen, 1995)利用56家美国上市财产责任保险公司1985~1991年的数据检验发现,在活跃市场上进行交易的证券投资的公允价值与该公司的股票价格具有显著相关性,而在相对不活跃市场上进行交易的其他类型证券投资的公允价值变动则不能解释股票价格,意味着不同类型有价证券公允价值估值的可靠性影响了相关披露信息的价值相关性。埃克尔等(Eccher et al.,1996)和内尔松(Nelson,1996)利用类似的方法,借助于实施财务会计准则公告第107号披露的1992~1993年的数据,检验投资性证券、贷款、储蓄存款和长期债务等主要类别银行资产和负债公允价值的增量价值相关性,研究证据表明,在解释银行的股票价格方面,投资性证券的公允价值比账面价值具有增量的信息含量,但贷款、存款、长期债券和表外金融工具的公允价值是否具有价值相关性的证据不充分。使用控制了潜在缺失变量影响的更为严密的研究设计后,巴斯等(1996)发现,在解释银行的股票价格方面,贷款的公允价值比账面价值也具有增量的信息含量,其公允价值也反映了这些贷款的违约及利率风险,这表明投资者似乎对财务状况较差银行作出的贷款公允价值估计打了折扣,意味着投资者看穿了财务状况较差银行的管理者为使其财务报表看起来更健康而在估计贷款公允价值时试图行使其自由裁量权的伎俩。文卡塔查拉姆(Venkatachalam,1996)通过两大类共99家银行控股公司根据财务会计准则公告第119号披露的1993~1994年衍生工具的公允价值数据的分析,发现金融衍生品的公允价值变动与股票市场价值正相关。帕克等(Park et al.,1999)借助于美国银行1993~1995年的455个年度样本数据,检验样本银行依据财务会计准则公告第115号披露的可供出售证券与持有至到期证券的公允价值对银行权益价值的解释能力,发现证券的公允价值与其账面价值的差异对银行的权益价值均具有解释能力,可供出售证券的价值差异还能解释股票的原始收益和超额收益,持有至到期证券的价值差异只能够解释股票的原始收益,可供出售证券的价值差异比持有至到期证券的价值差异具有更强的解释能力,被视同独立变量而非聚合变量的情况下证券价值差异的解释能力增强,可供出售证券的价值差异可解释银行一年的预期收益,但持有至到期证券的价值差异则不具有这种解释能力,表明公允价值披露对投资者是相关的和有用的。西姆科(Simko,1999)通过美国非金融公司1992~1995年的随机样本数据分析发现,在金融工具账面价值与公允价值差异较大且平均出现损失的 1993～1995 年，负债公允价值与权益价值相关，在回报与可观测利率变化共变性较低的行业解释能力较差，意味着在不考虑非金融资产公允价值的情况下，非金融公司金融工具公允价值的披露缺乏增量的价值相关性。卡洛尔等（Caroll et al.，2003）借助于价格模型和收益模型，通过对 1982～1997 年 143 个封闭式共同基金构成的样本检验发现，股票价格与投资性证券的公允价值以及股票回报与投资性证券的公允价值利得与损失之间存在显著的统计相关性，即使在不活跃的交易市场中，即便公允价值无法通过客观的交易价格取得，其对投资性证券公允价值的估计也仍旧比历史成本更有解释力，投资性证券公允价值计量的可靠性问题并非以前研究结论不一致的主要原因，意味着投资者感知的投资性证券公允价值估值可靠性的差异并不影响对其有用性的评价。库拉纳和金姆（Khurana and Kim，2003）通过对 1995～1998 年美国银行持有公司（BHC）按照财务会计准则公告第 107 号和第 115 号要求披露的公允价值信息的检验发现，单纯的公允价值信息与单纯的历史成本信息相比，在总体上不存在可分辨的统计性差异，并得出公允价值在具有可观察市场价格时更相关的结论。比弗和文卡塔查拉姆（2003）基于 1992～1995 年总资产规模在 1.5 亿美元以上的 320 家商业银行的数据，检验贷款公允价值中非自由裁量权部分、自由裁量权部分和剩余（噪音）部分对资本市场定价的影响，结果发现，非自由裁量权部分是以美元对美元的方式进行定价，剩余（噪音）部分不具定价功能，自由裁量权部分的定价系数取决于自由裁量权的行使是否基于机会主义行为，若属于机会主义行为，定价系数显著为负，否则该系数显著为正，意味着商业银行贷款公允价值的三个不同成分具有不同的价值相关性。塞利格等（Siregar et al.，2013）通过分析美国商业银行实施财务会计准则公告第 133 号后的样本数据发现，总衍生金融工具合同信息的披露对投资者具有价值相关性，但对这些信息的看法是负面的，即持有衍生品的损失被认为具有积极效应，而持有利得被认为具有消极效应，这可能源于较高的信息风险。德拉格等（Drago et al.，2013）基于 83 家欧洲银行 2005～2008 年的数据分析发现，银行贷款摊余成本模式与公允价值模式下净资产账面价值和净收益对银行的市场价值均具有显著影响，贷款的公允价值对银行股票价格具有增量的解释能力，意味着投资者考虑了贷款的账面价值和公允价值的差异，并将该差异归因于预期的负值，将总部位于受金融危机影响最严重国家的银行作为危机虚拟变量本身予以控制，控制变量表现得非常重要。陆和曼德（Lu and Mande，2014）针对美国财务会计准则委员会在2010年6月要求上市公司在公允价值层级下进一步披露金融工具分类信息的制度安排，以394家美国银行的数据为样本，研究发现公允价值信息补充披露可以显著提升银行业第二层级公允价值金融资产的价值相关性，但对第一、第三层级金融工具的影响比较小。与之前的大多数研究发现不同，麦金尼斯等（McInnis et al.，2018）基于1332家美国商业银行和储蓄机构1996~2013年的9844个银行年度观察值，使用报表附注中披露的金融工具公允价值，构建了样本公允价值会计模式（即所有金融工具均按公允价值计量且其变动计入当期损益）下的财务报表，采用奥尔森（1995）模型比较公允价值模式下和现行会计准则模式下编制财务报表的价值相关性，相关证据表明，公允价值模式下权益账面价值与净收益的联合价值相关性小于现行会计准则下编制的财务报表；由于公允价值收益包含了暂时性和可持续较差的未实现利得与损失，公允价值模式下净收益的价值相关性小于现行会计准则下净收益的价值相关性，这可能源于投资者对股票价值作出估计时对确认的金额给予更高的权重；基于脱手价值与在用价值之间的差异以及公允价值估值中的计量差错，公允价值模式下权益账面价值的价值相关性也并不比现行会计准则下权益账面价值的价值相关性高，但公允价值模式下权益账面价值的回归系数接近其理论值1，可能意味着公允价值模式下的权益账面价值更能反映真实性；综合而言，相对于现行会计准则的财务报表，公允价值模式下的财务报表为股票估值提供了更少的相关信息，现行会计准则要求的公允价值披露似乎为权益的估值提供了不太有用的信息。

上述研究证据表明，金融工具公允价值信息的披露通常能够向投资者提供有用的信息，但价值相关性的大小与金融工具的类型、企业的持有目的和意图、投资者对公允价值估值可靠性的判断等因素密切相关。一般而言，存在活跃市场的交易性权益证券投资以及衍生金融工具的公允价值价值相关性较强，其价值相关性往往高于持有待售的证券投资、持有至到期证券投资和贷款及应收款项的价值相关性；公允价值模式下的净资产的价值相关性高于包含未实现利得和损失的净收益的价值相关性；金融工具不存在活跃市场且管理层具有强烈的机会主义动机等导致投资者对公允价值产生较大质疑的情况下，披露的公允价值的价值相关性较低；相对于披露，财务报表中确认的公允价值信息具有更高的价值相关性；对于财务报表中确认的公允价值，若能辅之以补充的信息披露，有助于提升其价值相关性；金融负债公允价值对股票价格的解释能力往往较差。因而，对所有金融工具采用均按公允价值计量且其变动计入当期损益完全公允价值模式可能并不是一种理想的方案，而现行金融工具准则所构建的会计模式则是一种较好的选择。麦金尼斯等（2018）基于美国金融机构较长跨度披露的公允价值信息的模拟检验为此提供了有力的证据。

## 二、公允价值表内确认的价值相关性

（一）国外公允价值表内确认的价值相关性

在国外，由于金融工具表外公允价值信息披露的价值相关性研究证据较多且较为一致，对交易目的和可供出售目的金融工具投资以及衍生金融工具按公允价值计量的会计处理在20世纪90年代中后期以来也已基本形成共识，因而有关公允价值表内确认信息的价值相关性的研究并不多，且此类研究的结论同公允价值披露信息价值相关性的研究也基本相同。与之形成鲜明对比的是，更多学者借助于要求或允许对固定资产、无形资产等非金融资产进行价值重估或按公允价值计量的国家或地区资产市场的公开数据，重点检验财产、厂场与设备等固定资产、无形资产与商誉、生物资产、投资性房地产等非金融资产公允价值的价值相关性，研究结论差异较大，相关影响因素也较为复杂。

（1）财产、厂场与设备等固定资产公允价值的价值相关性。伊斯顿等

(Easton et al., 1993) 基于澳大利亚工业公司 1981~1990 年的数据分析发现，财产、厂场和设备等有形长期资产的重估值对盈余及盈余变动具有增量的解释能力，包含重估值准备的账面价值比不包含重估值准备的账面价值与公司的市场价值更接近；但年度重估值金额仅仅与年度股票回报弱相关，意味着资产的重估值可能不及时；重估值准备的增量解释能力较弱，而当样本的债务水平较高、债务水平变动幅度较大、资产重估值余额相对资产账面价值比重较大、重估值准备增加值相对于资产账面价值较大时，重估值准备的余额及其净增加额均具有显著的解释能力。类似地，巴利弗等（2007）基于 35 个允许对资产重估值国家的公司数据分析发现，资产重估值决策一般都具有强烈的动机和目的，市场回报同重估值金额的大小没有关联性，意味着市场并不认为公司的重估值决策具有信息含量或者是及时的。与伊斯顿等（1993）和巴利弗等（2007）的发现不同，巴斯和柯林奇（Barth and Clinch，1998）基于澳大利亚公司 350 家来自金融、非金融和采掘业上市公司 1991~1995 年的数据，利用年度价格回归检验取得证据表明，在三类样本公司中，重估价的财产、厂场和设备总体上与股价显著正相关，但重估价的厂场和设备在采掘业公司具有价值相关性，在非金融公司的价值相关性不显著，在金融行业其重估价同公司股价显著负相关；除非银行金融公司外，重估价的财产与股价在任何行业均不具有显著的相关性；有形资产中厂场和设备等直接与公司经营相关资产重估值的价值相关性显著高于财产等与公司经营缺少直接关系资产重估值的价值相关性；重估价的及时性的缺失并不会削弱这些长期资产重估值的价值相关性；公司管理层估值与独立资产评估师估值在价值相关性上并不存在显著的差异，意味着尽管管理层存在基于自身利益进行财务报表管理的潜在动机，但有关资产公允价值的私人信息的效应很可能大于资产估值时私人利益的影响，他们的私人信息有助于增进价值估计的准确性和可靠性。阿布迪等（1999）采用与伊斯顿等（1993）以及巴斯和柯林奇（1998）相类似的年度股价回归，对英国公司 1983~1995 年的数据分析发现，当年的固定资产重估值与年度股票回报以及当年的重估值余额与年度股票价格存在显著的正相关关系;基于管理层操纵资产估值金额预期影响的考虑,该研究发现,对于权益乘数较高的公司而言,重估值与股价之间的相关关系比较弱,意味着当公司面临财务困境等压力的时候,管理层操纵会影响其作出的资产重估值的有用性。科特和齐默尔(2003)基于澳大利亚对财产进行重估价公司的数据发现,报表中确认的金额具有价值相关性,且高于仅在报表附注中披露的重估价金额的价值相关性。狄克努(Deaconu,2010)利用罗马尼亚资本市场上 41 家公司 2003~2007 年对有形资产进行过价值重估的 65 个样本数据发现,有形资产价值重估具有价值相关性,且公允价值重估具有预测和反馈作用。

(2)无形资产与商誉公允价值计量的价值相关性。巴斯和柯林奇(1998)利用年度价格回归检验来自澳大利亚 350 家金融、非金融和采掘业上市公司 1991~1995 年的数据发现,重新估价的无形资产一直同股价显著正相关,与认为此类估值不可靠的观点相悖。金布罗和徐(Kimbro and Xu,2016)通过 1990~2013 年商誉占总资产比例超过 10% 的美国上市公司的数据,检验财务会计准则公告第 142 号发布前后商誉会计信息对异常回报波动性的影响,结果表明,在对商誉进行摊销的期间,异常回报波动性较高且不规则性较强,而在用商誉减值测试取消摊销的期间,异常回报波动性下降且不规则性较小,表明将商誉作为使用寿命不确定的资产确认提供了有关公司成长选择和未来盈余的具有价值相关性的信息,降低了异常回报波动,消除了异常回报波动的不规则性,创造了对风险更加有效的市场定价环境,也意味着基于模型的商誉估值(某种意义上的公允价值模式)比历史成本模式向投资者提供了更为有用的信息。

(3)投资性房地产公允价值计量的价值相关性。2000 年国际会计准则第 40 号《投资性房地产》发布,并自 2005 年 1 月 1 日起开始实施。该准则允许企业对持有的投资性房地产选择成本模式或公允价值模式进行后续计量。该准则的发布实施引发了人们对投资性房地产公允价值计量有用性的研究。丹伯特和里斯(2008)通过对英国房地产和投资性公司的相关数据分析发现,公允价值收益比历史成本收益更具价值相关性,但随着公允价值会计模式下资产负债表价值变化的呈报，净收益指标在很大程度上变得无关紧要，意味着在公允价值会计模式下如果报表使用者捕获了资产负债表的价值，收益指标的列报就不存在什么优势；他们还发现，相对于投资性公司样本而言，房地产公司样本公允价值会计的价值相关性要低得多，且该样本的证据（若不是决定性的）与盈余管理是一致的；他们由此得出结论，当其估值明确可靠的情况下，公允价值在很大程度上是公正无偏的，也具有很强的相关性，否则，公允价值的价值相关性就会比较低，会计也因此会出现偏误。类似地，洛伦索和卡尔托（2008）通过对英国、法国、德国和瑞典欧洲四国投资性房地产的后续计量模式的研究，证明了公允价值计量的价值相关性，且相对于成本模式具有增量的价值相关性。索和史密斯（So and Smith, 2009）基于香港房地产公司强制实施国际财务报告准则前后（2004~2006年）的数据分析，利用盈余公告日前后3天短窗口与12个月长窗口的数据，检验将投资性房地产公允价值变动确认计入重估价准备或者确认计入当期损益的市场反应及其与股票回报之间的关系是否存在差异，结果表明，相对于将公允价值变动计入重估价准备，将公允价值变动计入损益的市场反应更强烈，公允价值变动与股票回报的统计相关性更强。穆勒等（2015）通过对245家采纳国际财务报告准则的欧洲房地产上市公司2003~2012年的1423个公司年度观测值的检验，也证实了投资性房地产公允价值信息的价值相关性。

（4）生物资产公允价值计量的价值相关性。2001年国际会计准则第41号《农业》发布，并自2003年1月1日起开始实施。该准则要求，除非公允价值无法可靠计量，企业应该在初始确认和之后的各个资产负债表日对持有的生物资产按其公允价值减去估计销售时的费用计量。现有研究提供了生物资产公允价值信息价值相关性的相关证据。贡萨尔维斯和洛佩斯（Goncalves and Lopes, 2015）通过27个国家132家公司2011~2013年的389个年度观测值的检验发现，生物资产的公允价值具有价值相关性，且公允价值计量的披露水平越高，其价值相关性越强；国际财务报告准则第13号实施第一年即2013年的披露指数平均分比前两年略高；生产性生物资产和消耗性生物资产的子样本分析显示，对生产性生物资产而言，在信息披露水平较高的情况下，公允价值具有价值相关性，对消耗性生物资产而言，这种情况并不存在。霍夫曼（Huffman，2018）基于采纳国际会计准则第41号的31个国家的115家公司数据，采用差分方法检验资产用途对公允价值计量价值相关性的影响，结果发现，当公司以公允价值计量用于交易的生物资产时，盈余信息的相关性显著增强；当公司以公允价值计量在用的生物资产时，账面价值与盈余信息的相关性显著降低；相对于交易目的生物资产，投资者低估了在用生物资产的公允价值及其未实现利得和损失。上述证据表明，生物资产公允价值信息的价值相关性大小不仅同生物资产的用途相关，而且还与相关信息的披露水平高低有关。相对而言，消耗性（持有以供销售）生物资产的公允价值更具价值相关性，公允价值信息披露水平较高时的价值相关性更高。

（5）金融工具公允价值计量的价值相关性。金融工具公允价值计量主要包括交易性金融资产或负债、可供出售金融资产、衍生工具等以公允价值计量且其变动计入当期损益或其他综合收益以及股份支付、长期股权投资等以公允价值为基础计量薪酬费用和资产减值损失等情形。相关研究证据较为一致。贝尔等（Bell et al.，2002）基于85家具有盈利的计算机软件公司的样本数据，使用奥尔森（Ohlson，1995、1999）以及费尔塞姆和奥尔森（Feltham and Ohlson，1999）的估价模型，检验市场对雇员股票期权经济影响的感知能力，发现市场似乎将雇员股票期权成本视同无形资产而非薪酬费用看待，以公允价值计量的雇员股票期权费用对投资者具有价值相关性。卡洛尔等（2003）使用价格模型和收益模型对1982～1997年143个封闭式共同基金构成的样本检验发现，股票价格与投资性证券的公允价值以及股票回报与投资性证券的公允价值利得与损失之间存在显著的统计相关性，即使在不活跃的交易市场中，其对投资性证券公允价值的估计也仍旧比历史成本更有解释力。奥洛里等（Auroi et al.，2012）基于25家法国上市公司2005～2007年的数据，将奥尔森（1995）模型扩展，以反映不同的收益率波动度量以及股票回报的滞后价值和价格波动影响，研究强制实施国际会计准则第39号情况下公允价值会计对证券价值评估的相关性，证实了奥尔森（1995）模型即基本面在解释股票价格方面具有相关性。费希特和诺夫特尼-法克斯（Fiechter and Novotny-Farkas，2017）对采纳国际财务报告准则的46个国家2006~2009年的907个银行年度样本数据分析发现，交易性金融资产、可供出售金融资产以及行使公允价值选择权的金融资产的公允价值均具有价值相关性，其中，交易性金融资产的公允价值的价值相关性最高；交易性金融负债和行使公允价值选择权的负债的公允价值均具有价值相关性；行使公允价值选择权资产的公允价值信息价值相关性普遍较低，而这种差异在以银行为基础的经济体中表现尤为突出，这可能与投资者在以银行为基础的经济环境下对公允价值使用较少和经验缺乏等制度因素有关；在金融危机时期，采用公允价值计量的资产存在很大的折价，意味着公允价值的整体可靠性依然是一个悬而未决的问题。与上述研究不同，哈恩等（Hann et al.，2007）在比较了养老金会计中公允价值和平滑养老金模型（SFAS 87）下财务报表的价值相关性和信贷相关性①后得出结论，在正常时期公允价值确实能够提高资产负债表的信贷相关性，但无法增强其价值相关性；更为甚者，公允价值损害了收益表及其同资产负债表联合的价值相关性和信贷相关性，除非将暂时性的未实现利得和损失从更具持续性的收益成分中剥离出来，这意味着公允价值养老金会计的实施没有信息价值。

（二）我国公允价值表内确认的价值相关性

在我国，有关公允价值价值相关性的研究主要出现在2007年企业会计准则实施之后。许多学者基于我国新企业会计准则实施的背景，利用资本市场上的数据，借鉴回报模型、价格模型或剩余收益定价模型，从所有A

---

① 与价值相关性关注财务报告提供信息对投资者的决策有用性相对应，信贷相关性关注财务报告提供信息对债权人的决策有用性。信贷相关性是指财务报告提供的信息对预测债务人未来现金流量的有用性。由于债务人的偿付由合同约定，影响其预期未来现金流量的唯一因素是违约的可能性，因此信贷相关性一般借助于相关信息解释债务人违约可能性的能力来评价。哈恩等（2007）通过公允价值和平滑模型解释违约可能性的能力验证公允价值养老金会计模型的信贷相关性，用标准普尔长期债务发行者的信用评级作为违约可能性的替代变量。

股上市公司、金融类上市公司、非金融类上市公司、金融资产公允价值计量等不同的视角,检验公允价值信息的价值相关性,取得了较多的公允价值信息具有价值相关性的证据,但其强弱大小又受市场成熟度、外部监管、信息使用者理性程度、公司治理结构、企业资本结构、管理层风险偏好与报告动机、实施成本等多种因素的影响。尽管如此,仍有少量研究证据表明,公允价值在我国的实施不具有增量的价值相关性,甚至是损害了会计信息的价值相关性。

(1)新企业会计准则实施对会计信息价值相关性的影响。2006年我国发布了《企业会计准则——基本准则》和38项具体会计准则,规定自2007年1月1日起在上市公司实施。这些准则实现了同国际财务报告准则的实质性趋同,它们同旧会计准则的主要差异就是大量地运用了公允价值计量属性。因此,新旧会计准则体系下会计信息价值相关性的差异与公允价值的运用密切相关。很多国内学者基于这种思路检验了公允价值会计信息的价值相关性,其研究证据虽非完全相同,但总体上证明了公允价值信息的决策有用性。朱凯等(2008)采用奥尔森(1995)的剩余收益模型分析我国上市公司按照新旧准则编制的两份年报数据发现,与历史成本相比,公允价值在股票定价中的增量作用并不显著,但信息环境的影响显著,即公司与投资者之间的信息不对称程度越高,公允价值对股票定价的增量作用越显著。谭洪涛和蔡春(2009)通过比较2006年和2007年的会计信息质量发现,新准则实施后我国上市公司资产负债表信息的价值相关性有了显著提高,且价值相关性略高于世界平均水平,改善程度明显高于世界平均水平,但"好消息"和"坏消息"股票回报对盈余解释力的改善程度则低于世界平均水平。王建新(2010)也发现,在新会计准则实施后的期间(2008年金融危机除外),资产负债表和利润表信息的价值相关性有了提高,其中利润表信息的价值相关性提高程度要好于资产负债表信息价值相关性。他认为,由于公允价值信息是新会计准则所产生的主要增量信息,因而公允价值信息具有价值相关性,但其价值相关性容易受到资本市场环境的影响。类似地,刘永泽和孙嵩(2011)对我国金融业和非金融业两大类上市公司2007~2009年的公允价值信息价值相关性的验证结论也表明，公允价值信息具有一定的价值相关性，新会计准则对公允价值的引入在一定程度上提升了财务报告信息的信息含量，公允价值信息的价值相关性未明显受到金融危机的影响。刘斌和吴娅玲（2010）对我国A股上市公司2001~2008年的数据分析发现，会计稳健性显著降低了会计盈余的价值相关性，而公允价值计量显著弱化了会计稳健性对于盈余价值相关性的负向影响。朱松和贾平（2011）通过分析2006~2008年深市A股上市公司的数据发现，公允价值运用提高了会计信息的价值相关性，且改善了会计信息的披露质量，改善后的信息披露显著提高了会计信息的价值相关性。叶康涛和成颖利（2011）选取2006~2008年A股上市公司的数据，并按照新企业会计准则对2006年的数据进行追溯调整，其研究证据表明，公允价值信息具有价值相关性，且"四大"审计能够提高公允价值计量信息的价值相关性。侯晓红和赵灵敏（2012）基于我国上市公司2007~2009年的数据分析发现，公允价值信息增强了会计信息的解释能力，提高了会计信息的价值相关性，公司治理对公允价值相关性具有显著的正向作用。薛倚明和张佳楠（2012）运用费尔塞姆－奥尔森（Feltham-Ohlson）模型原式及作者提出的演化式，对我国A股上市公司2007~2008年的数据进行分析发现，新会计准则对公允价值计量属性的引入增强了每股净资产以及每股净利润对于股价的解释能力，提升了会计信息的价值相关性。黄霖华等（2017）对我国A股主板市场2007~2012年IPO公司的数据分析发现，样本公司每股公允价值变动损益与IPO投资者情绪定价负相关，表明公允价值计量提高了会计信息质量，抑制了IPO投资者情绪定价，提升了会计信息的决策有用性；市场发展水平的提高对提升公允价值会计信息决策有用性具有积极作用。李庆玲和田菊芳（2019）对披露公允价值层次信息的主板上市公司2014~2016年的样本分析发现，公允价值具有价值相关性；高水平的内部控制质量能够通过制约管理层权力而改善公允价值信息的价值相关性，而低水平的内部控制质量无法牵制管理层权力，导致管理层权力凌驾于内部控制制度之上，加重了管理层与市场参与者间的信息不对称程度,从而降低了公允价值信息的价值相关性。

(2) 金融行业公允价值会计信息的价值相关性。由于公允价值计量主要使用金融工具的初始和后续计量,而金融行业持有金融资产和金融负债是所有行业中最多的,因而公允价值对金融行业公司会计信息价值相关性的影响具有典型代表性。绝大多数研究证据表明,公允价值在金融行业中的运用具有价值相关性,且资产负债表信息的价值相关性显著高于利润表信息的价值相关性,但缺乏是否具有增量价值相关性的充分证据。王建玲等(2008)对2007年12月31日之前在深沪两市上市的25家金融保险业上市公司的数据进行了分析,其研究结果表明,公允价值计量提高了金融保险行业会计盈余的价值相关性,但公允价值调整额与股票价格的价值相关性不显著。陈玲颖和刘翰林(2009)采用价格模型对金融行业的样本数据进行分析发现,2007年金融资产公允价值变化额与股价在1%水平时显著正相关,但2008年仅在5%水平时呈现负相关且较2007年弱。伍中信和李思霖(2012)以2008~2010年A股市场上的金融类上市公司为样本,从财务报表中选取与公允价值计量相关的项目,运用价格模型检验了各项目的价值相关性,实证结果显示,财务报表披露的公允价值信息整体具有价值相关性,从资产负债表中选取的公允价值项目均对股价有较强的解释能力,但从利润表中选取的公允价值变动损益项目却未呈现出显著的价值相关性。张金若等(2013)选取2007~2010年沪深两市105家金融上市公司为样本,针对已有研究新会计准则公允价值信息价值相关性的文献忽视了金融资产持有期间产生的"公允价值变动损益"在出售时点需要转回的做法,重新选择了公允价值影响的度量方法,结合考虑"公允价值变动损益"的产生与"转回",对公允价值信息价值相关性进行检验,实证结果表明,公允价值信息确实具有一定的价值相关性,金融危机并未降低,反而增强了该信息的价值相关性;但在价值相关性的大小方面,资产负债表的表现优于利润表。李亚静和朱宏泉(2014)通过对我国沪深两市金融类上市公司的年报披露和市场反应,对比分析了含有公允价值计量的年度财务报告首次披露后公司股票流动性的变化,剖析其对投资者买卖决策行为的影响,结果表明,公允价值计量的年报披露增加了投资者关于公司价值的信息,但只有当公允价值变动损益占当年利润比例较大时才会影响到投资者的买卖决策行为。张金若和王炜(2015)使用价格模型和收益模型对2007~2013年沪深两市金融行业上市公司样本数据的实证检验结果表明,公允价值计量的每股净资产对股票价格和股票报酬均有显著解释力。杨利红和王文俊(2017)基于沪深两市15家上市银行2010~2015年财务数据的分析发现,市场对金融资产或金融负债的公允价值信息作出了积极的反应,公允价值增强了会计信息的决策有用性。马文琪和吴秋生(2019)通过分析2009~2017年我国A股上市商业银行的样本数据发现,金融创新扩大了公允价值计量的运用范围,提高了公允价值计量的运用层次,公允价值计量运用范围和运用层次在金融创新对商业银行会计信息质量的影响中起到了中介作用。与上述研究不同,黄丽娟和张佳梦(2008)在巴斯(1995)模型的基础上,加入市场风险因素和利润预期因素的调整,对我国13家上市银行2006年第一季度~2008年第一季度持有的金融工具公允价值变动的增量价值相关性进行了实证分析,发现银行股价并没有反映公允价值收益增加的波动性,投资者并没有把基于公允价值的收益波动性当作一种比基于历史成本收益波动性更好的替代变量。相反,投资者认为,这种增加的收益波动性在一定程度上并没有反映银行投资风险的增加,而是反映了整体经济环境的变化。

(3)非金融行业公允价值会计信息的价值相关性。相对于金融行业,非金融行业采用公允价值计量的资产、负债所占比重较低,公允价值信息价值相关性的证据较少,尽管研究结论证实了会计信息具有价值相关性,但相对于历史成本模式是否具有增量的价值相关性的研究缺乏。王建玲等(2008)基于2007年12月31日之前在深沪两市33家建筑及房地产业A股上市公司的数据检验结果表明,建筑房地产公司盈余的价值相关性证据不显著,公允价值调整额与股票价格的价值相关性也不显著。董南雁等(2012)对我国证券市场2007~2010年1203例披露过公允价值会计信息的非金融类上市公司的样本数据分析结果表明,公允价值计量较历史成本计量更具有价值相关性,且在利润表项目上体现得更为明显;董事会独立性对公允价值计量的价值相关性具有显著的正向影响。张金若等(2013)通过1 352家沪深两市非金融类上市公司2007~2010年的样本数据分析证明,公允价值信息确实具有一定的价值相关性,金融危机并未降低,反而增强了该信息的价值相关性;但在价值相关性的强弱方面,资产负债表显著优于利润表。曲晓辉和黄霖华(2013)基于我国2007~2011年持有私募权益(PE)公司股权的A股上市公司的样本数据,实证检验私募权益公司IPO核准公告的信息含量和IPO公允价值的价值相关性,研究发现IPO核准公告具有显著的信息含量,且与IPO公允价值显著正相关;同时投资者情绪对IPO核准公告和IPO公允价值之价值相关性有显著的正向影响。彭珏和胡斌(2015)对2008~2013年我国非金融上市公司的样本数据检验结果显示,公允价值计量能提高盈余的价值相关性,且高质量的内部控制状况能增强这种作用。

(4)交易性和可供出售金融资产公允价值信息的价值相关性。新企业会计准则实施后,交易性金融资产和可供出售金融资产成为公允价值计量的主要对象。这两类金融资产的公允价值信息是否具有价值相关性可能在很大程度上决定了企业会计信息的价值相关性。对此,有不少学者进行了专题研究。邓传洲(2005)研究我国B股上市公司按国际会计准则第39号披露公允价值的股价反映,以及公允价值揭示对会计信息价值相关性的影响,结果发现,按公允价值计量的投资持有利得(损失)具有较弱的增量解释能力,而投资的公允价值调整没有显示出价值相关性。他认为,公允价值调整及持有利得(损失)对股价的影响存在差异,原因可能在于我国投资者对盈余的关注程度要高于对账面净值的关注程度,公允价值调整及持有利得(损失)缺乏很强的价值相关性的原因在于,公允价值存在计量误差,而投资者也看穿了这一计量误差。与邓传洲(2005)的研究发现不同,王玉涛等(2010)借助于价格模型和回报模型对我国A股上市公司2007年的年报数据分析发现,公允价值具有增量的价值相关性;可供出售金融资产产生的未实现收益具有价值相关性,但交易性金融资产不具有价值相关性。他们认为,交易性金融资产公允价值变动损益包含了较多的杂音,因而无法向投资者传递更有效的信息。刘斌和鲍夏梦(2010)采用同样的模型对2007~2008年沪深A股上市公司的数据检验,却获得了与王玉涛等(2010)不同的发现,即在公允价值变动的价值相关性方面,交易性金融资产比可供出售金融资产更显著,并将这一差异归结为交易性金融资产公允价值变动计入当期损益,进而受到投资者的关注。侯晓红和赵灵敏(2012)基于我国上市公司2007~2009年的数据分析,不仅发现公允价值信息提高了会计信息的价值相关性,且在公司治理机制完善的企业表现更显著,而且发现相较于可供出售金融资产,公司治理对交易性金融资产的作用效果更强,意味着公司治理是提高公允价值相关性的一条可靠途径。薛倚明和张佳楠(2012)运用费尔塞姆-奥尔森模型原式及作者提出的演化式对我国A股上市公司2007~2008年的样本数据分析结果显示,金融资产公允价值与公允价值的变动(分为公允价值变动损益与可供出售金融资产的公允价值变动)与公司股价显著相关,增强了每股净资产以及每股净利润对于股价的解释能力,提升了会计信息的价值相关性。徐经长和曾雪云(2013)通过对2007~2010年我国上市公司在两种呈报方式下的公允价值信息含量进行考察发现,可供出售金融资产的公允价值变动在利润表的其他综合收益项目呈报时存在增量价值相关性,直接计入股东权益变动表时仅有较弱的价值相关性。这与刘斌和鲍夏梦(2010)的发现类似。黄霖华和曲晓辉(2014)运用费尔塞姆-奥尔森模型的修正模型对2007~2011年A股上市公司的174个样本数据进行分析发现,长期股权投资重分类与可供出售金融资产的公允价值确认具有显著的价值相关性,而且对股票价格的解释力度强于影响净资产变动的其他项目;同时证券分析师关于买入和增持的评级对绩优公司的股权投资——可供出售金融资产的公允价值的价值相关性具有显著的正向影响作用。曲晓辉和张瑞丽(2015)运用价格模型和回报模型对2007~2013年A股上市公司的样本数据分析证明,交易性金融工具公允价值的价值相关性随着公允价值预测能力的提高而增强。黄霖华等(2015)对我国沪深两市2007~2011年持有可供出售金融资产项目的1 812家非金融类A股上市公司的样本研究发现，可供出售金融资产公允价值变动信息对股票收益率具有显著的价值相关性，而且投资者情绪对可供出售金融资产公允价值变动信息的价值相关性存在显著的正向影响作用；同时控股股东的控制权比例对可供出售金融资产公允价值变动信息的价值相关性则存在显著的负面影响。与上述研究不同，张金若等（2013）基于财务会计数据生成逻辑，讨论了利润表"公允价值变动损益"项目的确认及其"转回"特征，并以此为基础构造变量，重新检验了"交易性金融资产、交易性金融负债及公允价值变动直接计入当期损益的其他金融资产或金融负债"产生的损益信息对股票报酬的影响，发现这类项目的公允价值信息对股票年度报酬没有显著影响。这一研究证据并不支持以前的研究发现。他们认为，这一新的发现与公允价值会计的实施对我国非金融行业上市公司财务报表影响较小的事实一致。张金若和王炜（2015）使用价格模型和收益模型对2007~2013年沪深两市金融行业上市公司样本数据的实证检验结果表明，考虑公允价值变动损益转回的交易性金融资产等产生的公允价值变动损益对股票价格和股票报酬有显著解释力，不考虑转回的公允价值变动损益对股票价格和股票报酬均无显著解释力；可供出售金融资产的公允价值变动信息不具有价值相关性，表明我国证券市场具有"功能锁定"效应，信息使用者"丢了西瓜捡芝麻"。

国内外公允价值表内确认价值相关性的研究证据表明，公允价值表内确认信息的价值相关性与表外披露的结论大致相同，其价值相关性的大小主要与运用对象的属性及其对企业的重要性、公允价值估值的可靠性、相关的信息披露以及投资者对公允价值估值可靠性的判断等因素密切相关。而这些因素又取决于市场成熟度、外部监管、信息使用者理性程度、公司治理结构、内部控制质量、企业资本结构、管理层风险偏好与报告动机等因素的影响。

### 三、公允价值层级信息的价值相关性

财务会计准则公告第157号、国际财务报告准则第13号及我国《企业

会计准则第 39 号——公允价值计量》均要求企业按照公允价值计量的层级对该资产或负债进行恰当分组，并按照组别披露公允价值计量的相关信息；对于第二层级的公允价值计量，企业应当披露使用的估值技术和输入值的描述性信息；对于第三层级的公允价值计量，企业应当披露使用的估值技术、输入值和估值流程的描述性信息；当变更估值技术时，企业还应当披露这一变更以及变更的原因，涉及第三层级公允价值计量的，企业还应当披露公允价值计量中使用的重要的、可合理取得的不可观察输入值的量化信息；对于第三层级的公允价值计量，当改变不可观察输入值的金额可能导致公允价值显著变化时，企业应当披露有关敏感性分析的描述性信息，这些输入值和使用的其他不可观察输入值之间具有相关关系的，企业应当描述这种相关关系及其影响。公允价值计量输入值的不同层级一般意味着在估值中对管理层私人信息的利用程度存在差异，这种差异可能会影响估值的可靠性，进而影响其价值相关性。对此，有不少学者借助于资本市场的数据进行了检验，相关研究证据并不一致。

（1）第一层级的价值相关性最高，第二与第三层级的价值相关性无显著差异。科列夫（Kolev，2008）基于财务会计准则公告第 157 号针对以公允价值计量的资产和负债的披露要求，以 2008 年第一季度和第二季度大量使用公允价值对资产和负债进行计量的美国金融机构作为研究对象，对这些企业的权益市值与第一、第二和第三层级的公允价值估计数进行研究表明，资本市场中的投资者对第一层级公允价值的认可程度最高，第二与第三层级没有表现出价值相关性方面的区别。白默和刘志远（2011）检验 2007~2009 年披露详细"公允价值变动损益"构成项目的我国上市公司样本发现，以活跃市场报价（第一计量层级）确定的公允价值盈余比重越高，对股价的解释力度越强；在控制了流通股数量、机构持股比重、行业、年度差异等因素后，上述结论依然成立；公允价值计量不同层级下的盈余信息对决策相关性的影响存在差异，国内投资者更倾向于依据活跃交易市场确定的公允价值信息来进行投资决策。吴等（Goh et al.，2015）基于美国银行 2008~2011 年的 6893 个年度观测值的研究表明，可能源于流动性较低以及信息缺乏导致的高风险,利用估值技术(第二和第三层级)估值的金融工具均以折价的方式体现在公司的市值之中;尽管公司的股票价格均与三个层级公允价值之间显著正相关,但回归系数均低于标准值1,这尤其表现在第二和第三层级的公允价值估值方面,且对第三层级公允价值估值的定价显著低于对第一和第二层级公允价值估值的定价,意味着相对于市场价值,基于模型的估值往往较高;但随着时间的推移,对不同层级公允价值估值定价之间的差异逐步减小,意味着随着2008年金融危机之后市场趋于稳定,投资者对第三层级公允价值估值可靠性的担忧在一定程度上逐渐消散;第三层级公允价值估值的损益差异并没有因为管理层可能行使自由裁量权进行盈余管理和高估资产进而导致投资者对其估值的定价差异,这可能反映了投资者对第三层级公允价值估值可靠性的普遍担忧;对于资本充足率较低的银行,投资者对资产的第一和第二层级公允价值估值的定价较低,表明这类银行在面临困境时可能会按甩卖价格而非报告的公允价值估值出售资产。希金尼(Siekkinen,2016)对来自34个国家355家独特的金融公司2012～2014年的985个公司年度样本数据的分析发现,不管其层级如何,公允价值资产和公允价值负债均具有价值相关性;第一层级公允价值资产比第二和第三层级公允价值资产价值相关性更强;在具有较强或中等投资者保护环境的国家,所有层级的公允价值资产均具有价值相关性,而在投资者保护较弱的国家,只有按照第一层级计量和报告的资产才具有价值相关性,因为投资者坚信在监督监管和执法水平较低的环境中管理层会利用其自由裁量权对公允价值作出估计;在投资者保护强而有力的环境中,第二层级的公允价值估值比第一和第三层级更具价值相关性。弗里曼等(Freeman et al.,2017)利用美国银行2008～2014年的数据发现,所有层级的公允价值资产均具有价值相关性,第一层级公允价值资产的价值相关性显著高于第三层级资产,第二与第三层级公允价值资产的价值相关性不存在统计上的差异;基于金融危机后(2010～2014年)的样本数据发现,对于未参与资产证券化的样本银行而言,第二与第三层级公允价值资产不具有价值相关性。

(2) 第一和第二层级的价值相关性最高且不存在显著差异,且高于第三层级的价值相关性。桑等(Song et al.,2010)基于奥尔森(1995)模型对431家美国银行2008年的样本数据进行检验发现,三个层级的公允价值都呈现出了一定的价值相关性;第一、二层级比第三层级公允价值信息的价值相关性更强,按计量层级分类的公允价值披露相对于按资产负债类型分类的公允价值披露具有更好的增量解释力,公允价值信息的价值相关性与公司治理能力有关,当公司治理能力越强时,公允价值信息的价值相关性就越高,并且公司治理能力对第三层级公允价值相关性的影响最为显著。博什(Bosch,2012)对欧洲银行2006~2010年的样本数据检验结果表明,金融工具的公允价值信息总体上是可靠的,但第三层级公允价值估计的可靠性显著低于第一层级和第二层级公允价值的可靠性;投资者仅质疑输入值基于管理层自由裁量权假设的公允价值估值的可靠性;由于监管质量和资本市场成熟度的差异,欧盟15国银行公允价值的价值相关性显著高于欧盟其他国家银行公允价值的价值相关性;可能源于大规模银行市场价值更多受财务报表以外的信息驱动,其公允价值的价值相关性显著低于小规模银行公允价值的价值相关性。拉基等(Laghi et al.,2012)对欧洲、美国及其他国家2500家上市银行2009~2011年的样本数据检验结果表明,不同层级的资产公允价值均与公司股票的市场价值和净收益相关,这种关系对美国的子样本尤其显著;金融工具第三层级公允价值估值更具主观性,它对于解释美国公司市场价值的能力较差,对解释意大利公司市场价值的能力更差。杜等(Du et al.,2014)以2008~2009年末所有美国商业银行连续八个季度的数据作为研究样本,通过比较将资产调整入或者调整出第三层级公允价值的银行和没有做这种调整的银行的价值相关性,发现相对于没有进行此类转换的银行而言,由第三层级调出进入第一或第二层级银行金融资产公允价值的价值相关性显著增加,由此他们得出结论,当公司通过调整输入值来反映市场条件的变化时,公允价值信息的价值相关性就得到了显著提升,市场条件的变化是公允价值估值和价值相关性的重要影响因素。卡利南和郑(Cullinan and Zheng,2014)利用封闭式投资基金2010年的576个样本数据发现，第三层级公允价值资产加剧了封闭式投资基金的折扣和溢价。桑（2015）借助于修正的奥尔森模型（1995）对美国670家金融公司2008～2013年的样本数据检验发现，在市场高度波动的情况下，投资者了解市场波动对公允价值的影响，并对公允价值以显著折扣的方式定价，且在其他条件不变的情况下，公允价值的价值相关性与市场波动性呈负相关关系，且第一和第二层级公允价值的价值相关性与市场波动性呈负相关关系，而第三层级的公允价值却不受权益资产市场波动性的影响。希金尼（2016）基于34国355家金融公司2012～2014年的年度样本数据发现，不管其层级如何，公允价值负债均具有价值相关性；第一层级和第二层级公允价值负债的价值相关性高于第三层级负债的价值相关性。希金尼（2017）通过分析欧洲288家金融机构采纳国际财务报告准则第13号前一年的数据还发现，第三层级公允价值资产的价值相关性显著低于第一或第二层级；实施后，拥有健全公司治理机制的公司第三层级公允价值资产的价值相关性高于较弱公司治理机制的公司。基于健全公司治理能够更好和更有效地对公司管理层进行监管，约束其机会主义行为的假设，希金尼（2017）认为，管理者的自由裁量权是导致第三层级公允价值计量较低价值相关性的根本原因。弗里曼等（2017）利用美国银行2008～2014年的数据发现，对于参与资产证券化的银行而言，第三层级公允价值资产不具有价值相关性。类似地，费雷拉等（Ferreira et al., 2019）的研究也发现，上市私募股权基金（LPEs）的公允价值估计能够以股票市场定价相一致的方式反映其权益账面价值和净收益，但投资者能够区分第一层级和第三层级的估值差异，股票市场较低程度地反映了被投资者第三层级的净收益。在我国，王雷和李冰心（2018）通过检验沪深A股上市公司2012～2015年的样本数据表明，强制分层披露从整体上增强了投资者对公允价值的信心；公允价值计量准则的实施提高了公允价值资产的价值相关性，但并未提升公允价值负债与股价的相关性；对于公允价值资产，投资者选择相信第一和第二层次，第一层次公允价值资产的价值相关性并没有显著高于第二层次，对第三层次的反应并不敏感；对于公允价值负债,三个层次均不具有价值相关性。

(3) 第一、第二和第三层级的价值相关性并不存在显著差异。邓永勤和康丽丽(2015)基于我国金融业上市公司 2007~2013 年的样本数据检验得出结论,负债的公允价值层级信息整体上具有价值相关性,且一、二、三层级的价值相关性没有显著差异。劳伦斯等(2016)对 710 家美国封闭式投资基金 2008~2013 年的样本数据分析结果表明,有价证券的第三层级公允价值与第一和第二层级的公允价值具有基本相同的价值相关性,并将先前得出的第三层级公允价值具有较低价值相关性的原因归结为大部分资产缺乏公允价值所导致的相关遗漏变量偏差。同样地,希金尼(2017)通过对来源于欧洲经济区 29 个国家 293 家金融机构采纳国际财务报告准则第 13 号第一年的数据分析发现,所有层级的公允价值资产和负债均具有价值相关性,且不同层级之间不存在明显的差异;通过对欧盟全部 28 国以及瑞士、挪威、冰岛和列支敦士登四国上市金融公司 2012~2013 年的年度报告数据分析发现,所有层级的公允价值计量对投资者均具有价值相关性,国际财务报告准则第 13 号的采纳模糊了不同层级公允价值计量的界限,成功地降低了公允价值计量相关的信息不对称性,董事会的独立性和成员性别的多样性对第三层级公允价值计量的价值相关性具有积极的影响,在董事会规模较大的公司,公司自己做出的公允价值估计信息质量较低。弗里曼等(2017)利用美国银行 2008~2014 年的数据发现,所有层级的公允价值资产均具有价值相关性;对于不拥有资产证券化资产的银行而言,所有层级的公允价值资产具有相似的价值相关性;基于金融危机后(2010~2014 年)的样本数据发现,参与资产证券化业务银行的所有层级的公允价值资产均具有相似的价值相关性。吴秋生和田峰(2018)采用倾向值得分匹配方法(PSM)对 2014~2016 年沪深两市 A 股上市公司的样本数据分析表明,第三层级公允价值的运用能显著提高会计信息的相关性,在第三层次公允价值运用较多的企业即资产和负债市场化程度较低的企业中,其提高会计信息相关性的效果更为显著。

(4) 第一、第二和第三层级的价值相关性依次降低。邓永勤和康丽丽

（2015）通过检验 2007～2013 年我国金融业上市公司的样本数据得出结论，资产的公允价值层级信息整体上具有价值相关性；但随着计量层级的降低，一、二、三层次公允价值资产的价值相关性逐渐降低；不同信息环境下公允价值层次信息价值相关性的进一步研究表明，较高的信息透明度和信息丰富度能提高第三层次公允价值信息的价值相关性。类似地，郝玉贵等（2018）通过面板数据随机模型对金融业上市公司 2010～2015 年披露公允价值分层计量信息进行的实证分析表明，相比于其他金融行业，银行业与保险业的公允价值信息价值相关性较高，进一步分析发现其公允价值分层计量资产与负债整体具有价值相关性，且公司采用大数据战略可以显著增强其资产公允价值第一、第二层次的价值相关性，效果随着计量层次由第一层次到第三层次而逐渐下降，对第三层次无显著影响，同时显著增强了其负债公允价值第一、第二层次的价值相关性，对第三层次无显著影响。

上述公允价值层级信息的价值相关性研究证据表明，公允价值信息总体上具有价值相关性，其强弱大小也通常与层级高低有关，即同公允价值估值的不确定性有关。但归根到底，其价值相关性的大小受外部环境（是否处于金融危机时期）、市场条件、资本市场成熟度、监管质量高低、投资者保护强弱、执法水平高低、企业所处的行业、企业规模大小、企业的商业模式（是否参与资产证券化业务等）、计量项目性质（资产或负债）及其重要性大小、估值的方法与可靠性、相关信息披露质量高低等因素的影响。

## 第三节 公允价值、会计信息风险与风险相关性

何为信息风险？从投资者的视角来看，信息风险通常是指特定资产估价参数这类信息的不确定性（Riedl and Serafeim, 2009）。这类信息的不确定性会导致投资者的估值偏误，进而会对投资者造成损失。从这个意义上

看，会计信息风险可理解为投资者由于会计信息不对称而遭受损失的可能性（杨伟，2009）。风险相关性则是指会计信息所描述的风险是否有助于使用者的决策判断（谭洪涛等，2013）。区别于盈余质量和价值相关性，会计信息风险和风险相关性另辟路径，分别从正、反两个不同侧面揭示了公允价值的运用对会计信息总体质量的影响。无论是公允价值运用对象的选择，还是公允价值的估值，或是公允价值的相关信息披露，都可能由于客观上的信息不对称诱发企业管理层的机会主义行为，无法正确反映企业面临的风险，降低分析师预测的准确性，进而可能给投资者的投资决策带来不利影响，损害会计信息的价值相关性，甚至给投资者造成相应的损失。这即意味着公允价值的运用可能增加会计信息的风险，而会计信息所描述的风险可能无助于使用者的决策判断，公允价值信息不具风险相关性。这种现象在经济繁荣高涨或经济危机萧条时期可能更为突出，表现出较强的顺周期效应。另外，公允价值运用得当的情况下，亦具有抑制管理层机会主义行为、如实揭示企业面临的风险，提升盈余预测准确性、增强价值相关性的作用。也就是说，公允价值的运用有助于投资者的决策，增加会计信息的价值相关性。换句话说，公允价值运用可能有助于降低会计信息风险，具有风险相关性。基于不同资本市场的数据，不少学者对上述假设进行了检验，研究证据也不一致。

**一、公允价值与会计信息风险**

源于会计信息风险通常表现为相关会计数据的不确定性以及投资者据以作出估值的偏误，大多数学者主要借助于企业盈余或净资产的波动性、投资者对这些信息的市场反应、信息不对称程度或信息透明程度以及企业的权益或债务资本成本变化来衡量会计信息的风险，既证明了公允价值会计信息风险的存在，又验证了会计信息风险的主要影响因素。

（一）公允价值信息风险以及影响因素的国际证据

（1）关于公允价值会计信息风险的一般证据。此类研究基本上以商业银行的数据为样本，采用不同的方法和衡量指标，证明了公允价值信息风险的存在以及可能的影响因素。巴斯（1995）通过对大约90家美国银行1971~1990年的数据分析发现，公允价值基础的净收益指标比历史成本基础的净收益指标波动性更大，但这种波动性的增加并没有反映在银行的股票价格之中；同时公允价值模式下银行违反监管资本要求的频率更高，但股票价格未能反映增加的监管风险。她将主要原因归结为公允价值的计量差错。哈米达（2006）采用捕捉了现代全能银行最重要特征的模拟模型（该模型不允许在呈报银行经营成果时行使自由裁量权），基于法国银行的数据，利用所有可能的利率风险管理策略（公允价值套期和现金流量套期），比较分析利率下降背景下实施国际会计准则第39号前后的银行收益表数据，结果表明，由于市场利率的变化，实施该准则且对风险完全套期的银行在其收益表中不可避免地呈现出波动性，而相同情况下部分套期银行的收益表受到的影响较小，该准则规定的严格套期会计规则无法使银行充分适当地反映其投资银行和商业银行业务，银行资产负债管理活动最佳实践无法在其财务报表中得以充分体现，而采用联合工作组提出的完全公允价值可以适当反映银行业务的经济后果。这一研究表明，国际会计准则第39号中公允价值运用的方式影响了会计信息风险。巴特（Bhat，2013）通过银行控股公司2003~2005年的样本数据检验得出结论，公允价值信息存在信息风险，但对于拥有强大公司治理的银行，其公允价值变动损益具有更强的相关性和可靠性，信息风险较低。塞利格等（2013）对美国商业银行实施财务会计准则公告第133号后的样本数据检验发现，尽管准则要求披露的总衍生金融工具合同信息具有价值相关性，但投资者对这些信息的看法是负面的，即持有衍生品的损失被认为具有积极效应，而持有利得被认为具有消极效应。他们认为这可能源于较高的信息风险。迪戈纳等（Dignah et al.，2016）采用广义矩模型法对亚洲各国规模较大银行2007~2013年的509个银行年度动态面板数据分析发现，无论公允价值估值是否基于市场报价，公允价值资产与权益资本成本之间均存在显著正相关关系，意味着尽管从监管的视角看公允价值向投资者提供了相关和及时的信息，但对资产按公允价值计量是存在风险的，投资者也因而要求较高的回报。与以前的研究不同，卡恩（Khan，2019）通过对305家美国银行控股公司（BHCs）1993年第二季度~1995年第一季度的2 216个银行季度数据进行分析后发现，财务会计准则第115号（要求对可供出售证券投资按公允价值计量且其变动计入其他综合收益）实施后，由于在银行监管性资本适当性评估中包括了公允价值估值的波动性，系统性风险显著增加，但并未发现信息风险的显著增加。

（2）关于公允价值计量层级对信息风险影响的证据。此类研究基于不同层级公允价值估值中管理层自由裁量权大小以及估值的可靠性等差异，分析不同层级的输入对会计信息风险的影响。相关证据表明，不同层级的公允价值估值都存在某种程度的信息风险，第三层级往往具有较高的信息风险。里德尔和塞拉芬（Riedl and Serafeim，2011）对美国金融机构的数据分析发现，第一、第二、第三层级公允价值计量金融工具的信息透明度逐层降低，流动性逐层减弱，与之相对应的权益β系数的估计值逐层递增，进而导致了资本成本的递增和信息风险的递增，这种现象在事前低质量信息环境的公司以及较少分析师跟踪、较低市值、较高分析师预测差错或较高的分析师预测离散度的公司中表现得尤为突出。廖等（Liao et al.，2013）基于美国银行的数据研究证明，在金融危机期间，信息不对称性与公允价值净资产显著正相关，且其相关程度与公允价值的层级有关，其中，第三层级公允价值估计的信息不对称程度最强，第一层级公允价值估计与信息不对称程度的相关关系最弱；财务会计准则公告第157号的实施导致了信息不对称程度的降低，意味着公允价值的三个层级向投资者提供了有用的信息，公允价值在危机前和危机中均与以买卖价差衡量的不确定性相关。玛格纳恩等（2016）通过对2007~2014年567个金融机构年度观测数据进行分析发现，更高程度的第二和第三层级公允价值计量与更高的债务成本存在关联关系。艾尔斯（2016）通过对同样期间的8 432个金融机构和非金融公司的年度数据分析表明，更高数量的第三层级公允价值资产与公司的信用评级存在负相关关系，这种负相关关系在高财务杠杆的样本公司中表现得更为显著，第三层级的资产规模越大，公司债券息差经济意义上的增长就越大。黄等（Huang et al.，2016）利用美国金融机构2008~2009年金融危机期间的814个年度观测数据分析发现，更高的第三层级公允价值与更高的资本成本存在关联关系，而第一和第二层级的公允价值则与更低的资本成本相关。阿玛米和摩尔多瓦（Hammami and Moldovan，2017）通过对持有第三层级公允价值资产的美国封闭式投资基金在会计准则汇编主题820与国际财务报告准则第13号趋同前后即2010~2014年对1 615个样本数据进行分析发现，披露了大量第三层级公允价值资产信息的基金公司2012~2014年的股票流动性比2010~2011年有所下降，意味着第三层级公允价值信息的披露实质上增加了投资者之间的信息不对称程度，导致了市场参与者之间的更大分歧。利姆（Lim，2017）基于一项面向704名具有5年以上工作经验的新加坡特许会计师公会和新加坡估价师及评估师协会会员的调查得出结论，尽管被调查者对财务报表保持有高度的信心，但"认为公允价值有可能降低他们对财务报告的信赖"，尤其"对第三层级公允价值估值表现出高度的怀疑"，还有一些迹象表明，"更多有关公允价值估值推导的讨论"会提升会计专业人士对公允价值会计的信任度。

（3）非金融资产公允价值会计信息风险的研究证据。此类研究相对较少，但证据表明存在信息风险，且其风险大小同资产类型、会计准则和审计质量等因素有关。达利和斯凯菲（Daly and Skaife，2016）利用来自全球各地26个国家127个公司2001~2013年的648个公司年度数据，将样本细分为生产性生物资产组和非生产性生物资产组，以检验国际会计准则第41号对公司债务资金成本的影响，检验结果表明，财务报告中公允价值运用的程度越高，公司债务资金的成本越大，这在拥有生产性生物资产的公司表现得尤为突出；拥有非生产性生物资产的公司中，采用公允价值、按照国际财务报告准则编制财务报表且经过审计的公司的债务资金成本较低。巴克尔和舒尔特（Barker and Schulte，2017）借助于案例研究的数据分析实务中非流动资产公允价值的计量后指出，由于公允价值计量所蕴含的制度现实是缺失的，因而对居于主导地位的公司核心运营资产来说，其公允价值是不可知的；相关案例数据也表明，公司对公允价值的呈报被认为是有利的、权宜性的和不稳定的，且最终与市场参与者给予国际财务报告准则的期望直接相矛盾。

（4）相关信息披露对公允价值信息风险的影响。此类研究关注相关信息披露质量对会计信息风险的影响。研究结果表明，高质量的信息披露有助于降低信息风险。坎农（Cannon，2015）对69名平均具有三年工作经验的MBA学生的实验研究结果表明，当按照国际财务报告准则第13号披露第三层级公允价值计量相关的敏感性信息时，投资者对公允价值计量的风险感知降低。崇等（Chung et al.，2017）通过考察某些公司为保证公允价值估值的可靠性所作的有关内部控制与估值程序的自愿性信息披露，借助于对样本公司2007~2011年2 265个年度观测值的分析发现，公司的公允价值估值越不透明，越有可能提供此类自愿性信息披露，而这又同第三层级公允价值估值更高的市场定价和更低的信息风险相关，这表明通过增强有关公允价值估值程序等相关信息的披露，公司的管理层可以降低公允价值计量的不确定性，减少投资者的恐惧。

（二）公允价值会计信息风险及其影响因素的国内证据

在我国，有不少学者研究了公允价值运用的信息风险。他们的研究可划分为两类：一类主要研究正常经济环境中公允价值运用所导致的盈余波动及其市场反应；另一类主要基于金融危机或金融市场急剧波动的背景，研究公允价值运用是否具有顺周期效应。大多数研究发现，公允价值在我国的运用导致上市公司的会计信息风险显著增加，甚至随着公允价值层级的增加呈现出依次递增的趋势，具有顺周期效应。

（1）正常经济环境下公允价值会计信息风险的经验证据。汪建熙和王鲁兵（2009）基于我国上市公司2006~2007年年报数据分析认为，公允价值运用会导致会计信息的失真，增加会计信息风险。王冲和谢雅璐（2010）以应计质量作为信息风险的代理变量，通过对我国A股上市公司2001~2007年的样本数据进行分析发现，2007年新准则实施后，上市公司的信息风险有了显著增加；民营上市公司的信息风险高于国有上市公司，并且这种差异随着会计准则的实施而增大。刘斌和罗楠（2010）基于对我国 2007~2008 年的市场交易状况的均值进行 T 检验和威尔科克森（Wilcoxon）检验发现，牛市中公允价值准则的采用会提高市场同步性（即推动市场整体上涨），而熊市中两者关系不显著。徐经长和曾雪云（2011）通过构建时间序列样本比较了 413 家 2004~2009 年均持有证券投资的上市公司采用公允价值计量前后的资产价格波动性，通过构建横截面分析样本比较了 2007~2009 年持有以公允价值计量的金融资产的上市公司（1867 个观测值）和未持有此类金融资产上市公司（2815 个观测值）的资产价格波动性，结果发现，公允价值计量显著增强了以个股收益波动以及以个股相对风险表示的资产价格波动性，且金融资产规模对公允价值计量与资产价格波动的关联性有显著增强作用，显示公允价值计量对金融脆弱性存在间接不利影响。刘斌等（2013）通过运用均值 T 检验、威尔科克森符号等级检验和珐玛 - 弗伦奇（Fama-French）三因素模型对我国 A 股上市公司 2007~2010 年的样本数据检验发现，上市公司在采用公允价值计量方式后产生了新的投资异象，套利风险与交易成本是公允价值变动损益对净利润的波动性风险造成投资异象的影响因素：交易成本越大，套利风险越高，错误定价越不容易被消除，其超常回报率也越高。毛志宏等（2014）基于 2008~2012 年沪深两市 A 股上市公司的样本数据分析发现，按第一、二、三层级公允价值计量的资产或负债组合的信息风险逐层递增；高质量的公司治理机制降低了按公允价值计量的资产的信息风险，且公允价值计量信息的可靠性越差，完善的公司治理机制越能够有效地降低其信息风险，但对于负债项目来说，并没有起到显著降低信息风险的作用。吕兆德和宿增睿（2016）使用我国企业会计准则实施前后共 12 年的数据研究发现，公允价值确实能够导致企业盈余波动程度增加，但并没有给投资者提供增量会计信息。任月君等（2017）以权益 β 值作为会计信息风险的替代变量，通过 2010~2015 年我国沪深两市披露公允价值层级信息的金融行业 A 股上市公司的样本数据分析发现，以公允价值计量的三个层级资产的信息风险呈现递增趋势；信息环境（以证券分析师跟踪人数为替代变量）的改善也能够从总体上降低以公允价值计量的资产的信息风险，并且能够缩小不同层级以公允价值计量资产之间的信息风险差距。杨鹏（2019）通过我国沪深两市 A 股上市商业银行 2007~2017 年年报数据分析发现，金融创新与商业银行股票崩盘风险负相关，公允价值计量在其中发挥部分中介效应的同时也增加了商业银行的股票崩盘风险。

（2）金融市场急剧波动或金融危机背景下公允价值会计顺周期效应的研究证据。陈学彬和许敏敏（2010）通过我国 2007~2009 年存在公允价值变动的 A 股上市公司的样本数据研究发现，在资本市场急剧波动的背景下，公允价值变动损益对盈利波动具有显著影响；在交叉持股的情况下，这种盈利波动和股价变化具有助涨助跌的作用，会加速金融危机的传染。刘红忠等（2011）基于我国银行 2002~2010 年 762 个样本数据的分析发现，正向冲击和逆向冲击下公允价值系统性风险均存在；公允价值会计作用不对称，逆向冲击下放大了系统性风险，正向冲击下作用不明显；市场流动性不足是放大作用的主要原因。谭洪涛等（2011）以我国 2007~2010 年 16 个季度公告日为样本研究发现，股市过度反应与公允价值变动损益显著相关；过度反应主要存在于估计窗口而非事件窗口；我国金融业上市公司的金融资产公允价值计量显著放大了股市泡沫，且在不同的市场条件下，股票回报对公允价值的过度反应程度呈现出非对称性。类似地，徐经长和曾雪云（2011）、唐梅和林友绪（2011）、管考磊（2012）和潘希宏等（2013）通过相同期间我国上市公司样本数据的分析，进一步证实了公允价值的运用存在顺周期效应。侯晓红和陈华（2012）的研究不仅发现公允价值计量对我国上市公司财务报表的波动性和真实性产生了显著影响，还验证了公允价值计量的"顺周期"效应。徐浩峰（2013）基于对沪深两市 A 股上市公司中公告 2007~2008 年度财务报告的 3 146 家公司会计信息披露日及其前后各 25 个交易日 15 万多个公司日观测值的分析发现，公允价值计量扩大了市场危机的传染效应，加速证券价格的下跌；公允价值计量导致证券流动性和市场流动性趋同，加速了市场危机期间证券的流动性枯竭效应，解释了金融危机期间证券价格循环性下跌与流动性枯竭的现象。

谢乔昕和宋良荣（2016）通过对我国 A 股上市银行 2007～2014 年的样本数据进行分析，不仅发现我国商业银行公允价值会计运用偏好具有顺周期性（具体表现为金融资产持有比例顺周期变动及引致经营业绩的波动），而且证明了在现行监管方式下，商业银行迎合监管行为强化了公允价值的会计顺周期性。

与上述经验证据不同，刘奕均和牛盼强（2010）、刘奕均和胡奕明（2010）、黄静如和黄世忠（2013）、项后军和陈简豪（2016）的研究表明，公允价值在我国的运用没有增加信息风险，也不具有顺周期效应。刘奕均和牛盼强（2010）基于我国上市公司 2007～2009 年共 12 个季度组成的面板样本数据的分析发现，公允价值计量的收益既没有加剧市场的整体风险又没有加大市场的系统风险，说明公允价值在我国的运用并未在金融危机期间助推市场风险扩散。刘奕均和胡奕明（2010）基于我国上市公司 2007 年第一季度～2009 年第三季度共 11 个季度组成的面板数据分析发现，机构表现出对于公允价值计量资产的回避态度，公允价值计量收益减小了市场波动，而机构投资者的持股和交易却显著加剧了波动。黄静如和黄世忠（2013）通过模拟正常的商业周期以及极端条件下的商业周期，依赖银行的公开数据，对中国银行、北京银行和"有代表性的美国商业银行"的报表进行了模拟，比较了完全公允价值、混合计量属性两种计量模式对银行资产负债表波动性的不同影响，以及不同资产负债结构对报表项目波动的影响，结果发现，公允价值会计实践导致了资产负债表数据的波动，但该波动反映了经济体自身波动，波动也不一定具有顺周期性，波动的幅度受市场环境的影响。他们认为，公允价值会计并非必然具有顺周期效应。项后军和陈简豪（2016）基于我国上市商业银行 2007 年第一季度～2014 年第三季度的数据，借鉴阿迈尔－扎德（Amel-zadeh et al., 2014）的研究模型设定，通过分解银行资产增长率的方式，从利润表的公允价值变动收益变化的角度，研究公允价值对银行杠杆顺周期行为的影响，研究发现，我国上市商业银行杠杆存在显著的顺周期行为，但公允价值的运用并不会放大这种顺周期行为；提高银行的资本充足率会降低公允价值对银行杠杆顺周期行为的影响，同时银行资产中公允价值计量资产比例的提高也会改变两者的关系。他们由此得出结论，公允价值并不是引起银行杠杆顺周期行为的主要原因，但随着其运用程度的提高，这种关系会发生变化，银行及监管部门对此需要谨慎对待。

国内外上述经验证据表明，尽管存在公允价值运用与会计信息风险无关联或关联度不大的证据，但缺少充分性。更多经验证据表明，公允价值的运用会增加会计信息风险，具有顺周期效应。公允价值运用具有信息风险主要表现在：企业盈余等会计数据波动增加，但公司股票价格变动与盈余波动幅度、方向不一致；应计质量下降；企业权益或债务资本成本的上升；权益β值上升；资本市场上呈现投资异象；公允价值计量资产的比重增加与企业信用评级结果负相关；在金融危机或资本市场急剧波动时期具有顺周期效应等。公允价值会计信息风险的变化受企业规模、企业财务杠杆、公司治理、公允价值估值的差错、管理层对估值的自由裁量权、会计准则的完善程度、计量对象的类型与比重、审计质量、信息披露质量以及外部环境的波动等因素的影响。合理运用公允价值，提高公允价值估值的可靠性，增强相关的信息披露，营造稳定有序的资本市场，有助于增强信息使用者的信心，降低公允价值会计信息风险。

**二、公允价值与风险相关性**

与会计信息风险对公允价值运用有用性的评价视角相反，风险相关性分析主要借助于公允价值模式下会计盈余等信息所揭示的风险是否能够正确地体现权益或债务资本市场的风险衡量指标，或者权益或债务资本市场的风险指标与公允价值信息所揭示风险的相关性程度，从正向评价公允价值信息的决策有用性。若两者具有显著的相关性，就意味着公允价值信息如实地揭示了资本市场参与者所面临的投资或金融风险，公允价值信息对使用者的决策是有用的，否则，意味着公允价值信息对资本市场的风险揭示不适当，信息风险较大，很可能会误导信息使用者的资源配置决策。

国外对于公允价值信息风险相关性的研究较早，多数研究发现了公允价值信息具有风险相关性的经验证据。比弗等（1970）利用307家美国非银行上市公司1947～1965年的数据，发现会计风险指标（盈余波动和盈余β）与市场风险指标（市场模型β）之间高度相关，意味着会计的风险计量指标被内置于市场价格基础的风险衡量指标之中，对市场价格风险具有解释力，开创了风险相关性研究的先河。霍德等（2006）采用净收益、综合收益以及构造的完全公允价值收益指标的标准差，对美国202家商业银行1995～2004年的样本数据检验结果表明，剔除净收益和综合收益的波动性后的完全公允价值增量波动性与市场模型β值、股票回报标准差和长期利率β值正相关；完全公允价值收益的增量波动负向减缓了非常盈余与银行股价之间的关系，但对银行股价隐含的预期收益具有积极影响；完全公允价值收益波动包含了没有被净收益和综合收益波动反映的风险因素，它同资本市场对该风险定价之间的关系比净收益或综合收益的波动更密切。巴特（2008）利用180家美国商业银行2001～2005年的数据，采用方差分解的方法测量了利润表外披露的公允价值变动损益对未预期股票回报波动性的贡献，并检验了公允价值变动损益、净利润对未预期回报方差的贡献之差，其研究证据表明，公允价值损益对解释非预期回报的波动性具有重要作用，且公允价值损益对净收益的相对重要性是信息披露和公司治理的增函数。由此巴特认为，公允价值损益总体上是风险相关的，且信息披露和公司治理有助于投资者评估公允价值估值的风险揭示属性。艾哈迈德等（Ahmed et al., 2011）基于美国141家银行1999～2003年期间的数据（财务会计准则公告第133号发布前后各270个数据和265个债券发行业务数据），对执行前后债券市场的银行衍生品披露的风险性进行了对比分析，发现衍生品披露为债券投资者提供了增量的风险相关性信息，并有助于降低银行业的资本成本。布兰克斯普尔等（Blankespoor et al., 2013）借助于1 067家美国银行1997～2009年的近10万个观察值，通过不同计量基础的杠杆比率与不同信用风险指标的关系，检验以公允价值计量金融工具的财务报表是否比较少采用公允价值的财务报表能更好地反映银行的信用风险，研究发现，在单变量和多变量的分析中，使用金融工具公允价值衡量的杠杆比率比其他较少采用公允价值衡量的杠杆能更好地解释债券收益率息差和银行失败的差异,而贷款和储蓄存款的公允价值是提升杠杆解释能力的主要因素。与上述经验证据不同,巴斯等(1995)、霍普金斯等(Hopkins et al., 2004)、奥洛里等(2012)的结论并不支持或不完全支持公允价值信息具有风险相关性的观点。巴斯等(1995)发现,他们创立的"局部公允价值盈余(partial fair value income)"显著大于报表中的盈余波动,增加的盈余波动与股价没有显著的相关关系。赫斯特等(Hirst et al., 2004)实施的一项实验研究发现,银行分析师的风险和价值评估在采用完全公允价值计量收益的情况下也仅能区分银行的利率风险,未能得到完全公允价值会计盈余或部分公允价值会计盈余与股市关系的直接证据。奥洛里等(2012)将奥尔森(1995)模型扩展,以反映不同的收益率波动度量以及股票回报的滞后价值和价格波动影响,采用25家法国上市公司2005~2007年的数据,研究强制实施国际会计准则第39号的情况下公允价值会计对证券价值评估的相关性及其对金融不稳定的角色作用,证实了奥尔森(1995)模型即基本面在解释股票价格方面具有相关性,但公允价值收益的波动率对股票价格及其波动率的影响不显著,对样本公司没有提供风险相关的信息,表明公允价值估值方法对样本公司的资产负债表具有顺周期效应,可能放大市场的恐慌,因而有必要对其进行某种程度的调整。

在我国,针对公允价值信息风险相关性的研究起步较晚,也很少。谭洪涛等(2013)基于我国35家金融类和1 084家非金融类上市公司2007年上半年至2012年上半年的样本数据,研究历史成本净利润、净利润和综合收益总额三项与公允价值相关的盈余波动的风险信息含量,结果发现,金融业资本市场的投资风险对盈余波动的反应要比非金融业更为敏感;净利润波动的信息和增量信息与资本市场的投资风险和股价存在显著的相关关系;综合收益总额波动的信息和增量信息与资本市场的投资风险和股价具有较弱的显著相关性;盈余波动、利率风险与股票回报率波动和股票价格显著相关,是重要的风险因素。他们的研究结论意味着,净利润波动是衡量资本市场投资风险的重要盈余指标,综合收益波动作为资本市场投资风险的指标证据不足,表明公允价值信息风险相关性可能同资产性质及其重要程度相关。类似地,任月君等(2017)的经验证据表明,以公允价值计量的资产项目三个层级的信息风险呈递增关系,信息环境的改善也能够从总体上降低以公允价值计量的资产的信息风险,并且能够缩小不同层级以公允价值计量资产之间的信息风险差距,且这种差距的缩小主要是通过降低第三层级资产的信息风险来实现的。这一研究为公允价值信息风险相关性提供了间接证据,意味着公允价值信息具有风险相关性,其强弱与公允价值估值的可靠性相关。

国内外的上述经验证据表明,相对于非金融类公司,金融类公司公允价值信息往往呈现出较强的风险相关性。这可能同金融行业公司持有的金融工具较多、按公允价值计量的比例较大、相关信息披露规范较多且较为严格以及行业监管较为规范严格有关。另外,公允价值信息的风险相关性还与公允价值的运用范围、估值的可靠性等因素有关。

## 第四节 公允价值对会计信息质量的影响:其他视角的经验证据

盈余质量、价值相关性以及信息风险与风险相关性分别从不同的方面就公允价值运用对会计信息质量的影响进行了总体上的评价,也是公允价值研究的主流。但不容忽视的是,还有学者从会计信息的可靠性、谨慎性、可比性等质量特征以及会计信息的透明度、公允价值选择权的行使等其他视角,就公允价值信息的质量进行检验,为公允价值信息的有用性评价提供了补充证据。

### 一、公允价值与会计信息的可靠性

会计信息的可靠性是公允价值运用中备受关注的一个重要问题。可靠性不足或缺失是公允价值备受批评或指责的主要原因之一。因而有不少研究从不同视角直接或间接地验证了公允价值信息的可靠性。这些研究主要围绕经营性长期资产和投资性房地产等有形资产、不同层级公允价值估值以及股票期权等方面展开。尽管存在公允价值并未影响会计信息可靠性的证据（冷军，2015；Muller and Riedl，2002），但更多经验证据在某种程度上证明了人们对公允价值信息可靠性的质疑，尤其是当公允价值的估值基于第三层次输入的情况下。同时，这些研究证据也表明，公允价值信息的可靠性问题源于公允价值的估值，与估值来源、方法、模型、输入层级及环境等因素相关。

（一）经营性长期资产和投资性房地产等有形资产公允价值的可靠性

由于英国、澳大利亚等国家存在财产、厂场、设备以及房地产等资产重估值的会计惯例，以及国际财务报告准则允许对投资性房地产采用公允价值计量，所以大多研究以英国、澳大利亚以及采纳国际财务报告准则的其他国家或地区的公司为样本，证实了公允价值信息可靠性的差异并发现了主要的影响因素。迪特里希等（2001）基于1988~1996年英国房地产行业所有公司的数据分析发现，投资性房地产公允价值的评估值低估了其实际销售价格，管理层存在通过选择会计方法在举借新债前提高公允价值等行为；从公允价值获得渠道看，通过外部评估以及"六大"会计师事务所客户得到的公允价值估值比公司内部估值更准确、可靠性更高。类似地，穆勒和里德尔（2002）利用英国房地产公司1990~1999年的样本数据发现，外部评估师的资产重估价估计比公司内部评估师的估值更可靠，但并未发现公允价值估值在外部不同类型评估师或审计师（如"六大"和非"六大"）客户之间存在差异。内勒森和舒尔希（Nellessen and Zuelch，2011）基于实施国际财务报告准则后76家欧洲房地产企业2005~2007年的179个公司年度样本数据检验发现，房地产公司净资产价值往往偏离其市场价值，这些偏差是由于投资性房地产公允价值估值的可靠性不足造成的，可靠性不足的原因主要在于评估方法的局限性、评估投资性房地产公允价值时运用方法的多样性以及通常采用的按模型估价的可靠性问题。科特和理查森（Cotter and Richardson，2002）采用澳大利亚公司 1981～1994 年的样本数据，以随后几年资产升值转回的金额度量重估值结果的可靠性，发现外部评估师比内部人员对长期经营性资产公允价值的重估价结果更具可靠性。同样，科特和齐默尔（2003）基于澳大利亚对财产进行重估价公司的数据分析表明，披露的重估值金额具有较低的可靠性，投资者考虑了确认与披露金额可靠性的差异。巴克尔和舒尔特（2017）实施的案例研究表明，公司对公允价值的呈报被认为是有利的、权宜性的和不稳定的。他们认为，由于公允价值计量所蕴含的制度现实是缺失的，因而对居于主导地位的公司核心运营资产来说，其公允价值是不可知的。上述证据意味着，一般而言，自愿采用公允价值模式或重股价模式公司的公允价值估值更可靠；当考虑财务报告的估值功能时，公允价值在很大程度上是有用的，但有用性的高低与公允价值的运用方式（确认与披露）有关；外部评估师有助于增强公允价值的决策有用性，而当公允价值估值中管理层自由裁量权较大时，估值相关的信息披露改进了公允价值的决策有用性（Sellhorn and Stier，2019）。

与国外的经验证据不同，我国现有的少量证据表明，这类资产的公允价值一般不具有可靠性。陈国珍（2014）基于 2011 年采用公允价值模式的 25 家上市公司投资性房地产公允价值信息披露的情况分析后得出结论，投资性房地产公允价值信息的可靠性还难以保证。张国华和张瑞丽（2016）基于 2007～2013 年采用公允价值模式的全部 A 股上市公司层级信息披露的统计分析发现，公允价值计量的三个层级并不完全适用于中国投资性房地产公允价值的估值，并基于相关信息披露严重缺失、绝大多数为第二层次的输入值的现实，得出我国投资性房地产公允价值信息缺乏可验证性（可靠性）的结论。随后，颜剩勇和刘晶晶（2017）通过对我国 10 家 A 股房地产上市公司 2013～2015 年的财务报告分析也发现了类似的证据。邢攀龙和田宗涛（2018）利用我国 2007～2016 年上市公司的季度经验数据同样发现，公允价值计量并没有降低资产误定价，反而增加了资产误定价。

## (二) 不同层级公允价值估值的可靠性

由于不同层级输入的可靠性不同，其估值结果也往往被认为具有不同程度的可靠性。相对而言，第二和第三层级的公允价值信息可靠性较差。前已述及，大量的经验证据证明，不同等级的公允价值信息具有不同的价值相关性以及信息风险和风险相关性，为不同层级公允价值信息的可靠性差异提供了间接证据。另外，也有其他经验证据直接或间接证明了上述假设。博什（2012）对欧洲银行 2006~2010 年的样本数据研究发现，金融工具的公允价值信息总体上是可靠的，但第三层级公允价值估计的可靠性显著低于第一层级和第二层级公允价值的可靠性；投资者仅质疑输入值基于管理层自由裁量权的公允价值估值的可靠性。同样，卡利南和郑（2014）的研究证据也意味着第三层级公允价值的可靠性显著低于第一、第二层级。玛格纳恩等（2016）通过对 2007~2014 年 567 个金融机构年度观测数据进行分析发现，更高程度的第二层级和第三层级公允价值计量与更高的债务成本存在关联关系，这意味着其可靠性可能较差。艾尔斯（2016）通过对同样期间的 8 432 个金融机构和非金融公司的年度数据分析表明，更高数量的第三层级公允价值资产与公司的信用评级存在负相关关系，这种负相关关系在高财务杠杆的样本公司中表现得更为显著。类似地，比弗和文卡塔查拉姆（2003）基于 1992~1995 年总资产规模在 1.5 亿美元以上的 320 家商业银行的数据检验发现，商业银行贷款公允价值的非自由裁量权部分、自由裁量权部分和剩余（噪音）部分具有不同的可靠性，非自由裁量权部分具有可靠性，而自由裁量权部分的可靠性取决于是否存在机会主义行为。与国外的经验证据不同，吴秋生和田峰（2018）采用倾向值得分匹配方法（PSM）对 2014~2016 年沪深两市 A 股上市公司的样本数据分析表明，第三层次公允价值的运用不会影响会计信息的可靠性。马文琪和吴秋生（2019）基于我国 A 股上市商业银行 2009~2017 年的样本数据分析发现，金融创新提高了公允价值的运用层次，但削弱了会计信息的可靠性；需要通过优化银行治理、内部控制和外部监管等，保障金融创新的健康发展以及公允价值计量的真实可靠。

(三) 股票期权公允价值估值的可靠性

尽管早在20世纪70年代末的美国就存在不少对雇员股票期权按内在价值计量确认的薪酬费用无法真实地反映企业激励成本的批评，但按公允价值计量雇员股票期权并未得到普遍认可，一种重要原因就是其公允价值难以可靠计量。这种状况虽然随着布莱克-斯科尔斯（Black/Scholes）期权定价模型的出现而得到了改观，但仍有不少人质疑股票期权公允价值估值的可靠性。阿布迪等（2004）基于1996~1998年标准普尔500指数成分股公司以及标准普尔中市值和小市值成分股公司中拥有大量股份基础补偿计划的公司数据研究发现，投资者将其对股票期权的估值视为足够可靠的信息，用于他们的价值评估之中。与之前的发现不同，阿布迪等（2006）基于887家标准普尔500指数以及标准普尔400中市值和600小市值指数公司中拥有股份期权基础补偿计划的3 368个公司年度数据研究发现，公司低估了期权价值，进而低估了披露的股份基础的补偿费用；与管理层低估这类费用的动机与机会的预期一致，期权价值低估随着代理费用规模增加而增加，在公司治理较弱的环境中表现得更为严重，在极少数情况下随着高管薪酬的过度增长而加剧；期权预期寿命、预期股价波动率、预期股息收益率以及预期期权寿命期内无风险利率等期权价值模型四个关键要素中，低估最严重的是期权预期寿命和预期股价波动率，低估预期股息收益率的证据比较微弱，不存在低估无风险利率的证据，低估程度与管理层在确定这些输入值时的自由裁量权大小具有正相关关系。上述研究发现意味着管理层自由裁量权的行使会对雇员股票基础补偿费用的总体可靠性产生反向影响。

## 二、公允价值与会计信息的谨慎性

根据谨慎性的传统定义以及会计准则中对公允价值的运用实践，公允价值对谨慎性的影响可能是多维的：第一，对于按公允价值计量且其变动计入当期损益或其他综合收益的资产（负债）项目而言，相关会计信息是否具有谨慎性主要取决于公允价值是否高（低）于其成本或摊余成本，若高（低）于其成本，就不具有谨慎性，否则就体现了非条件谨慎性的要求；第二，财产、厂场和设备以及无形资产重估价模式的运用会导致对"好消息"与"坏消息"确认的不对称程度下降，从而降低了条件稳健性；第三，当公允价值运用于资产减值会计的情况下，其会计处理本身就是条件谨慎性的要求；第四，当估值对象在计量日不存在活跃交易市场或不存在可观测输入值的情况下，公允价值的估值就会面对不确定性甚至是较低可验证的信息环境，具有机会主义动机的管理层就可能操控估值的输入，导致估值结果偏离其公允价值，进而导致公允价值估值可能不具有谨慎性。公允价值对谨慎性影响的这种特性，以及公允价值运用实践的多样性，决定了公允价值信息是否具有谨慎性是依具体情况而定的。

国际上，有关公允价值信息是否具有谨慎性的直接研究较少，研究结论既不充分，又不一致。安德烈等（André et al., 2015）以2000~2010年16个欧洲国家为研究样本，基于巴素（Bsau, 1997）的模型度量条件稳健性，发现采用公允价值运用程度较高的国际财务报告准则会使条件稳健性下降。亨和苏拉马纳姆（Hung and Subramanyam, 2007）基于德国公司1998~2002年的样本数据研究发现，与德国本土会计准则相比，自愿采用国际财务报告准则之后，并无足够的证据证明条件稳健性得到提高。巴迪亚等（Badia et al., 2017）基于包含全部已实现和未实现的公允价值损益，借助于来自电子计算机会计数据库（COMPUSTAT）、证券价格研究中心（CRSP）和机构经纪人预测系统（IBES）的17个行业2007~2014年的27 904个公司年度的观测值，检验公允价值计量与条件谨慎性的关系，结果发现，持有更多第二和第三层级公允价值资产的公司更谨慎地报告归属于公允价值计量的综合收益部分，而非公允价值相关的综合收益部分不存在这种现象，这与企业试图减少投资者对这种计量的折扣相一致。他们进一步的研究发现，这种条件谨慎性随着治理机制的增强而增强，而治理机制增强了企业谨慎性报告的强度和持久性，但这种条件谨慎性随着企业盈余管理的增强而减弱。类似地，布莱克等（2018）基于美国金融行业2008~2014年的4 617个观测值，借助于总收益指标检验银行面对较低可验证性公允价值估计时是否存在条件谨慎性，一般及特定银行的谨慎性指标表明，较低可验证性公允价值资产的比例越高，条件谨慎性越强，且这种关系随着投资者—需求与管理者—供给之间的代理关系变化而改变。他们的进一步分析发现，处于积极监控状态的机构投资者推动了条件谨慎性的需求；他们认为，高质量的审计以及董事会的独立性是激发条件谨慎性的两大机制。与公允价值信息谨慎性的直接证据相比，相关的间接证据比较多。前述有关第二、第三层级公允价值信息具有较低价值相关性、较高信息风险、较低风险相关性以及较低可靠性的研究结论，实质上都为这类信息缺乏应有的谨慎性提供了间接证据。

在我国，针对新企业会计准则自2007年起的实施，许多学者从谨慎性的角度研究了公允价值运用的影响，尽管研究发现并不一致，但大多数经验证据表明，公允价值在我国的运用并没有导致谨慎性的显著下降。杜兴强和杜颖洁（2010）结合我国1998~2008年公允价值运用变迁的背景，采用巴素的盈余—股价回报关系及其扩展模型研究发现，我国上市公司总体上存在条件会计谨慎性，其程度在公允价值运用的各个阶段有所不同：引入阶段（1998~2000年）较不明显；回避阶段除了2006年表现极端外，其他年份都表现出了显著的谨慎性；重新采用阶段（2007~2008年）有所波动。他们由此得出结论：公允价值的运用不会必然导致会计稳健性下降。张淑英和刘慧娟（2012）以2005~2010年深圳证券交易所A股上市公司财务数据为样本，运用应计—现金流模型检验公允价值计量与谨慎性的关系发现，相比2005~2006年，新会计准则刚实施的2007~2008年，公允价值计量的运用会降低谨慎性；2009~2010年，公允价值计量的运用则提高了会计谨慎性，意味着公允价值运用并未导致谨慎性的真正下降。陈骏（2013）基于我国A股上市公司的样本数据研究发现，2001~2010年我国上市公司总体上存在会计稳健性，2006年引入公允价值计量属性并没有显著降低企业的会计稳健性。毛新述等（2015）运用混合横截面回归模型检验我国沪深两市银行业上市公司2001~2013年的样本数据发现，受审慎监管原则的影响，我国银行业上市公司的盈余稳健性要显著高于非银行业上市公司，并且2007年企业会计准则实施后，银行业上市公司的盈余稳健性并未显著降低。邓浩月和刘后平（2018）基于《企业会计准则第39号——公允价值计量》发布的背景，借助卡恩和瓦茨（2009）提出的C分数（C_Score）模型和双重差分模型检验2012~2016年上市公司数据发现，沪深A股上市公司均具有一定程度的会计稳健性；研究期间内公允价值计量对会计稳健性存在显著的抑制效应；2014年新公允价值计量准则修订前后对会计稳健性的负面影响程度并无显著差异，其颁布实施并未更加背离会计稳健性，两者朝着互相平衡的趋势发展。与上述研究不同，也有研究证据表明，公允价值在我国的运用降低了会计谨慎性。刘斌和徐先知（2010）基于我国上市公司2005~2008年的样本数据分析发现，新会计准则实施前后会计信息均存在盈余稳健性特征，但与之前相比，由于新会计准则引入了公允价值计量属性，对"好消息"与"坏消息"确认的不对称程度降低，导致实施后盈余稳健性显著降低。肖翔等（2012）检验2004~2009年A股上市公司的样本数据发现，新会计准则实施后会计信息仍存在盈余稳健性特征，且不是盈余管理所致，公允价值计量会使稳健性降低，可供出售金融资产对于稳健性的影响更为显著。翁占琴（2012）通过我国2007~2011年A股上市公司样本数据的描述性统计和回归分析发现，在市场有效的条件下，我国上市公司总体上存在会计谨慎性，也就是说我国上市公司的会计盈余确认"坏消息"比"好消息"更能得到及时的反应；不涉及公允价值运用的公司比涉及公允价值运用的公司更具有会计谨慎性。她由此推断，公允价值的运用会导致谨慎性降低。张宏亮等（2018）运用巴素模型对我国A股上市公司2001~2016年的样本数据进行分析发现，在2006年与2014年这两个"转折年"，会计准则的重大改革所导致的适度会计谨慎性已经初显；从整体来看，除个别年份外，巴素系数显著为正，说明我国A股企业存在会计谨慎性，但2006年与2014年后的会计谨慎性下降，降低了"好消息"与"坏消息"确认的不对称性；采用公允价值计量更为广泛的金融类以及投资性房地产企业的稳健性降低效应更为明显。

对比国内外有关公允价值运用与会计信息谨慎性的研究不难发现，国外研究较少，且大多认为公允价值降低了会计谨慎性，而我国的研究相对较多，且更多证据表明公允价值对会计谨慎性没有显著影响。这可能同我国企业会计准则对公允价值的运用比较谨慎、上市公司持有的以公允价值计量且其变动计入当期损益的资产比重较低等有关。而研究发现的不同证据还可能与样本数据的选取以及研究设计有关。

**三、公允价值与会计信息的可比性**

理论上，将公允价值作为企业资产计价和收益决定的计量基础，有助于增进资产负债表和利润表信息的可比性。而财务会计准则公告第157号、国际财务报告准则第13号等公允价值计量准则的发布，统一了公允价值的定义并提供了公允价值估值与相关信息披露的基本框架，对于增进公允价值估值及相关信息披露的一致性和可比性具有重要的意义。由于公允价值主要用于金融工具及少数非金融资产的计量而非所有的资产和负债，故直接验证公允价值信息可比性的证据非常少。凯恩斯（Cairns et al., 2011）的研究具有代表性。他们借助于衡量会计政策选择的T指数对英国和澳大利亚228家上市公司在国际财务报告准则2005年实施前后会计信息的可比性进行了比较，结果发现，对于金融工具尤其是衍生金融工具，公允价值的强制使用提高了会计信息的可比性；公允价值在生物资产和以股份为基础的支付中的运用虽然也提升了可比性，但统计结果不显著；对财产给予公允价值选择权后，由于某些公司终止了这类资产的公允价值计量，提高了会计信息的可比性；公允价值选择权在其他金融资产中的运用降低了会计信息的可比性；公允价值选择权在金融负债、投资性房地产、无形资产、厂场与设备计量中的极少运用，意味着大多数企业在行使公允价值选择权方面比较保守，或缺少使用公允价值的动机。这种状况可能对会计信息可比性的提升产生有利或不利影响。有利方面主要体现在行使公允价值选择权的范围越小、比例越低，越有助于可比性的提升；不利方面在于，不同企业强制采用与自愿选择公允价值计量的项目及其比例可能差异较大,进而有损于会计信息的可比性。

需要指出的是,在自愿或强制采用国际财务报告准则之前,许多国家或地区采用本土的会计准则。而在强制或自愿采纳国际财务报告准则后,统一的会计准则代替了原有准则,这些国家或地区的企业因而在会计确认、计量及报告方面趋于一致,会计信息可比性可能因而有所提升。相对于其他准则,国际财务报告准则中对公允价值运用的范围较广。因而,在某种意义上国际财务报告准则能否提升会计信息可比性的研究,可能在很大程度上反映了公允价值运用对可比性的影响。这类研究中,巴斯等(2012)、耶普和永(Yip and Young, 2012)、卡西诺和加森(Cascino and Gassen, 2014)等的研究具有代表性。他们的研究证据表明,国际财务报告准则的采纳使不同国家或地区或企业的信息更加可比。巴斯等(2012)将美国作为比较对象,选取1995~2006年采用国际财务报告准则的国家或地区的企业和美国企业为样本,再按规模和行业进行匹配,发现在采用国际财务报告准则后这些企业的会计系统与美国更为接近,其以美国为基准的可比性有所提高。同时,可比性的增强在强制采用国际财务报告准则的国家或地区、法律起源于普通法的国家或地区及实施程度较高的澳大利亚、加拿大、法国、新加坡和英国等国家和地区中更为明显。耶普和永(2012)基于欧盟国家的样本数据研究发现,欧盟强制上市公司按照国际财务报告准则编制合并财务报表提高了国家间的会计信息可比性,进而与国际会计准则理事会将国际财务报告准则定位于提高会计信息可比性的目标相符。进一步地,卡西诺和加森(2014)借助于公司的审计师类型、董事会独立性及所有权形式构建的度量公司遵循准则动机的强弱变量,通过对来自德国和意大利的样本数据检验发现,国际财务报告准则对会计信息可比性的影响程度与公司对准则的遵循程度有关,对准则遵循动机较强的企业及财务报告程序执行较严格的国家而言,采用后提高了会计信息的可比性。

**四、公允价值与会计信息的透明度**

与公允价值信息的可靠性、谨慎性和可比性评价不同,透明度的评价更强调从总体上评价公允价值会计信息的质量。由于透明度缺乏清晰的含义和界定,因而学术界对会计信息透明度的评价重点也是多视角的,有的强调信息的及时性、完整性和真实性,有的强调信息披露的质量,有的强调用盈余质量替代透明度,还有学者另辟蹊径,从信息风险或不对称程度的视角进行评价。从这种意义上看,公允价值运用对盈余质量影响、公允价值信息的价值相关性、公允价值的信息风险和风险相关性以及公允价值信息可靠性等方面的研究,都一定程度上间接提供了公允价值信息透明度的证据。前述各方面的大量研究证据表明,公允价值的运用从总体上提升了会计信息的透明度,但在程度大小方面又受多种因素的影响。另外,也有不少学者从信息不对称程度、是否如实反映经济活动的实质与成果、公允价值层级对透明度的影响以及信息披露等视角专门研究了公允价值信息的透明度及其影响因素,其研究发现与前述间接证据的发现基本相同。

(一) 公允价值与会计信息的完整性和真实性

高质量往往被视为是高透明度的同义语。因而,财务呈报的信息若能真实、公允地反映企业的财务状况和经营成果,就意味着信息是高质量的,或者说具有较高的透明度。格布哈特等(2004)的模拟分析发现,在现行国际会计准则或美国一般公认会计原则环境中,银行的财务报表无法充分展示其风险管理活动最佳实践的成果;与银行的判断相反,完全套期情况下强制性实施完全公允价值模式能够充分适当地反映银行活动的经济实质和成果,表明现行套期会计准则对公允价值的运用无法提供完全透明的信息。类似地,哈米达(2006)基于法国银行数据的模拟结果表明,在实施国际会计准则第39号的情况下,由于市场利率的变化,对风险完全套期的银行在其收益表中不可避免地呈现出波动性,而相同情况下部分套期银行的收益表受到的影响较小,现行会计准则规定的严格套期会计规则无法使银行充分适当地反映其投资银行和商业银行业务,银行资产负债管理活动最佳实践无法在其财务报表中得以充分体现,而采用联合工作组提出的完全公允价值可以适当反映银行业务的经济后果。上述研究证据意味着公允价值的运用范围影响了会计信息的透明度。

(二) 公允价值层级与会计信息的透明度

会计信息的可靠性高低从另一个视角反映了信息的透明度。相关证据表明，不同层级公允价值信息的可靠性存在差异。因此，公允价值信息透明度的高低与估值的输入层级相关，现有研究提供了相关的证据。里德尔和塞拉芬（2011）通过对美国金融机构的样本数据分析发现，第一、第二、第三层级公允价值计量金融工具的信息透明度逐层降低，这种现象在事前低质量信息环境的公司以及较少分析师跟踪、较低市值、较高分析师预测差错或较高的分析师预测离散度的公司中表现得尤为突出。拉基等（2012）通过对欧洲、美国及其他国家上市银行 2009~2011 年的样本数据检验发现，2 500 家样本银行中，只有 281 家进行了分层披露，分层披露尚未广泛推行；金融工具第三层级公允价值估值更具主观性，它对于解释美国公司市场价值的能力较差，对解释意大利公司市场价值的能力更差；总体而言公允价值信息并没有为投资者提供对其资源配置决策有用的独特而明确的信息。廖等（Liao et al., 2013）基于美国银行的样本数据研究表明，信息不对称性与公允价值净资产显著正相关，且其相关程度与公允价值的层级有关，其中，第三层级公允价值估计的信息不对称程度最强，第一层级公允价值估计与信息不对称程度的相关关系最弱；财务会计准则公告第 157 号的实施导致了信息不对称程度的降低，意味着公允价值的三个层级向投资者提供了有用的信息，公允价值在危机前和危机中均与以买卖价差衡量的不确定性相关。

(三) 公允价值对信息不对称程度的影响

透明意味着信息提供者和需求者对有关经济交易、事项或情况信息的了解是基本相同的，不存在显著的差异或不对称。这也就意味着，信息不对称程度与信息透明度高低呈反向关系。信息不对称程度越高，信息的透明度就越低，信息供需双方的行为差异就越大。克里斯坦森和尼古拉耶夫（Christensen and Nikolaev, 2013）以股票的买卖价差大小衡量信息不对称程度，通过配对检验发现，提供公允价值信息的公司确实比不提供公允价值信息的公司存在更低程度的信息不对称，意味着管理层向市场传递了私有信息，提供了公允价值计量提高会计信息透明度的证据。同样，方特斯等（Fontes et al.，2018）也以买卖价差作为衡量信息不对称程度的指标，通过对采纳国际财务报告准则的欧洲银行 2005～2014 年的 612 个公司年度观测值检验发现，资产的公允价值计量与明显较低的信息不对称有关；当银行确认自身信用风险利得与损失时，信息不对称程度下降超过两倍；银行披露自身信用风险利得与损失的描述性信息越详细，银行股票的买卖价差就越小；银行资产的公允价值计量以及自身信用风险利得与损失的确认并不仅仅是捕捉了银行特征及其信息环境质量之间差异的信息。

（四）信息披露与公允价值信息透明度

一般认为，信息披露的内容、方式、时效会影响信息的透明度。及时、完整、准确地披露公允价值估值及其相关信息，可以提高信息的透明度。不少研究证据证明了这种推论。穆勒等（2011）基于对 178 家欧洲房地产企业实施国际会计准则第 40 号前后 5 年共计 431 个公司年度观测值的检验发现，强制采纳该准则的公司在信息不对称方面出现更大幅度的下降，这表现在更低的买卖价差方面，但强制采纳公司的信息不对称程度依然高于自愿采纳的公司，这部分归因于强制采纳公司报告的公允价值可靠性较低，这些证据表明，即使是对长期有形资产，在强制性报告制度下普遍采用公允价值也能减少（但不一定消除）企业间的信息不对称程度。安德森等（Anderson et al.，2015）实施的一项实验研究发现，提供摊余成本基础的财务报表并辅之以附注中的公允价值信息披露有助于更好地作出受托责任的相关决策，而提供公允价值基础的财务报表并辅之以摊余成本基础信息的附注披露反而不利于受托责任的相关决策。他们认为，投资者的受托责任相关决策之所以能够得到改善，是因为公允价值信息更透明地提供了适当考虑管理者行为相关机会成本所需的信息，也有助于将管理者的内生行为与管理者无法控制的外部市场力量的影响区分开。韦斯和斯隆（Weiss and Sloan，2017）借助于手工收集的美国银行控股公司自愿性公允价值披露的数据，建立 8 个常用因素披露变量，检验这些披露对信息不对称的影响，结果表明，关于使用来自定价服务的经纪人报价或价格、使用市场指数与非流动性调整的披露变量与较低的信息不对称有关，有关评估技术与资产支持证券的披露变量与较高的信息不对称有关，披露的复杂性与披露的语气（不确定性及与诉讼相关）与较高的信息不对称有关，这意味着公司披露过多信息时，管理层可能会混杂负面消息，进而导致市场参与者增加对公允价值计量相关的不确定性的评估。阿玛米和摩尔多瓦（2017）的研究发现，当投资基金披露了重要的不可观测输入值和用于估计第三层级公允价值的估值技术后，股票市场降低了对封闭式基金市值的折扣率，使其股票市场价值更接近于其内在价值，这种现象在2012年会计准则强制要求披露不可观测输入值和第三层级估值技术之后表现得尤为突出，且这种效应主要产生于采用表格方式披露不可观测输入值的封闭投资基金公司中。马蒂斯等（Matis et al., 2013）基于20家在伦敦证券交易所和法兰克福证券交易所上市公司的数据分析结果表明，公司的规模大小与公允价值计量披露指数显著正相关，意味着公司规模越大，企业的信息透明度就越高。

### 五、公允价值选择权与会计信息质量

除强制性要求对交易性金融资产、可供出售金融资产和衍生金融工具采用公允价值计量以及资产减值、非货币性资产交换、债务重组、企业合并等交易或事项中的公允价值运用要求外，相关会计准则还给予企业公允价值选择权，允许对某些金融工具以及固定资产、无形资产、投资性房地产、生物资产等经营性资产采用公允价值计量，期望借助于公允价值选择权的行使，避免由于复杂套期会计规则对被套期项目的苛刻要求所导致的无法如实反映企业风险管理策略的效果，防止由于资产与其相关资金来源形成负债之间的错配所导致的财务状况和经营成果的失真，以及为不符合套期的项目选用共同的计量基础以如实反映资产或负债项目的现时价值，在使财务报表数据更具经济意义的前提下，增强不同资产负债项目数据的同质性。因此，给予企业公允价值选择权的目的在于提升会计信息的质量。另外，给予企业公允价值选择权的同时，也意味着给予企业管理层财

务呈报的更多自由裁量权,如果缺乏制约这种权力的监督和环境,则很可能导致管理层对这种权限的机会主义运用甚至是滥用,最终损害会计信息的质量。国内外学者主要围绕企业行使公允价值选择权的动机或影响因素及其对会计信息质量的影响展开研究,大多数研究证据表明,基于管理层机会主义动机的公允价值选择权的行使,损害了会计信息的质量。

(一) 行使公允价值选择权动机或影响因素的经验证据

与相关会计准则给予公允价值选择权的期望相反,许多经验证据表明,企业管理层行使这类选择权大多与其机会主义动机有关。布朗等(Brown et al., 1992)基于澳大利亚非公用事业、银行、金融和投资上市公司中1974~1977年(高通货膨胀时期)的204个随机样本以及1984~1986年(低通货膨胀时期)的206个随机样本,研究公司在不直接影响其现金流量且实施成本高昂的背景下选择对固定资产进行重估值处理的原因,结果发现,债务契约、政治成本考虑、解决信息不对称问题、向投资者传递信号等都是资产重估会计的可能影响因素。威特瑞德和单(Whittred and Chan, 1992)基于澳大利亚证券交易所1980~1984年的数据,对实施资产重估的约160个样本(129家公司)与由496个非资产重估样本(299家公司)组成的潜在对照组进行研究,结果发现,作为减轻投资不足问题的低成本机制,资产重估主要是基于债务契约的考虑,特别是当公司主要依赖债务融资且接近违约时,公司更可能实施;资产重估与企业成长机会的存在、财务杠杆以及借款限制的存在正相关,与企业依赖内部融资实现增长的能力存在负相关。科特和齐默尔(1995)从威特瑞德和单(1992)的样本中随机选择100家公司作为样本研究资产重估的影响因素发现,进行资产重估的公司比没有进行资产重估的公司更有可能面临经营活动现金流量的下降;增加了担保借款的公司比没有增加担保借款的公司更有可能进行资产重估,而且多数非年终资产重估直接源于贷款机构的合同。巴利弗等(2007)的研究发现,资产重估值决策一般与公司融资需求、资本密集度以及政治成本相关议题有关,但在不同的国家或地区,其具体影响因素又有所不同。夸格里和阿瓦隆(Quagli and Avallone,

2010）通过对来自芬兰、法国、德国、希腊、意大利、西班牙和瑞典等欧洲国家房地产公司首次采用国际财务报告准则的数据分析发现，信息不对称、缔约效率（代理成本）和管理层机会主义选择都可以解释公允价值的选择，更为重要的是，企业规模（作为政治成本的替代变量）越大，选择公允价值模式的可能性越小，企业的市净率越高，选择公允价值模式的可能性越小。伊兹瑞利（Israeli，2015）通过对86家来自法国、德国、意大利和西班牙等欧盟四国不动产投资上市公司（这些公司在采纳国际财务报告准则前均采用成本模式计量投资性房地产）2005～2010年的532个公司年度观测数据的检验结果表明，公司管理层在作出确认或披露的选择时具有机会主义行为，缔约与资产定价激励有助于解释确认或披露的选择。陈和唐（Chen and Tang，2017）对70家香港房地产公司2000～2009年的样本数据分析发现，在转向公允价值模式后首席执行官的现金补偿同未实现的公允价值变动显著正相关，但这种关系仅对未实现公允价值利得有效，首席执行官的补偿似乎不受未实现公允价值变动损失的影响，且这种相关性在控股股东持有较少股权、控股股东实际拥有的控制权超过其所有权份额以及公司运营不再由其创始人负责等相对不太健全的公司治理结构（代理问题较为严重）环境下更显著，表明管理层在选择公允价值模式时存在机会主义行为。科罗纳等（Corona et al.，2019）通过研究银行面对资本需求监管时对历史成本会计模式和公允价值会计模式的选择发现，贷款回报的弹性是会计模式选择的关键影响因素：贷款回报缺乏弹性时，较高的资本需求会减少银行对公允价值的运用；而当资本需求较低且贷款回报足够有弹性时，较高的资本需求会刺激银行对公允价值的运用。瓦海尼等（Wahyuni et al.，2019）利用逻辑回归模型对印度尼西亚上市公司2013～2015年的数据分析发现，盈利的公司以及房地产行业公司对投资性房地产更多选择成本模式，而具有较高比例机构投资者以及较高增长率的公司更倾向于选择公允价值模式，意味着投资性房地产后续计量模式的选择与公司特性、所有权结构和所处行业有关。

（二）公允价值选择权对会计信息质量影响的经验证据

由于企业管理层机会主义行为动机的大量存在，公允价值选择权很可能无助于会计信息质量的提升，甚至会导致会计信息质量的下降。在国外，巴利弗等（2007）的经验证据表明，市场并不认为公司的重估值决策具有信息含量或者是及时的。库什等（2017）利用556家（其中90家是财务会计准则公告第159号的采纳者）美国金融机构的数据，用2008年前后各四年的季度经营性收益波动增长率衡量盈余波动性的变化，结果发现大部分持有公允价值资产且不承担公允价值负债的公允价值采纳者经历了盈余波动性的增加，他们将之归因为公允价值选择权的采纳。在我国，有不少经验证据表明，公允价值选择权损害了会计信息的质量。陈国珍（2014）通过对我国选择公允价值模式进行投资性房地产后续计量的样本公司数据分析得出结论，公允价值信息的可靠性无法保证，并将之归因于我国市场环境、法制环境以及企业会计人员素质。类似地，张国华和张瑞丽（2016）基于2007~2013年对投资性房地产采用公允价值模式的全部A股上市公司的样本数据分析发现，投资性房地产公允价值信息缺乏可验证性（可靠性）。黄霖华等（2017）基于我国2007~2013年A股上市公司的样本数据研究发现，投资性房地产项目以公允价值进行计量扩大了管理层的盈余管理空间，真实的公允价值成为管理层的私有信息，私有信息通过交易融入股票价格，降低了股价同步性。颜剩勇和刘晶晶（2017）对我国A股10家房地产上市公司2013~2015年的财务报告分析也得出了相同的结论。邓永勤和裴丽丽（2016）基于2008~2014年我国上市商业银行的样本数据分析发现，运用公允价值选择权整体上使盈余波动显著增加，仅运用于金融资产与同时运用于金融资产和负债的盈余波动增加没有显著差异，违背了会计准则的制定初衷；不同信息披露质量下公允价值选择权的盈余波动效应的进一步研究表明，信息披露质量较高的上市商业银行盈余波动显著增加，而信息披露质量较低的上市商业银行盈余波动增加并不显著，信息披露质量低且同时对金融资产和负债运用公允价值选择权的银行表现为最低的盈余波动性。张宏亮等（2018）对2001~2016年深沪两市A股上市公司的样本数据研究发现，在2006年与2014年两个"转折年"适度会计谨慎性已经初显，且除个别年份外，巴素系数显著为正，说明我国

A股企业存在会计稳健性；但2006年与2014年后的会计稳健性下降，采用公允价值计量更为广泛的金融类以及投资性房地产企业的稳健性降低效应更为明显。他们还发现，我国企业存在正向的盈余管理。

与上述经验证据不同，也有少量的研究发现，公允价值选择权确实提高了会计信息质量。费希特（2011）对来自41个国家222家银行的国际样本数据检验发现，基于减少会计错配目的行使公允价值选择权的银行比其他银行展现出更低的盈余波动性，且来自监管质量较高国家的银行更有可能运用该选择权以减少会计的错配，这意味着银行可以借助于会计的灵活性减少人为的盈余波动。克里斯坦森和尼古拉耶夫（2013）的配对检验也发现，提供公允价值信息的公司确实比不提供公允价值信息的公司存在更低程度的信息不对称（以较低的买卖价差来反映），支持了公允价值计量，提高了财务信息透明度，向市场传递了管理层私有信息，从而降低了公司融资成本的假设。伊兹瑞利（2015）通过欧盟四国86家采纳国际财务报告准则前均采用成本模式计量投资性房地产的上市公司2005~2010年的532个公司年度观测数据的检验发现，企业对投资性房地产选择公允价值模式提高了会计信息的价值相关性。类似地，穆勒等（2015）的研究也证明，相对于成本模式，公允价值模式的选用提高了会计信息的价值相关性；相对于仅在附注披露的公允价值，表内确认的公允价值提升了会计信息的价值相关性，但提高程度随着信息处理成本的降低（高度的分析师跟踪）或可靠性的增强（外部估价师的使用）而减少，意味着投资性房地产公允价值估值的可靠性以及投资者的信息处理相关成本会影响公允价值的价值相关性。费希特和诺夫特尼-法克斯（2017）通过46个采纳国际财务报告准则的国家或地区在2006~2009年的907个银行年度样本数据研究也发现，行使公允价值选择权的金融资产和金融负债的公允价值均具有价值相关性，但金融资产公允价值的价值相关性普遍较低，这种差异在以银行为基础的经济体中表现尤为突出。他们认为，这可能与投资者在以银行为基础的经济环境下对公允价值使用较少和经验缺乏等制度因素有关。

基于上述经验证据不难看出，尽管会计准则给予企业公允价值选择权具有提升会计信息质量的初衷，但由于也同时给予了企业管理层更多的自由裁量权，他们很可能会机会主义地运用准则赋予的权力，因而无助于会计信息质量的改善，除非他们真如准则制定机构所期望的那样行使公允价值选择权，或者存在强有力的内外部监管环境和稳定有序的经济环境。

# 第六章
# 基本结论、主要困惑与政策建议

## 第一节 基本结论

### 一、公允价值的运用实践依然缺乏清晰、系统的理论支撑

如前所述，公允价值这一概念的提出及其在会计实践中的运用具有悠久的历史，"真实和公允"作为企业财务呈报应体现或遵循的基本观念，长期以来也受到了社会各界的大力推崇，不乏溢美之词和支持之声。但与此同时，公允价值的运用也历经坎坷，尤其是在历次金融危机之后，更是遭受社会各界的严厉批评与指责，甚至被称为导致金融危机的"罪魁祸首"，多次沦为摆脱金融困境重要举措中的牺牲品。何以出现这种情况？很可能与公允价值的运用实践缺乏清晰、系统的理论基础有关。

尽管公允价值在会计中的运用实践早已存在，但在 20 世纪 80 年代以前，这些运用实践大多是零散的、自发的和缺乏统一规范的。90 年代以来，随着人们对历史成本会计模式局限性认识的不断加深，全球范围内对决策有用观这一财务呈报目标的普遍认同，会计实务中如实报告企业全面收益的客观要求，以及对会计信息相关性的高度关注，以公允价值作为资产和负债计量属性的会计要求才逐渐出现在相关会计准则之中，引起国际会计界的广泛关注。然而，透过美国财务会计准则委员会、国际会计准则

理事会等准则制定机构发布的有关文献不难看出，公允价值在会计中的运用仅有一些零散的、不系统的说明或分析，并未提出任何特定的理由或任何系统的说明。实际上，由历史成本向公允价值的转移通常是以范式转换为特征的（Barlev and Haddad，2003）。就财务会计而言，范式可定义为关于财务呈报目标以及为实现这些目标所应遵循原则的一系列共享的信念，针对会计计量，范式代表了为实现相关的财务呈报目标所需要的计量属性的共识，它以精心设定的假设为基础，并需要有理论基础或支持作为典型特征。希茨（Hitz，2007）指出，公允价值是随着决策有用观财务呈报目标的明确提出和阐述而引入的，因而决策有关观的财务呈报目标似乎构成了公允价值范式基本支柱的一个理论假设。他结合公允价值计量属性的演进与实施，进一步指出了各种可能的理由或依据：（1）向公允价值计量发展的根源在于所感知到的当时处于支配地位的报告模式即所谓的收入费用观的不适当性；（2）由历史成本转向公允价值是同对资产负债观的接受与采纳相适应的，而这种观点的主要特性是支持资产和负债的变化而非"不失真"这一模糊观念下的收益定义；（3）资产负债观强调了资产负债表作为决策有用信息来源的作用，进而为公允价值范式的提出提供了概念基础；（4）对资产负债观的采纳，以及基于经济特性对资产和负债的定义对未来经济利益及其流入或流出的强调，将收益同净资产的变化紧密联系在一起；（5）对初始确认或者新起点计量来说，公允价值提供了对一项资产或者负债经济特性的最完全、最相关和最具反映真实性的计量；（6）美国证券交易委员会等监管机构以及美国财务会计准则委员会和国际会计准则委员会等准则制定机构认为，公允价值计量具有观念上的优越性，这主要表现在相关性方面；（7）触发向公允价值转换的决定性事件是美国储蓄和贷款危机，本次危机暴露了基于历史成本/配比范式的这种流行财务报告体系的不足；（8）公允价值范式的提出还与金融工具会计中所涉及的具体问题直接相关。但遗憾的是，美国财务会计准则委员会、国际会计准则理事会等准则制定机构，既没有为公允价值作为资产负债表和收益表计量基础的适当性和实施提供任何具体的理论论述，更没有对公允价值收益概念作相应的概述。

　　本书基于公允价值概念及其在会计中的实践运用缘起认为，公允价值的运用不仅同决策有用观的财务呈报目标定位有关，而且还是产权计量的客观要求。会计计量在本质上属于产权问题，正确进行产权计量，既是产权经济的基本要求，又是会计计量的根本要求，还是会计计量的最终目标。作为产权的基本原则，平等、公平、等价、自愿和诚信等原则同样也是会计计量应遵循的基本原则。产权经济对会计计量的这些要求，使其成为公允价值会计最根本的理论基础（经济理论基础）。此外，经济学收益概念和实物资本保全概念也可为公允价值的运用实践提供必要的解释和支持。但是，基于公允价值运用对会计信息质量影响的分析以及财务呈报目标同会计信息质量特征要求之间的内在关联分析，本书还发现，公允价值的运用还可能有助于受托责任观财务呈报目标的实现。再者，作为准则制定的理论基础，美国财务会计准则委员会和国际会计准则理事会发布的财务报告概念框架中所提出的决策有用观财务呈报目标似乎也不能逻辑严谨地得出应以公允价值作为资产负债表和收益计量唯一合理基础的结论。大量实证研究的经验证据也充分说明了这一点。

　　总之，产权理论、决策有用的财务呈报目标、经济学收益和资本保全概念虽然从某种程度上为公允价值在会计准则中的运用提供了必要的基础，但仍缺乏内在逻辑一致的概念框架作为理论依据。公允价值在财务呈报中的运用实践有待进一步系统、深入的分析和论证。

## 二、公允价值信息的有用性因内、外环境因素差异而不同

　　尽管公允价值在会计准则中的运用缺少清晰、系统、坚实的理论基础，但其在会计准则中的广泛推广运用确实是发生在决策有用观的财务呈报目标地位得以确立并获得普遍认可之后。所以，有关公允价值运用对会计信息质量影响的研究大多从会计信息对财务报告使用者的投资、信贷等资源配置决策的有用性角度，重点评价公允价值信息的价值相关性、信息风险及风险相关性，这些方面当然也是有关公允价值运用实践最早的研究

主题。虽然也有不少研究涉及盈余质量、可靠性、谨慎性、可比性等视角的评价，但决非主流。与公允价值运用缺乏清晰、系统的理论论述相一致，关于公允价值信息的有用性也不存在明确一致的结论。

价值相关性检验是公允价值信息决策有用性评价的一个最重要的方面，样本数据最初以美国公司为主，随后扩展至其他运用公允价值的国家和地区，研究对象以金融工具尤其是金融资产为主，以允许进行重估价的固定资产或采用公允价值计量的投资性房地产、生物资产为辅，在研究的具体对象方面，早期研究以披露的固定资产公允价值信息的决策有用性为主，20世纪90年代后转向了金融资产表内确认的公允价值及其层级信息的决策有用性，研究发现也并非完全一致。以美国、欧洲及澳大利亚等国家或地区的样本数据研究发现了以下六点内容。（1）金融工具的公允价值信息通常能够向投资者提供有用的信息，但相对而言，存在活跃市场的交易性权益证券投资以及衍生金融工具的公允价值的价值相关性较强，公允价值模式下净资产的价值相关性高于包含未实现利得和损失的净收益的价值相关性，金融资产公允价值信息的价值相关性高于金融负债公允价值信息的价值相关性，金融工具不存在活跃市场且管理层具有强烈机会主义动机时的公允价值信息价值相关性较弱。（2）相对于金融资产而言，非金融资产公允价值信息的价值相关性虽然取得了相关的支持性证据，但并不充分，导致这种结论的主要因素在于这些资产的持有目的在于使用而非出售，它们往往结合在一起共同而非单独为企业带来经济利益，企业选择公允价值往往具有强烈的机会主义动机，其公允价值估计通常被认为可靠性较低等。（3）相对于披露的公允价值信息，表内确认的公允价值信息往往具有较高的价值相关性，因为在使用者看来，相对于确认，仅在附注中披露的公允价值信息可靠性较低。（4）相对而言，对于拥有健全公司治理机制或内部控制机制的公司，委托外部评估师进行公允价值估值的公司，以及审计质量较高的公司，其公允价值信息的价值相关性较高，这主要源于使用者通常认为其公允价值估值的可靠性较强。（5）在法律体系比较健全的国家或地区，公允价值信息的价值相关性普遍较高。（6）公允价值信息的价值相关性同公允价值估值输入层级高低有关,即同公允价值估值的不确定性高低有关。归根结底,公允价值信息价值相关性的大小受外部环境(是否处于金融危机时期)、市场条件、资本市场成熟度、监管质量高低、投资者保护强弱、执法水平高低、企业所处的行业、企业规模大小、企业的商业模式(是否参与资产证券化业务等)、计量项目性质(资产或负债)及其重要性大小、相关信息披露质量高低等因素的影响。在我国,尽管有研究证据表明公允价值的运用降低了会计信息的价值相关性,但更多的研究证据表明,公允价值在我国的运用提升了会计信息的价值相关性,且呈现出如下四个典型特征:(1)公允价值在金融行业的运用具有价值相关性,且资产负债表信息的价值相关性显著高于利润表信息的价值相关性,但缺乏是否具有增量价值相关性的充分证据;(2)相对于金融行业,非金融行业公允价值信息价值相关性的证据较少,尽管研究结论证实了会计信息具有价值相关性,但相对于历史成本模式是否具有增量的价值相关性的研究缺乏;(3)交易性金融资产和可供出售金融资产的公允价值是否具有价值相关性的研究证据差异较大,其公允价值与公允价值变动、公允价值变动计入当期损益或计入其他综合收益以及公允价值变动损益实现时是否转回都可能会影响检验结论;(4)公允价值信息的价值相关性除与行业归属、资产类型等因素相关外,其强弱大小还受市场成熟度、外部监管、信息使用者理性程度、公司治理结构、企业资本结构、管理层风险偏好与报告动机、实施成本等多种因素的影响。总体而言,公允价值信息具有价值相关性,但相对于历史成本是否具有增量相关性的证据不足,相对于公允价值净资产而言,公允价值盈余信息对股票价格的解释能力依然处于较低水平[①]。盈余对股票回报的解释力较低是很正常的,因为财务报表内确认

---

① Lev 总结发现,多数研究中会计盈余对股票回报的解释力($R^2$)只有2%~5%,即盈余和股票回报的关系非常微弱,甚至可以忽略不计。详见 Lev B. On the Usefulness of Earnings and Earnings Research: Lessons and Directions from Two Decades of Empirical Research [J]. Journal of Accounting Research, 1989, 27 (Supplement): 153 - 192. 我国的情形与之类似。刘峰等在研究会计准则变迁对会计信息质量的影响时发现,1995~2002年的多数年份,会计盈余对股票回报的解释力(调整的 $R^2$)不超过10%。详见刘峰、吴风、钟瑞庆. 会计准则能提高会计信息质量吗——来自中国股市的初步证据 [J]. 会计研究, 2004 (5): 8-19.

的盈余等信息,绝对不会是投资者在投资决策时的唯一参考。

区别于价值相关性研究,会计信息风险和风险相关性研究另辟路径,分别从正、反两个不同侧面揭示了公允价值的运用对会计信息总体质量的影响。尽管存在公允价值运用与会计信息风险无关联或关联度不大的证据,但缺少充分性。更多经验证据表明,公允价值的运用会增加会计信息风险,具有顺周期效应。公允价值运用的信息风险主要表现在:企业盈余等会计数据波动增加,但公司股票价格变动与盈余波动幅度、方向不一致;应计质量下降;企业权益或债务资本成本的上升;权益 β 值上升;资本市场上呈现投资异象;公允价值计量资产的比重增加与企业信用评级结果负相关;在金融危机或资本市场急剧波动时期具有顺周期效应等。公允价值会计信息风险的变化与企业规模、企业财务杠杆、公司治理、公允价值估值的差错、管理层对估值的自由裁量权、会计准则的完善程度、计量对象的类型与比重、审计质量、信息披露质量以及外部环境的波动等因素有关。与会计信息风险对公允价值运用有用性的评价视角相反,风险相关性分析重在判断公允价值信息是否如实地揭示了资本市场参与者所面临的投资或金融风险。国外对于公允价值信息风险相关性的研究较早,多数研究发现了公允价值信息具有风险相关性的经验证据,但也有研究结论并不支持或不完全支持公允价值信息具有风险相关性,这与公允价值增加了信息风险的研究结论相符。我国的少量经验证据表明,净利润波动是衡量资本市场投资风险的重要盈余指标,综合收益波动作为资本市场投资风险的指标证据不足,表明公允价值信息风险相关性可能同资产性质及其重要程度以及公允价值估值的可靠性相关。概括来讲,相对于非金融类公司,金融类公司公允价值信息往往呈现出较低的信息风险和较强的风险相关性。这可能同金融行业公司持有的金融工具较多、按公允价值计量的比例较大、相关信息披露规范较多且较为严格以及行业监管较为规范严格有关。另外,公允价值的信息风险和风险相关性还与公允价值的运用范围、估值的可靠性等因素有关。公允价值信息风险及风险相关性的经验证据也支持了价值相关性的研究发现,即会计信息风险的加大,风险相关性的证据不充分,意味着公允价值的运用从某种意义上损害了会计信息的价值相关性。

与价值相关性、会计信息风险和风险相关性的评价不同,盈余质量的评价重在从公允价值是否具有信息含量的视角,判断公允价值信息对使用者投资、信贷决策的有用性和评价受托责任的有用性。有关公允价值运用对盈余质量的研究主要评价公允价值运用对企业盈余波动性、盈余管理和分析师预测准确性的影响。国内外的大量经验证据表明了以下六点内容。(1)强制性的公允价值运用增强了盈余的波动性,而公允价值选择权的行使如果遵从了准则的意图,则有助于降低盈余的波动性,但作为一种特殊公允价值选择权,由于严格的运用条件限制,套期会计准则的运用可能无助于盈余波动性的降低。(2)企业盈余波动性的增加同多种因素相关,除公允价值运用外,外部市场状况、公允价值运用的目的及其估值可靠性、会计准则的改变、企业的商业模式等都可能对盈余的波动性产生重要的影响。(3)公允价值的运用与盈余管理有关甚至加剧了盈余管理的程度,这些盈余管理行为主要与公允价值的运用对象、运用方式、相关会计确认、估值可靠性及运用环境等因素相关,但若运用环境良好、估值可靠、运用恰当,公允价值很可能会抑制企业的盈余管理行为。不少研究为此提供了相关的证据支持。(4)公允价值之所以会成为盈余管理的工具,是因为盈余管理动机的存在、相关会计准则规定的不恰当、职业道德的缺失、相关要素市场的不完备不充分以及资本市场监管的失灵等。(5)尽管公允价值的运用增强了盈余的波动性或激励了管理层的机会主义行为,但由于公允价值提供了对一项资产或者负债经济特性的最完全、最相关和最具有真实性的计量,因而公允价值的运用通常情况下能够提升盈余预测的准确性,分析师盈余预测的准确性同公允价值运用对象的选择、估值的可靠性、相关信息的披露、运用的内外部环境等密切相关。(6)在外部市场环境动荡不定、企业面临较大的财务困境、外部监管存在缺失或不力、公司治理与内部控制不健全、管理层存在较强的盈余管理动机或公允价值估值可靠性难以得到合理保证等情况下,公允价值的运用会损害盈余预测的准确性。

实际上，公允价值运用还可能影响会计信息的可靠性、谨慎性、可比性、透明度等质量，进而影响会计信息的有用性。大量的经验证据表明了以下四点内容。(1) 尽管存在公允价值（主要是第一层级估计值）并未影响会计信息可靠性的证据，但更多经验证据在某种程度上证明了人们对公允价值信息可靠性的质疑，尤其是当公允价值的估值是基于第三层级输入的情况下。同时，这些研究证据也表明，公允价值信息的可靠性问题源于公允价值的估值，与估值来源、方法、模型、输入层级及环境等因素相关。(2) 国外的研究虽然较少，但大多认为公允价值运用降低了会计谨慎性。我国的研究相对较多，且大多证据表明公允价值运用对会计谨慎性没有显著影响。这与国外的发现有所不同，这可能同我国企业会计准则对公允价值的运用比较谨慎、上市公司持有的以公允价值计量且其变动计入当期损益的资产比重较低等有关，也可能同样本数据的选取以及研究设计有关。(3) 现有的研究中，直接验证公允价值信息可比性的非常少，研究发现也与预期基本相符，即对于金融工具尤其是衍生金融工具，公允价值的强制使用提高了会计信息的可比性；公允价值在生物资产和以股份为基础的支付中虽然也提升了可比性，但统计结果不显著；对财产、厂场及设备采用公允价值计量不利于会计信息可比性的提升；公允价值选择权在其他金融资产中的运用降低了会计信息的可比性。上述研究证据与实施国际财务报告准则国家或地区的发现不完全一致。一方面，国际财务报告准则并不完全等同于公允价值准则；另一方面可比性的提升可能是由于不同国家或地区的本土会计准则之间差异过大所引起。(4) 公允价值的运用有助于提高会计信息的透明度，但对透明度影响的程度大小受公允价值的运用范围、估值的可靠性、运用是否出于自愿、公司规模大小、相关信息披露质量等因素的影响。

需要特别指出的是，企业行使公允价值选择权的影响因素及其对会计信息质量影响的经验证据，可能有助于更好地判断公允价值运用对会计信息有用性的影响。会计准则之所以给予企业公允价值选择权，是期望该选择权有助于企业避免由于复杂套期会计规则对被套期项目的苛刻要求所导致的无法如实反映企业风险管理策略的效果,防止由于资产与其相关资金来源形成负债之间的错配所导致的财务状况和经营成果的失真,以及为不符合套期的项目选用共同的计量基础以如实反映资产或负债项目的现时价值,在使资产报表数据更具经济意义的前提下,增强不同资产负债项目数据的同质性。但许多经验证据表明,企业管理层行使这类选择权大多与其机会主义动机有关,与相关会计准则给予公允价值选择权的期望相反,无助于会计信息质量的改善,除非他们真如准则制定机构所期望的那样行使公允价值选择权,或者存在强有力的内外部监管环境和稳定有序的经济环境。

上述各方面的经验证据相互印证且表明,公允价值运用对会计信息质量的影响是错综复杂的,既受运用对象选择、估值的可靠性、公允价值变动损益的确认、公允价值选择权的授予和行使、表内确认与表外披露的选择、相关信息的披露要求等会计系统内部因素的影响,又受资本市场成熟度、宏观经济环境、法律体制、市场条件、外部监管、投资者保护以及企业行业性质、规模大小、公司治理机制、内部控制、资本结构、运用动机等会计系统外部因素的影响。因而,公允价值运用对会计信息质量影响的评价必须置于特定的环境中,综合考虑各方面的因素,从多个不同视角进行评价,相互印证,互为补充,以保证评价结论的全面、客观和公正。

### 三、公允价值运用推进依赖于财务呈报制度的改进与完善

如前所述,公允价值运用对会计信息质量的影响受对象选择、估值的可靠性、公允价值变动损益的确认、公允价值选择权的授予和行使、表内确认与表外披露的选择、相关信息的列报要求等会计系统内部因素的影响。因而,推进公允价值在会计准则中的运用,先要基于公允价值运用的理论分析和相关的经验证据,厘清会计系统内部各相关因素对公允价值会计信息质量的影响,进而为改进和完善公允价值运用对象、估值、确认、报告等相关的财务呈报制度提供依据。

(一)关于运用对象的选择

将公允价值运用于什么会计要素项目?作为表外披露的金额还是表内

确认的金额？是公允价值在财务呈报中运用需要解决的基本问题。基于决策有用财务呈报目标的要求，会计信息应有助于使用者评价主体未来现金流量的时间、金额和不确定性，因而，作为一种有效和几乎公正无偏的方式聚合了资本市场投资者关于资产或者负债的现金流量模式一致预期的公允价值，应该运用于能够给企业直接带来现金流入和流出的资产或负债项目的期末计量。这即意味着公允价值的运用对象只有同其对股东的价值存在一对一的对应关系时，公允价值才与财务呈报目标相一致。当一家企业持有的净资产的价值来源于其开展的商业活动而非市场价值时，即使其公允价值在活跃市场可以观测，上述一对一的对应关系也不复存在，公允价值因而也将变得毫无意义，资产和负债的匹配会使问题更进一步复杂化（Penman，2007）。更为重要的是，资产、负债按脱手价格计量生成的资产负债表和收益表对持续经营主体的投资者几乎没有价值（Benston，2008等）。有价证券的公允价值披露具有增量价值相关性（Petroni and Wahlen，1995；Barth et al.，1996；Eccher et al.，1996；Nelson，1996；等等），可供出售金融资产的公允价值具有价值相关性（Park et al.，1999；等等），非流动资产按照公允价值再计量的负差异（调减金额）具有价值相关性（Barth and Clinch，1998），披露的重估价金额的价值相关性低于报表中确认的金额的价值相关性（Cotter and Zimmer，2003），与在表内确认的投资性房地产公允价值相比，仅在报表附注中披露的公允价值价值相关性较低（Lourenco and Curto，2008）等，都充分证明运用对象及运用方式的选择对提升会计信息有用性具有重要意义。

（二）关于公允价值的估值

不同于历史成本，公允价值是在计量日市场参与者进行的有序交易中，出售一项资产将收到的价格或者转移一项负债将要付出的价格。这一价格应包含了所有市场参与者关于资产或负债的用途、未来现金流量、现金流量所面临的不确定性以及市场参与者承担不确定性所要求金额的一致观点（FASB，2000），是对资产、负债在计量日市场价值的最佳估计。一般而言，这种市场价格仅存在于理想的完全和完美的市场环境中，且市场价格等于公允价值等于在用价值。而在现实的不完全和不完美的市场环境中，公允价值估值中的主观估计和管理层自由裁量权的影响是无处不在且有可能是重要的，这会导致市场价格不等于公允价值，甚至存在显著的差异。这种情况下，公允价值可能无法如实反映资产的预期经济利益，其有用性就会遭到质疑。实际价格观测不到时估值可靠性问题的出现，会使公允价值运用的弊端更加突出（Penman, 2007）。另外，成本法、收益法和市场法等估值技术方法的选用也会影响公允价值信息的相关性和可靠性（田峰和杨瑞平，2019）。如前所述，公允价值的价值相关性主要在高度流动市场上的交易证券处得到了证据支持，当公允价值估值主要依赖于管理层的私人信息且存在机会主义动机时，公允价值信息的质量较低。这也进一步证实了金融资产和非金融资产公允价值估值可靠性不足对会计信息质量的不利影响。

（三）关于公允价值变动的会计确认

对于采用公允价值进行后续计量的资产或负债项目，如何确认其公允价值变动是一个无法回避的会计问题。与收入费用观下收入确认所遵循的实现原则不同，在资产出售、负债清偿或转移之前，公允价值变动属于未实现的利得或损失，这些未实现的利得或损失随着资产的出售、负债的清偿或转移而实现。是将未实现利得或损失确认计入当期损益抑或是所有者权益（其他综合收益项目）？或者基于谨慎性要求将未实现利得计入所有者权益，将未实现损失计入当期损益？未实现利得或损失转换为已实现时应否进行重分类？是重分类计入当期损益抑或是重分类计入留存收益？是否区分不同性质的资产、负债项目进行不同的会计处理？相关经验证据已经证明，不同会计确认方式对公允价值信息的有用性具有显著的影响，诸如金融工具的未实现利得或损失是银行利润波动的主要来源（黄丽娟和张佳梦，2008；陈学彬和许敏敏，2010；唐凯桃和杨彦婷，2016 等）；管理层确认公允价值利得与公允价值损失的欲望的非对称性，增加了报告收益的波动性（Gwilliam and Jackson, 2008）；综合收益的波动幅度显著高于公允价值会计收益和历史成本会计收益的波动幅度（刘红霞和吴艳琴，

2010);持有交易性证券且其公允价值变动为负的公司更有可能出售可供出售证券已确认利得(He et al.,2012;张侠,2019);在公允价值变动的价值相关性方面,交易性金融资产比可供出售金融资产更显著(刘斌和鲍夏梦,2010);考虑公允价值变动损益转回的交易性金融资产等产生的公允价值变动损益对股票价格和股票报酬有显著解释力,不考虑转回的公允价值变动损益对股票价格和股票报酬均无显著解释力(张金若和王炜,2015);投资性房地产项目以公允价值进行计量扩大了管理层的盈余管理空间(黄霖华等,2017);随着公允价值会计模式下资产负债表价值变化的呈报,净收益指标在很大程度上变得无关紧要(Danbolt and Rees,2008;伍中信和李思霖,2012);将资产重估损失确认计入净收益可以减少收益平滑行为(Black et al.,1998)等。这些经验证据表明,公允价值变动的确认方式会影响会计信息的质量。因而,公允价值的运用不仅要合理确定计量对象,而且要正确确认公允价值的变动。

(四)关于公允价值选择权(包括套期会计准则的运用)

除了公允价值的强制性运用要求外,相关会计准则还允许企业对某些金融工具以及固定资产、无形资产、投资性房地产、生物资产等经营性资产采用公允价值计量,使财务报表数据在更具经济意义的前提下,增强不同资产负债项目数据的同质性,提高会计信息的质量。另外,相关会计准则还允许企业基于风险管理的要求,采用套期会计规则对相关资产、负债项目按照公允价值计量,公允价值变动计入当期损益或其他综合收益,以如实反映风险管理的效果,减少盈余的波动。相关经验证据表明,若企业遵从准则意图行使公允价值选择权,则会提高会计信息质量(Fichter,2011;Christensen and Nikolaev,2013;Fiechter and Novotny-Farkas,2017等),但大多数情况下企业对该选择权的行使违背了会计准则的意图,通常源于管理层的机会主义动机(Brown et al.,1992;Whittred and Chan,1992;Cotter and Zimmer,1995;Barlev et al.,2007;Quagli and Avallone,2010;Israeli,2015;Chen and Tang,2017等),没有带来会计信息质量的提升甚至是损害了会计信息的质量(Fiechter,2011;Dietrich et al.,2001;

Müller et al.，2015；Couch et al.，2017；张国华和张瑞丽，2016；黄霖华等，2017；张宏亮等，2018）。正反两个方面的证据意味着，会计准则在授予企业公允价值选择权时，应当充分考虑可能的经济后果，并借助于相关的会计确认和信息披露要求，引导企业遵循准则的意图，尽可能降低其对会计信息质量产生的负面影响。

（五）关于公允价值相关性信息的披露

广义上，公允价值相关性信息的披露包括表内列报和表外披露。如第三章所述，相关会计准则均要求，企业应当披露在公允价值计量中所使用的估值技术和输入值，以及在持续的公允价值计量中使用的重大不可观察输入值及其对当期损益或其他综合收益的影响，以使财务报表使用者能够作出合理评价。企业在确定公允价值披露的详尽程度、重要程度、汇总或细化程度，以及是否需要向报表使用者提供额外信息时，应当根据所处的市场环境作出综合判断。一般和特别证据都表明，公允价值信息的披露具有相关性（Beatty et al.，1996；Ahmed et al.，2004）；公允价值层级信息披露有助于降低分析师信息环境的不确定性，作出更准确的盈余预测（Magnan et al.，2015；Barron et al.，2016；李端生等，2017；陈丽和倪程成，2019）；公允价值计量的披露水平越高，其价值相关性越强（Goncalves and Lopes，2015）；强制分层披露从整体上增强了投资者对公允价值的信心；公允价值计量准则的实施提高了公允价值资产的价值相关性（Freeman et al.，2017）；披露了重要的不可观测输入值和用于估计第三层级公允价值的估值技术后，其股票市场价值更接近于其内在价值（Hammami and Moldovan，2017）；按计量层级分类的公允价值披露相对于按资产负债类型分类的公允价值披露具有更好的增量解释力（Song et al.，2010）；当披露了第三层级公允价值计量相关的敏感性信息时，投资者对公允价值计量的风险感知降低（Cannon，2015）等。由此可见，信息披露的质量与公允价值信息的有用性相关，尤其是当估值输入层级较高的情况下，相关信息的充分披露更有助于提升公允价值信息的有用性。

## 第二节　主要困惑

### 一、关于公允价值定义的困惑

由于会计准则的主要目的在于指导会计实务，应具有可操作性，因此，从会计实践的角度看，美国财务会计准则委员会、国际会计准则理事会等对公允价值的定义似乎并无不妥之处。但作为一个会计概念，在理论上却存在明显的逻辑缺陷。

（一）将价格与价值相混淆

从字面来看，公允价值是一个价值范畴，而价值是经济学的一个基础性概念。现行会计准则对公允价值的界定和解释，均立足于其获取的技术层面，以解决准则应用中的具体操作问题，未触及公允价值的内涵与本质。正如美国财务会计准则委员会等准则制定机构所指出的，公允价值计量的目标就是确定于计量日出售资产将会收到或者转移负债需要支付的价格（脱手价格）。该目标隐含了如下意图：对公允价值的这种定义有助于使资产或负债的交换价格完全捕捉其价值。这些准则制定机构对公允价值的定义与其目标和意图存在逻辑上的不一致。这是导致公允价值定义理论缺陷的根源。

经济学中，关于"价值"与"价格"的争论久远且闻名。在西方主流经济学中，价值即交换价值或者价格，价值和价格通常被视为等同或统一的。马克思的劳动价值论则将价值与价格相区分，这也是在我国被广泛接受的主流价值理论。尽管如此，在西方国家，无论是理论上还是实务中，将"价值"和"价格"明确区分也是不争的事实。如斯拉法（1963）强调，价值是在整个经济体系均衡运行时，一种商品交换另一种商品的比例关系，是一种相对价值，这一比例由生产过程中的技术条件与物质补偿条件所决定。再如新古典经济学派认为，商品的最终价值取决于供需双方的共同作用，均衡价格就是这种共同作用的结果（马歇尔，1964）。这里，无论是斯拉法对"经济体系均衡运行"的强调，还是马歇尔等对"最终价值"和"均衡价格"等术语的使用，都一再强调价值与价格的不同。而证券市场上某种有价证券价值被低估或高估、证券评价等说法，则是人们将两者相区分的明证。人们普遍认为，价值强调物品对购买者或持有者的有用性，主要表现为其预期经济利益或未来现金流量的现值，基于物品的独特性、市场条件的多样性以及未来的不确定性等，价值是不可观测的，只能通过借助于统计分析的细致研究加以估计或推断；而价格则主要取决于现行市场条件下供应与需求的交互作用，表现为交易双方最终达成的金额，是可以观测的。但市场供需状况的易变性，常常导致价格偏离其价值。可以说，价格是对价值的有偏估计，价格和价值之间的这种差异是客观的，也是重要的，但又是易被忽视的；而市场参与者将价格视为价值的标志，主要是因为真实价值的不可观测性。

会计准则汇编主题820、国际财务报告准则第13号等准则将相互独立、熟悉情况、能够且愿意进行交易的市场参与者在计量日的有序交易中（即公平活跃市场上）的交易价格定义为公允价值，忽视了价值与价格之间的现实差异，用价格解释价值，存在逻辑上的不一致。要解决这种逻辑上的矛盾，要么基于直观性和可操作性的要求，将"公允价值"改为"公允价格"或"公允脱手价格"，要么基于概念的抽象性和理论上的严谨性，从"价值"的角度重新定义公允价值。

（二）将定义与其估值相混淆

实际上，无论是公允价值最初在西方法律界的运用，还是会计理论和会计实践对公允价值的需求，都应更多地将公允价值视为一个"价值"属性的概念而非"价格"属性的概念。在西方法律界，公允价值是一个早已广泛使用的概念，是"公平性"这一基本价值观念渗透于经济法律及其执行体系中的体现，主要强调一种对各相关市场主体具有公平性的计价或分配标准，其根本目的在于，保护产权的价值与执行，维护市场交易的公平性。这里，公平性主要体现为市场主体的机会均等、平等交易和竞争以及竞争结果的对称性。在会计理论方面，公允价值是能够正确履行财务会计

"资产计价"和"收益决定"职能的计量属性,是财务报告目标由"受托责任观"转向"决策有用观"、资产和负债要素定义由"成本观"转向"未来经济利益观"、收益确认与计量基础由"财务资本保全"转向"实物资本保全"、收益计量模式从"收入费用观"转向"资产负债观"的要求。这种计量属性有助于评价报告主体未来现金净流入前景(数量、时间和不确定性),能够真实公允地反映资产或负债在资产负债表日的预期经济利益或现行价值,是对能反映会计要素本质特征的现值概念的体现。也可以说,公允价值是基于"市价"、未来现金流量的折现值,在某些情况下是通过某些数学模型所计量资产或负债价值的概括表达(斯科特,2006)。在会计实践中,公允价值的运用主要是源于对如实计量企业取得并持有以供出售获利的金融工具(含无须成本或很低成本取得衍生工具)的现行市场价值以及预防和化解金融风险的信息需求。凡此种种,都体现了公允价值的"价值"属性。

然而,将公允价值定义为"出售一项资产将收到的价格或者转移一项负债将要支付的价格",强调的是公允价值应如何估值或取得,用交易价格定义价值基础的概念,既存在逻辑上的不一致,更没有揭示公允价值的本质。从准则制定的目的上看,这虽然无可厚非,但却导致了定义上的理论缺陷。定义应该是对于一种事物的本质特征或者一个概念的内涵(概念所指事物本质属性的总和或概念的内容)或者外延(概念所确指的对象的范围)的确切而扼要的说明。本书认为,公允价值本质上属于公平市场价值,是基于市场公平性这一前提对某一资产或负债预期经济利益的时点计量,而公开活跃市场上的交易价格只是对公允价值的最佳估计。公允价值概念应重在强调其公平市场价值的本质,而非这一公平市场价值应如何估计或什么是其最佳估计。

## 二、关于公允价值估值的困惑

基于公允价值的"价值"属性以及定义的"价格"(脱手价格)属性,导致了公允价值估值中的困惑。

（一）现实条件与理想环境相脱离

无论是从法律实践还是从会计上看，公允价值概念的提出和使用，都是要试图真实公允地反映特定资产或负债的预期经济利益或现行价值。在一个完全和完美的市场环境中，公允价值等于市场价值等于在用价值（一个项目的主体特定价值）（Barth and Landsman，1995），公司所有资产和负债在任一时点的公允价值的总和就构成了公司价值的一个精确计量（Hitz，2007）。在这种情况下，公允价值代表了一种理想的决策有用的计量属性。但这种完全和完美的市场环境几乎是不存在的。因此，价格通常情况下并不等于市场价值，也不等于在用价值。现行会计准则在定义公允价值时对"市场""市场参与者"或"有序交易"的种种限定，实际上意在强调具备这些条件的市场才可能是完全竞争市场或充分有效的市场，这种市场上的交易价格才可能代表公允价值。事实上，"完全竞争市场"只是经济学中的假设，"资本市场充分有效"则是金融理论中的假说，"市场公平"也仅仅是法律上的基本价值观念，"真实与公允"也同样是会计学中难以界定和解释的信条。它们均属于人们想象中的理想环境或状态，公允价值定义中的"公平交易""有序交易""熟悉情况"以及隐含的"交易双方是理性的"等假设，在现实生活中大多是不存在的。这种状况即使在市场经济得到高度发展的西方国家也普遍存在。

现实状况与理想环境的上述种种脱离，极可能导致基于主观判断确定的市场价格偏离公允价值，也极易为管理者的机会主义行为提供激励（Shalev et al.，2013）。即使现实条件符合理想的环境，市场价格也会由于市场参与者之间各种各样的认知偏差而偏离公允价值，而这种认知偏差通常会以一种无法预测、混乱无序或者难以捕捉的盈利交易战略等方式引起这种偏离。这些问题均要求我们必须对交易市场及其市场价格等作出判断，以确定相关的市场价格能否代表公允价值。对此，美国财务会计准则委员会、国际会计准则理事会等准则制定机构强调，"主要市场"或"最有利市场"是理想的参照市场，这些市场若不存在，还可以依赖于"假定的市场"，交易价格应该为这些市场中的"脱手价格"。但需注意，"主要市场"并不一定是"最有利市场","最有利市场"也不一定是"主要市场",而"主要市场"或"最有利市场"也不是公平市场的同义语,更侧重于特定主体而非一般市场。相应地,这种市场上的脱手价格也并不一定是定义中的公允价值。同样地,定义中的市场假定涉及太多的主观因素,"假定的市场"也同样难以实现真正的公平,其估值更加令人难以捉摸。

因此,在现实的市场环境中,不可能有完美的或者理论上"正确"的会计计量,因而寻求一个普遍适用的计量方法的任何努力都很可能是徒劳的,财务呈报应该利用反映实际可供主体使用之机会的主体特定的计量属性,报告过去交易和事项的信息,以满足现行股东的监管需求,即充当企业和经济的"控制"系统,提供有助于业绩评价和受托责任评价的信息,而非最终的计量(Whittington,2008)。

(二)定义与财务呈报目标相矛盾

会计计量是会计系统的核心职能,其目标从属于财务呈报的目标。许多公允价值的支持者都认为,财务报告应该提供有助于现有及潜在的投资者、贷款人及其他债权人作出向企业提供资源决策的财务信息(即对资源配置决策有用的信息),这种信息应能帮助信息使用者评价企业未来现金净流量的前景(数量、时间和不确定性),主要包括有关主体资源、对企业的要求权以及企业的管理层和董事会如何有效率和有效果地使用企业资源以解脱其受托责任的信息(IASB,2018)。对财务呈报目标的这种定位突出了决策有用观的要求,强调了财务报告应专注于为此提供有用的信息(可称为决策有用性的信息观),并将评价受托责任视为决策有用目标的子目标。在决策有用目标的框架下,还有一些准则制定者和学者(如 Barth et al.,2001;Schipper and Vincent,2003;Schipper,2005 等)认为,这种目标意味着会计准则应能使财务报表直接计量和报告投资者所需要的公司价值或至少一部分公司价值"直接估价"的基本信息,即财务报表应向权益投资者提供估价信息(valuation information),体现了决策有用性的计量观的要求。

尽管人们对财务呈报目标的表述和理解存在差异,但都没有摆脱决策有用观的"藩篱",均强调财务信息应有助于作出理性经济决策。财务信息要有助于理性经济决策,就应当反映计量价值或预期经济利益。因此,会计人员应当确认他们在帮助投资者预测公司业绩和价值时应承担更多的义务,并在具有合理可靠性的前提下,负责将现值融入财务报表中(斯科特,2012)。这些支持者认为,公允价值是基于市价、未来现金流量的折现值乃至通过某些数学模型所计量资产或负债价值的概括表达(斯科特,2006),能够提供未来经济利益的相关、可靠、可比和可理解的计量,可以直接满足推定的投资者信息需求,有助于上述目标的实现。公允价值能够实现上述目标吗?这不仅取决于如何对公允价值定义,还取决于公允价值的运用范围及其估值的可靠性等因素。

目前,美国财务会计准则委员会、国际会计准则理事会等对公允价值的定义与上述目标实际上是相矛盾的。满足上述目标的计量属性应能够如实反映企业持有资产、承担负债的价值或预期经济利益(未来现金流量的现值),或者有助于预测主体未来现金净流量的前景,应具有前瞻性,属于主体特定的计量,而公允价值被定义为一种市场价格或脱手价格,是一个市场基础/价格基础而非主体特定的计量,它延续了传统会计的历史成本观,这种观点与预期经济利益体现的前瞻观相矛盾。对前瞻性的计量指标采用一个反映过去的计量属性,在理论上缺乏一致性,或者说是自相矛盾的,无助于上述目标的实现。

其一,脱手价格体现了持有资产或承担负债的市场参与者在计量日对该资产或负债相关的未来现金流入和流出的预期。作为市场参与者,企业也可通过资产的使用或出售获得资产产生的现金流入,通过债务的承担或者转移发生相关的现金流出。但基于企业自身的特质及其战略考虑等,其持有资产、偿还或以其他方式履行负债的意图可能极具特殊性,这会导致一般市场参与者的预期可能无法反映企业内部使用资产的价值(资产的使用价值),不能帮助信息使用者评价这些资产或负债预期的未来现金流量,而未来现金流量的现值才是对股东价值的体现,脱手价格因而难以满足财务报告"信息性"目标的要求。类似地,脱手价格也不能正确计量管理者为股东创造价值的能力,作为脱手价格的公允价值也不具有评价受托责任的功能(Ronen,2012)。

其二,对于短期持有或持有以备出售的金融工具或其他要素项目而言,活跃市场上的脱手价格有时也不能反映其价值。如果企业管理者除了立即出售或转让外别无选择,则脱手价格就是对其价值的可靠计量。但作为理性的经济人和决策者,企业管理者通常会及时采取必要的应对措施,如改变持有的目的、合理选择处置方式与时间,或者采取其他风险防范措施,避免当前持有损失的实际发生,这会导致脱手价格与其价值的实际背离。证券市场上某种有价证券价值被低估或高估、证券投资中的证券评价等说法,意味着这种背离的客观存在。在证券价格下跌时选择继续持有或进一步追加投资,也证明证券投资者意识到证券的当前交易价格可能不能真实地反映其价值。

其三,脱手价格的确定必须基于外部假定的市场,依赖于有关市场参与者掌握信息的假设。换句话说,管理者必须就投资者评价未来前景和风险时所作的假设作出自己的假设,这转而意味着管理者自己拥有的有关企业未来现金流量和风险的私人信息被忽略。这是非常不幸的,因为会计的一个主要任务就是向外部(即不了解情况的投资者)传达管理者独自拥有的有用信息,而非市场参与者均了解的信息。这就可能导致如下尴尬的结果:当公允价值的估值违背了市场基础计量的概念基础时,信息才具有决策有用性,而当公允价值直接来源于活跃市场上的交易价格时,相关信息就可能不具有任何增量的信息含量。有关的经验证据表明,公允价值的估值在违背了公允价值的定义并包含了在用价值的要素时,模型基础的公允价值能够提供决策有用的信息。可见,将公允价值界定为一种市场基础的计量,实质上同准则制定机构所倡导的透明度这一至高无上的财务报告目标是背道而驰的(Ronen,2012),相关信息的决策有用性也难免受到质疑。

其四,即使是在公平活跃的市场上,市场价格或脱手价格也会受市场泡沫、萧条以及买者与卖者之间各种各样的认知偏差等诸多非理性因素或偶发因素的影响，导致其同公允价值发生偏离。再者，买者与卖者的认知偏差及异常行为通常会以一种无法预测、混乱无序或者难以捕捉的盈利交易战略等方式引起这种偏离。因此，将公允价值定义为市场价格（脱手价格）会使非理性因素或偶发因素对价格的影响进入利润表或资产负债表的权益部分，极可能会导致企业财务状况和经营业绩的过度波动，进而歪曲资产、负债基本价值的真实波动（Ronen，2012）。这种情况下，公允价值对信息使用者的理性投资决策很可能会丧失其应有的价值。

## 第三节 政策建议

基于前述各方面的分析，本书认为，公允价值会计是财务会计发展的基本方向，也是我国实现会计准则国际趋同的基本要求。公允价值会计的实践无论是对提高会计信息的决策有用性，还是对促进我国市场经济健康有序的发展，都将发挥重要的作用。尽管目前公允价值会计的这些作用在我国尚未得以充分地发挥，但也不能因此裹足不前。我们应把握时机，积极准备，为公允价值会计实践在我国的进一步推进奠定良好的基础。

### 一、会计准则层面

近年来，美国财务会计准则委员会、国际会计准则理事会等准则制定机构为了统一规范日益增多的公允价值计量实践，相继发布了公允价值计量准则，对公允价值进行了统一的定义与说明。从准则制定的目的来看，它们对公允价值的定义似乎并无不当之处。但作为一个会计概念，其定义却存在明显的逻辑缺陷。其一，无论在理论上还是在实践中，价值和价格都存在着本质的差异。将公允价值定义为一种交易价格，忽视了两者的本质差异，存在着逻辑方面的不一致。其二，作为一个实质上具有"价值"属性的概念，公允价值本质上属于公平市场价值，是基于市场公平性这一前提对资产或负债预期经济利益的时点计量，公开活跃市场上的脱手价格只是对公允价值的最佳估计。将公允价值界定为一种脱手价格，突出了其会计计量，而忽视了概念的内涵和外延。

公允价值的"价值"属性和以"脱手价格"为基础的计量，导致了公允价值定义在会计计量实践中的困惑。第一，由于价值概念的理论抽象性、公允价值估值的现实性以及现实状况与理想环境差异的客观存在，不可能存在完美的或者理论上"正确"的公允价值计量，寻求一个普遍适用的计量方法的任何努力都很可能是徒劳的。第二，决策有用观的财务报告目标对特定主体信息的关注及其对计量价值和预期经济利益的需求，要求企业采纳主体特定的价值基础的计量，而强调公允价值是脱手价格这种市场基础的计量使公允价值的属性与计量目标相矛盾，无助于财务报告信息决策有用性的提高。

基于上述分析与认识，本书认为，为了更好地推进公允价值在会计计量中的运用，在会计准则的制定、修改和完善中，应当注意做好以下六个方面的工作。

第一，基于财务会计的本质，合理界定并正确理解财务呈报目标，科学选择实现这一目标的路径和手段。具体地，基于我国特定的制度背景，财务呈报应通过反映实际可供主体使用的特定的计量属性，报告过去交易和事项的信息，以满足会计信息使用者（主要是股东、债权人和政府）的监管需求，即充当企业和经济的"控制"系统，提供有助于业绩评价和受托责任评价的信息，帮助信息使用者作出理性的经济决策。

第二，将公允价值改为公允价格。基于价值与价格的本质差异以及当前会计准则对公允价值的普遍界定与理解，用"公允价格"替换"公允价值"，可以消除定义中出现的用价格解释价值这种逻辑上的矛盾，使这一术语及其定义更易于理解和接受。

第三，严格限定这一计量基础的运用范围，使其计量结果对信息使用者具有增量的信息含量。这一方面需要考虑企业的商业模式以及与之相适应的持有资产或承担负债的意图和能力，以及该资产或者负债对未来现金流量的影响方式；另一方面还要考虑估值的可行性和可靠性。如在将公允价值界定为脱手价格的情况下,将这一市场基础的计量运用于购入以备经营使用或正在经营使用的资产,或者运用于承担准备到期偿还的负债,可能就不是一种适当的选择,因为这些资产和负债通常不以出售或转移的方式直接产生预期现金流量,采用公允价值这种市场基础而非主体特定的计量,很可能无助于预测主体未来现金净流量的前景。再如,对于企业持有以备对外出售的资产或准备转移的负债,如果其公允价值无法持续可靠取得或者需要借助于大量的主观估计,采用公允价值计量的意义也不大。因为这种估计很可能不符合成本效益原则,也很容易导致滥用或者操纵,难以提供增量信息。因此,以公允价值能够可靠计量为前提,将之运用于交易性金融资产、可供出售金融资产、衍生金融工具等项目的后续计量以及相关资产的减值测试基础可能是一种理想的选择。

第四,增强公允价值运用相关信息披露的质量。对某一主体而言,所有的公允价值计量都源于虚拟而非实际发生的交易,欲使这种估计具有增量的信息含量,主体至少应当披露确定相关资产或负债公允价值所使用的估值技术和输入值,以及这些计量对主体对当期损益或其他综合收益的影响,使信息使用者能够据以对估值结果的可靠性及其对企业财务状况和经营业绩的影响作出客观公正的评价。为了使公允价值信息真正有用,建议在现行会计准则要求披露信息的基础上,在企业的财务报告中开辟专栏,集中、全面、简洁、清晰地披露运用公允价值计量的报表项目及相关的交易或事项、公允价值运用对这些项目或交易事项会计确认的影响以及对企业财务状况和经营业绩的总体影响。

第五,在给予企业公允价值选择权方面应当充分考虑外部的法律与监管环境,保持适度的谨慎。国内外大量的经验证据表明,公允价值选择权的行使大多源于企业管理层的机会主义动机,进而对会计信息的质量产生了不利影响。这要求在公允价值的使用项目选择方面,应保证有比较充分活跃的市场为其公允价值的估值提供客观的输入数据,在公允价值变动的确认方面要尽可能减少对经营业绩的影响,在信息披露方面除应遵循现行准则的规范要求外,还应披露有关选择的原因及其影响的相关信息。

第六，充分发挥公允价值在计量风险方面的作用，加强企业的风险管理。实际上，公允价值在金融机构运用的一个主要目的是风险管理（Ramanna，2013）。但需要注意的是，作为脱手价格的公允价值主要代表任何给定的时点上持有资产的机会成本，该机会成本只有同该资产的主体特定的现金流量现值（预期经济利益的期望水平）配合使用，才能衡量企业持有资产的特定风险，为企业的风险管理提供相关、可靠的信息。这要求会计准则应当强化公允价值所揭示风险的相关信息披露。

### 二、会计主体层面

会计主体是会计准则的执行者，负有向投资者、债权人等财务报表使用者提供能如实反映企业财务状况、经营业绩及现金流量等信息的义务。从理论上看，公允价值具有相对于历史成本的优势，如对资源配置决策更具相关性，能及时反映资产、负债的市场价值变动及其风险，有助于提高会计信息的可比性，可有效避免企业管理层通过利得交易进行盈余管理，有助于使用者更准确地评估企业管理层面临纷繁复杂环境运用受托资源的效率和效果。但是，公允价值运用的效果在实践中很难得到充分展现，问题的主要根源在于公允价值估值的可靠性问题，管理层拥有较多的自由裁量权、管理层存在机会主义动机以及相关信息披露的不充分进一步加剧了财务报表使用者对公允价值估值可靠性的疑虑。因而，除了提升会计专业人员的估值能力外，还应通过建立健全公司治理机制及相关的内部控制，为保证并提升公允价值估值的可靠性保驾护航。

首先，提升会计专业人员的专业胜任能力和会计职业道德水平。公允价值的估计往往是基于假设的交易，其估值目标是模仿市场交易的价格，估值需要以一系列假设为前提，也需要会计人员作出一系列科学合理的职业判断。会计人员只有正确理解其理论基础和实质，熟练掌握公允价值估值的各种技术及其应用前提、假设条件等并正确运用，公允价值的估值结果才会具有较大的可靠性。通过对2007～2018年我国上市公司的年报分析发现，除了上市交易金融工具的公允价值估值较为可靠外，其他金融工具和非金融工具的公允价值估值更多是靠会计人员的经验估计,或者直接依赖于中介机构的评估。因此,调整会计专业人员的知识结构,加大会计专业人员的培养和后续教育的力度,造就具有良好职业道德、专业素质高、业务能力强、深谙资产估值理论和方法的会计专业团队,是推动公允价值运用实践的基本前提。

其次,强化公司治理机制。国内外许多经验证据表明,公允价值诱发的盈余管理活动在公司治理机制不健全的公司表现得更为显著,公允价值估值的可靠性与管理层在估值时机会主义地运用其拥有的自由裁量权密切有关。管理层自由裁量权的多少与给予企业的公允价值选择权大小以及公允价值估值的对象有关,而管理层是否基于机会主义动机行使其拥有的自由裁量权与公司治理机制是否完善相关。健全完善的公司治理机制可以有效防范管理层的机会主义行为,有助于提升公允价值估值的可靠性,增强披露相关信息的自觉性和充分性,提升信息使用者对其估值可靠性的认可度。

最后,加强内部控制尤其是公允价值估值的内部控制。健全有效的内部控制有助于保证企业经营管理合法合规和资产安全,提高经营效率和效果,促进企业实现发展战略。这与健全有效的公司治理机制一样,可以有效减少或防止管理层的机会主义行为,包括公允价值估值时的机会主义行为。而健全有效的公允价值估值内部控制可以有效防范估值过程中出现的差错,提升估值的可靠性,增进公允价值信息的质量。内部控制能够有效缓解公允价值运用对盈余波动的正向影响、较高的内部控制质量显著增强了分析师盈余预测的准确性、高质量的内部控制状况能提高盈余的价值相关性、高水平的内部控制质量能够通过制约管理层权力而改善公允价值信息的价值相关性等经验证据,均充分说明了强化内部控制对提升公允价值信息质量的重要作用。

### 三、外部监管层面

良好的内、外部环境是开展公允价值会计实践的基本环境条件。它不仅包括科学合理的公司治理结构和内部控制的建立及其正常有序的运行、健全完善的、公平活跃的要素市场和产品市场、发达的技术环境、竞争有序的会计市场环境以及良好的市场信息库的建立等，而且还包括健全的法律环境、强有力的注册会计师审计以及有效的投资者权益保护制度。相关证据表明，公允价值诱发的盈余管理活动在制度环境较差（如法制环境不健全）的地区以及非"四大"审计人的公司表现得更为显著；高质量的外部审计可以显著降低商誉减值对分析师盈余预测的不利影响；在具有较强或中等投资者保护环境的国家，所有层级的公允价值资产均具有价值相关性，而在投资者保护较弱的国家，只有按照第一层级计量和报告的资产才具有价值相关性；审计质量越低（非国际四大客户），采用第三层级输入值的可能性越大；"四大"审计能够提高公允价值计量信息的价值相关性；拥有非生产性生物资产的公司中，采用公允价值且按照国际财务报告准则编制的财务报表经过审计的公司的债务资金成本较低。之所以如此，是因为投资者坚信在监督监管和执法水平较低的环境中管理层会利用其自由裁量权对公允价值作出估计，这有损于公允价值估值的可靠性。

改革开放40余年来，虽然我国的法律环境显著改善，注册会计师行业发展迅猛，基本的投资者保护制度也得以建立，但依然存在很大的改进空间。很多国内经验证据表明，上市公司管理层蓄意造假是公允价值成为利润操纵工具的一个重要因素。上市公司管理层出于对自身利益的考虑，会充分选择适合自身利益的公允价值，甚至伪造完全脱离实际的公允价值，从而做出损害国家及其他利益相关者的行为。为了加强对企业管理层的约束，进一步加强对上市公司的审计监管和政府监督就显得尤为重要。公允价值的特点及其引入，对注册会计师审计、政府监管等外部监督提出了更高的要求。目前，我国对上市公司的监管存在着职责不明确、监督不严格、治理有漏洞等问题，整个监督治理体系还有待进一步完善和发展。信息披露不规范的主要根源在于公司高层领导对会计过程的非法干预，不追究他们的责任就不能从根本上解决问题。因此，有关监管部门应该加大执法力度，严厉追究违规公司领导人的责任，使会计信息在法规的维护下恢复其本来面目。同时，要加强政府监督、行业自律和社会监督"三位一体"的监管框架建设，强化证券中介机构及各种自律机构的监管职能，综合运用法律、行政、舆论等各种力量提高违规者的失信成本，对违反信息披露制度的上市公司、金融组织、中介机构及其相关人员等进行重罚，直至追究刑事责任。证监会等监管机构要发挥"领头"作用，强力监管。会计师事务所等相关机构要加强行业自律，特别是注册会计师的专业技能和职业操守。总之，要各方联合，共同监督，严打违法违规行为。

### 四、信息用户层面

公允价值会计信息作用的发挥也依赖于信息使用者的专业知识和分析能力。如信息使用者认为附注中披露的公允价值不如财务报表中确认的公允价值可靠，就说明了对公允价值估值可靠性判断的片面性。公允价值运用对分析师盈余预测准确性影响的正反两个方面的证据既可能客观反映了不同类型或可靠性不同的公允价值的有用性差异，也可能反映了分析师在预测模型选择、预测期设定以及运用公允价值信息等方面存在的差异。可以说，我国现有的会计信息使用者中，绝大多数不具备相应的知识和能力，公允价值会计信息在改进信息有用性方面的作用难以有效发挥。所以，公允价值运用实践的推进，必须同时考虑对会计信息使用者正确及时的教育和引导，提高他们阅读和分析企业财务报告尤其是正确理解和运用公允价值会计信息的能力，尤其是要发挥分析师在公允价值信息分析方面的作用，尽可能消除信息使用者、会计专业人员以及注册会计师三者在公允价值信息理解方面可能存在的差异。

# 主要参考文献

[1] 阿迈德·里亚希—贝克奥伊（Ahmed Riahi-Belkaoui）. 会计理论（Accounting Theory）[M]. 钱逢胜等译. 第4版. 上海：上海财经大学出版社，2004：277-279.

[2] 白默，刘志远. 公允价值计量层级与信息的决策相关性——基于中国上市公司的经验证据[J]. 经济与管理研究，2011（11）：101-106.

[3] 蔡利，唐嘉尉，蔡春. 公允价值计量、盈余管理与审计师应对策略[J]. 会计研究，2018（11）：85-91.

[4] 曹越，伍中信. 产权保护、公允价值与会计改革[J]. 会计研究，2009（2）：28-33.

[5] 陈国珍. 投资性房地产公允价值信息控制机制的构建——基于内部控制视角[J]. 会计之友，2014（13）：12-16.

[6] 陈骏. 公允价值计量降低了会计信息的可靠性吗——基于沪深A股上市公司会计稳健性的经验证据[J]. 山西财经大学学报，2013，35（5）：114-124.

[7] 陈丽，倪程成. 公允价值分层信息披露与分析师盈余预测[J]. 经济研究导刊，2019（10）：114-117.

[8] 陈玲颖，刘翰林. 金融资产公允价值的价值相关性研究——来自我国金融行业的经验数据[J]. 杭州电子科技大学学报（社会科学版），2009，5（4）：17-21.

[9] 陈美华. 公允价值计量基础研究[D]. 武汉：中南财经政法大学会计学院，2006.

[10] 陈信元,陈冬华,朱红军. 净资产、剩余收益与市场定价——会计信息的价值相关性 [J]. 金融研究,2002 (4):59-70.

[11] 陈旭东,逯东. 金融危机与公允价值会计:源起、争论与思考 [J]. 会计研究,2009 (10):18-23.

[12] 陈学彬,许敏敏. 公允价值变动对中国上市公司影响的实证分析——从盈利和股价波动的视角进行 [J]. 金融论坛,2010 (1):50-55.

[13] 崔学刚. 公司治理机制对公司透明度的影响——来自中国上市公司的经验数据 [J]. 会计研究,2004 (8):72-80.

[14] 邓传洲. 公允价值的价值相关性:B股公司的证据 [J]. 会计研究,2005 (10):55-62.

[15] 邓浩月,刘后平. 公允价值计量与会计稳健性——基于 Khan & Watts 模型的再检验 [J]. 财会通讯,2018 (34):13-16.

[16] 邓永勤,康丽丽. 中国金融业公允价值层次信息价值相关性的经验证据 [J]. 会计研究,2015 (4):3-10.

[17] 邓永勤,裴丽丽. 中国公允价值选择权运用的盈余波动效应研究 [J]. 会计之友,2016 (18):73-79.

[18] 董必荣. 关于公允价值本质的思考 [J]. 会计研究,2010 (10):19-25.

[19] 董南雁,孙永权,张俊瑞. 董事会独立性能影响公允价值计量的价值相关性吗 [J]. 当代财经,2012 (7):108-118.

[20] 杜孝森,胥传超. 论公允价值计量与盈余管理——基于 REMM 理论 [J]. 商业会计,2014 (1):72-74.

[21] 杜兴强,杜颖洁. 会计准则、公允价值与会计稳健性——基于 1998—2008 年中国资本市场上市公司的经验证据 [J]. 天津商业大学学报,2010,30 (2):9-15.

[22] 葛家澍,窦家春,陈朝琳. 财务会计计量模式的必然选择:双重计量 [J]. 会计研究,2010 (2):7-12.

[23] 葛家澍,郭跃. 会计计量属性的探讨 [J]. 会计研究,2006

(9)：7-14.

[24] 葛家澍，林志军．现代西方会计理论［M］．厦门：厦门大学出版社，2001．

[25] 葛家澍，林志军．现代西方会计理论（第2版）［M］．厦门：厦门大学出版社，2006：96．

[26] 葛家澍．关于在财务会计中采用公允价值的探讨［J］．会计研究，2007（11）：3-8．

[27] 葛家澍．关于公允价值会计的研究——面向财务会计的本质特征［J］．会计研究，2009（5）：6-13．

[28] 葛家澍．正确认识财务报表的计量［J］．会计研究，2010（8）：3-8．

[29] 葛家澍等．会计理论（会计大典第一卷）［M］．北京：中国财政经济出版社，1998：184．

[30] 顾署生，周冬华．会计准则变迁、资产类型与资产减值应计可靠性［J］．经济管理，2016，38（11）：146-158．

[31] 管考磊．公允价值顺周期效应的实证检验［J］．财政监督，2012（5）：8，27-28．

[32] 郭道扬．论产权会计关于产权会计变革［J］．会计研究，2004（2）：8-15．

[33] 郭瑛，李明辉．浅谈公允价值会计的理论根源［J］．四川会计，2002（4）：6-8．

[34] 国际会计准则理事会．国际财务报告准则2004［M］．财政部会计司组织编译．北京：中国财政经济出版社，2005．

[35] 国际会计准则理事会．国际会计准则（2002）［M］．北京：中国财政经济出版社，2003．

[36] 韩俊华．公允价值与上市公司盈余管理问题研究［J］．商业时代，2009（24）：93-94．

[37] 罕尼·梵·格鲁宁．国际财务报告准则：实用指南［M］．北京：

中国财政经济出版社，2006：3.

[38] 郝玉贵，贺广宜，李昀泽. 大数据战略与公允价值分层计量的价值相关性——基于中国金融业的实证研究 [J]. 审计与经济研究，2018 (1)：81-92.

[39] 郝振平，赵小鹿. 公允价值会计涉及的三个层次基本理论问题 [J]. 会计研究，2010 (10)：12-18.

[40] 侯晓红，陈华. 公允价值计量对上市公司财务报告的影响 [J]. 商业研究，2012 (8)：133-139.

[41] 黄静如，黄世忠. 资产负债表视角下的公允价值会计顺周期效应研究 [J]. 会计研究，2013 (4)：3-11.

[42] 黄丽娟，张佳梦. 金融工具公允价值计量的增量价值相关性研究——以中国A股上市银行为例 [C]. 资本市场会计研究——第八届会计与财务问题国际研讨会论文集，2008.

[43] 黄霖华，曲晓辉，万鹏，朱朝晖. 公允价值计量、投资者情绪与会计信息决策有用性 [J]. 当代财经，2017 (10)：111-121.

[44] 黄霖华，曲晓辉，张瑞丽. 论公允价值变动信息的价值相关性——来自A股上市公司可供出售金融资产的经验证据 [J]. 厦门大学学报（哲学社会科学版），2015 (1)：99-109.

[45] 黄霖华，曲晓辉，张瑞丽. 投资性房地产公允价值计量与股价同步性 [J]. 厦门大学学报（哲学社会科学版），2017 (4)：125-134.

[46] 黄霖华，曲晓辉. 证券分析师评级、投资者情绪与公允价值确认的价值相关性——来自中国A股上市公司可供出售金融资产的经验证据 [J]. 会计研究，2014 (7)：18-26.

[47] 黄世忠，黄晓韡. 公允价值计量对受托责任观的影响分析——公允价值计量系列研究之三 [J]. 新会计，2018 (12)：6-8.

[48] 黄世忠. 公允价值会计：面向21世纪的计量模式 [J]. 会计研究，1997 (12)：1-4.

[49] 黄世忠. 公允价值会计的顺周期效应及其应对策略 [J]. 会计

研究，2009（11）：23-29.

[50] 黄世忠. 后危机时代公允价值会计的改革与重塑 [J]. 会计研究，2010（6）：13-19.

[51] 黄学敏. 公允价值：理论内涵与准则运用 [J]. 会计研究，2004（6）：17-21.

[52] 姜国华，张然. 稳健性与公允价值：基于股票价格反应的规范性分析 [J]. 会计研究，2007（6）：20-25.

[53] 井尻雄士. 三式记账法的结构与原理 [M]. 娄尔行译. 上海：立信会计图书用品社，1989：52-54.

[54] 冷军. 公允价值计量与会计信息的可靠性——基于我国上市公司的实证检验 [J]. 科技与管理，2015，17（3）：93-98.

[55] 李常青等. 上市公司信息披露质量研究——基于年报重述视角：上证联合研究计划第十九期课题研究报告 [R]. 厦门：厦门大学管理学院，2008.

[56] 李超颖，张玥，李炬博，梁上坤. 公允价值下的盈余管理：平稳利润下的危机——以A股上市公司为例 [J]. 会计与经济研究，2018，32（4）：46-61.

[57] 李端生，柳雅君，邓洁. 公允价值分层计量与分析师盈余预测关系研究 [J]. 经济问题，2017（11）：101-107.

[58] 李国民，徐彦坤. 金融危机背景下公允价值会计存在问题的理论与实证分析 [J]. 经济经纬，2010（5）：57-61.

[59] 李红霞. 公允价值计量问题的国际进展及其在中国应用的思考 [J]. 会计研究，2008（10）：18-24.

[60] 李庆玲，田菊芳. 管理层权力、内部控制与公允价值 [J]. 会计之友，2019（12）：66-72.

[61] 李文耀，许新霞. 公允价值计量与盈余管理动机：来自沪深上市公司的经验证据 [J]. 经济评论，2015（6）：118-131.

[62] 李亚静，朱宏泉. 公允价值信息决策有用性研究——基于股票流

动性视角 [J]. 中国会计评论, 2014, 12 (3-4): 337-348.

[63] 刘斌, 鲍夏梦. 金融资产公允价值变动的价值相关性研究 [J]. 技术经济, 2010, 29 (1): 68-73.

[64] 刘斌, 罗楠. 金融资产以公允价值计量会加剧市场同涨同跌吗?——论公允价值准则与市场同步性的关系 [J]. 证券市场导报, 2010 (9): 4-11.

[65] 刘斌, 吴娅玲. 会计稳健性对盈余价值相关性的影响研究——基于公允价值计量的视角 [J]. 财经理论与实践, 2010, 31 (167): 57-62.

[66] 刘斌, 徐先知. 新会计准则国际趋同的效果研究——基于盈余稳健性视角的分析 [J]. 财经论丛, 2010 (2): 78-84.

[67] 刘斌, 杨晋渝, Woody Liao. 公允价值会计与市场投资异象研究——来自中国上市公司的经验证据 [J]. 财经理论与实践, 2013, 34 (184): 54-58.

[68] 刘斌, 杨晋渝, 孙蓉. 公允价值会计影响盈余预测能力吗? [J]. 财经问题研究, 2013 (4): 99-105.

[69] 刘行健, 刘昭. 内部控制对公允价值与盈余管理的影响研究 [J]. 审计研究, 2014 (4): 59-66.

[70] 刘浩, 孙铮. 公允价值的目标论与契约研究导向——兼以上市公司首次确认辞退补偿为例 [J]. 会计研究, 2008 (1): 4-11.

[71] 刘红霞, 吴艳琴. 我国上市商业银行公允价值计量会计收益的波动性研究 [J]. 投资研究, 2010 (5): 49-52.

[72] 刘红忠, 赵玉洁, 周冬华. 公允价值会计能否放大银行体系的系统性风险 [J]. 金融研究, 2011 (4): 82-99.

[73] 刘建勇, 朱学义. 信息披露及时性与可靠性关系实证研究 [J]. 中南财经政法大学学报, 2008 (6): 94-98.

[74] 刘思淼. 公允价值计量的发展与监管启示 [J]. 会计研究, 2009 (8): 21-23.

[75] 刘奕均, 胡奕明. 机构投资者、公允价值与市场波动——基于我

国 A 股市场面板数据的实证研究 [J]. 财经研究, 2010 (2): 110-120.

[76] 刘奕均, 牛盼强. 公允价值收益与市场风险——基于我国 A 股市场面板数据的实证研究 [J]. 现代管理科学, 2010 (8): 44-46.

[77] 刘英男, 王丽萍. 新会计准则对上市公司盈余管理影响的实证研究 [J]. 会计之友, 2008 (2 上): 23-24.

[78] 刘永泽, 孙翯. 我国上市公司公允价值信息的价值相关性——基于企业会计准则国际趋同背景的经验研究 [J]. 会计研究, 2011 (2): 16-22.

[79] 刘志远, 白默. 公允价值计量模式下的会计政策选择——基于上市公司交叉持股的实证研究 [J]. 经济管理, 2010 (1): 118-124.

[80] 卢永华, 杨晓军. 公允价值计量属性研究 [J]. 会计研究, 2000 (4): 60-62.

[81] 陆建桥. 中国亏损上市公司盈余管理实证研究 [J]. 会计研究, 1999 (9): 25-35.

[82] 陆宇建, 张继袖, 刘国艳. 基于不确定性的公允价值计量与披露问题研究 [J]. 会计研究, 2007 (2): 18-23.

[83] 路晓燕. 公允价值会计的国际应用 [J]. 会计研究, 2006 (4): 81-85.

[84] 罗胜强. 公允价值计量对我国银行业的影响分析 [J]. 会计研究, 2006 (12): 8-13.

[85] 吕兆德, 宿增睿. 源于公允价值的盈余波动增加会计信息含量了吗? [J]. 南京审计大学学报, 2016 (3): 65-74.

[86] 马克思. 资本论 [M]. 北京: 人民出版社, 1975: 49-51.

[87] 马文琪, 吴秋生. 金融创新、公允价值计量与商业银行会计信息质量 [J]. 高等财经教育研究, 2019, 22 (2): 66-73.

[88] 马歇尔. 经济学原理 [M]. 北京: 商务印书馆, 1964: 81.

[89] 毛新述, 戴德明. 论公允价值计量与资产减值会计计量的统一 [J]. 会计研究, 2011 (4): 15-22.

[90] 毛新述, 梅曦, 朱琳. 银行业审慎监管、公允价值计量与财务报告稳健性 [J]. 财贸经济, 2015 (7): 70-80.

[91] 毛志宏, 刘宝莹, 冉丹. 公允价值分层计量对上市公司信息风险的影响——基于沪深A股市场的经验证据 [J]. 吉林大学社会科学学报, 2014, 54 (5): 57-64.

[92] 梅波. 宏观经济、异质治理环境与公允价值顺周期计量实证 [J]. 经济与管理, 2014, 28 (2): 53-59.

[93] 美国财务会计准则委员会. 美国财务会计准则1-137 [M]. 王世定等译. 北京: 中国财政经济出版社, 2002.

[94] 潘希宏, 范方志, 胡梦帆, 李海海. 公允价值计量与银行信贷风险——来自当前金融危机的思考 [J]. 河北经贸大学学报, 2013, 34 (2): 65-69.

[95] 潘孝珍, 潘婉均. 公允价值计量下的上市公司盈余管理路径演变——基于财政部发布CAS39的实证研究 [J]. 杭州电子科技大学学报 (社会科学版), 2018, 14 (5): 27-34.

[96] 彭珏, 胡斌. 公允价值、内部控制和盈余质量——来自A股非金融类公司的经验证据 [J]. 现代财经, 2015 (9): 77-91.

[97] 齐伟山, 欧阳令南. 超额应计项目的反转特征与市场价值评估 [J]. 管理科学, 2005, 18 (1): 74-78.

[98] 钱爱民, 朱大鹏. 公允价值计量增加了审计收费吗?——以投资性房地产后续计量模式选择为例 [J]. 财经论丛, 2018 (1): 59-69.

[99] 曲晓辉, 毕超. 会计信息与分析师的信息解释行为 [J]. 会计研究, 2016 (4): 19-26.

[100] 曲晓辉, 黄霖华. 投资者情绪、资产证券化与公允价值信息含量——来自A股市场PE公司IPO核准公告的经验证据 [J]. 会计研究, 2013 (9): 14-21.

[101] 曲晓辉, 卢煜, 汪健. 商誉减值与分析师盈余预测——基于盈余管理的视角 [J]. 山西财经大学学报, 2016, 38 (4): 101-113.

[102] 曲晓辉, 肖虹. 公允价值反思与财务报表列报改进展望 [J]. 会计研究, 2010 (5): 90-94.

[103] 曲晓辉, 张瑞丽. 公允价值的预测能力研究——来自 A 股市场交易性金融工具的经验证据 [J]. 当代会计评论, 2015, 8 (1): 39-53.

[104] 任世驰, 陈炳辉. 公允价值会计研究 [J]. 财经理论与实践, 2005 (1): 72-76.

[105] 任世驰, 李继阳. 公允价值与当代会计理论反思 [J]. 会计研究, 2010 (4): 13-20.

[106] 任月君, 郑梦茹, 赵尹铭. 公允价值层级披露与会计信息风险相关性研究 [J]. 财经问题研究, 2017 (12): 83-89.

[107] 上海证券交易所研究中心. 上市公司透明度与信息披露: 中国公司治理报告 (2008) [R]. 上海: 上海证券交易所, 2008.

[108] 上海证券交易所与上海交通大学安泰经济与管理学院联合课题组. 新会计准则对上市公司业绩的影响: 上海证券交易所联合研究课题报告 [R]. 上海: 上海证券交易所与上海交通大学安泰经济与管理学院, 2008.

[109] 邵天营. 公允价值会计实践: 新会计准则的基本要求及其思考 [J]. 广州城市职业学院学报, 2007 (3): 38-43.

[110] 邵天营. 公允价值会计中未实现利得和损失的确认与报告 [J]. 信阳师范学院学报, 2007, 27 (1): 77-80.

[111] 邵天营. 公允价值计量与会计信息的相关性和可靠性 [J]. 当代经济管理, 2007, 29 (3): 123-126.

[112] 邵天营. 浅析公允价值计量对象的选择 [J]. 财会月刊, 2009 (12): 7-9.

[113] 沈小南, 陆建桥. 关于公允价值的讨论——国际会计准则委员会理事会华沙会议的报告 [J]. 会计研究, 1999 (9): 51-53.

[114] 盛明泉, 李昊, 孙乐乐. 公允价值计量、资产价格波动与金融稳定 [C]. 2010 年会计学术年会论文集, 2010.

[115] 时祎, 陈少晖. 内部控制、公允价值与企业盈余管理 [J]. 首

都经济贸易大学学报，2017，19（3）：71-81.

[116] 斯拉法. 用商品生产商品——经济理论批判绪论 [M]. 北京：商务印书馆，1963.

[117] 斯密. 国民财富的性质和原因的研究（上卷）[M]. 北京：商务印书馆，1972：25.

[118] 孙光国，杨金凤. 财务报告质量评价研究：文献回顾、述评与未来展望 [J]. 会计研究，2012（3）：31-38.

[119] 孙丽影，杜兴强. 公允价值信息披露的管制安排 [J]. 会计研究，2008（11）：29-34.

[120] 孙世攀，孙文刚，徐霞. 新会计准则下会计信息相关性的实证研究——来自新会计准则实施后的初步证据 [J]. 财会通讯（综合版），2010（7）：74-78.

[121] 谭洪涛，蔡春，蔡利. 公允价值与股市过度反应——来自中国证券市场的经验证据 [J]. 经济研究，2011（7）：130-143.

[122] 谭洪涛，蔡春. 新准则实施会计质量实证研究——来自 A 股上市公司的经验证据 [J]. 中国会计评论，2009，7（2）：127-156.

[123] 谭洪涛，黄晓芝，汪洁. 公允价值盈余波动的风险相关性实证研究 [J]. 投资研究，2013，32（11）：60-77.

[124] 谭洪涛，汪洁，黄晓芝. 迎合监管与公允价值会计运用——来自中国上市银行的经验证据 [J]. 会计与经济研究，2014，28（1）：15-31.

[125] 唐凯桃，杨彦婷. 内部控制有效性、公允价值计量及盈余波动 [J]. 财经科学，2016（7）：121-132.

[126] 唐梅，林友绪. 后危机时代公允价值会计顺周期效应研究：中国的经验数据 [J]. 财会通讯，2011（11下）：20-23，32.

[127] 田峰，杨瑞平. 第三层次公允价值计量异质性与会计信息相关性 [J]. 经济问题，2019，（9）：112-119

[128] 汪建熙，王鲁兵. 公允价值会计的多角度研究 [J]. 国际金融研究，2009（5）：12-22.

[129] 汪炜, 蒋高峰. 信息披露、透明度与资本成本 [J]. 经济研究, 2004 (7): 107-114.

[130] 王波, 胡海边. 会计信息可靠性质量特征的模糊综合分析 [J]. 财会通讯 (学术版), 2008 (11): 56-59.

[131] 王冲, 谢雅璐. 会计准则变迁降低了信息风险吗——来自中国证券市场的经验证据 [J]. 山西财经大学学报, 2010, 32 (2): 118-124.

[132] 王海. 公允价值的演进逻辑与经济后果研究 [J]. 会计研究, 2007 (8): 6-12.

[133] 王建成, 胡振国. 我国公允价值计量研究的现状及相关问题探析 [J]. 会计研究, 2007 (5): 10-16.

[134] 王建刚, 刘庆艳. 基于新会计准则的上市公司盈余管理实证研究 [J]. 财贸研究, 2009 (2): 121-125.

[135] 王建玲, 宋林, 张学良. 公允价值计量能提高公司会计盈余信息的价值相关性吗——来自金融保险、建筑及房地产上市公司的证据 [J]. 当代经济科学, 2008, 30 (6): 104-109.

[136] 王建新. 基于新会计准则的会计信息价值相关性分析 [J]. 上海立信会计学院学报, 2010 (3): 11-23.

[137] 王乐锦. 我国新会计准则中公允价值的运用: 意义与特征 [J]. 会计研究, 2006 (5): 31-35.

[138] 王雷, 李冰心. 强制分层披露提高了公允价值信息的决策有用性吗?——基于中国A股上市公司的经验证据 [J]. 审计与经济研究, 2018 (4): 86-95.

[139] 王庆文. 会计盈余质量对未来会计盈余及股票收益的影响——基于中国股票市场的实证研究 [J]. 金融研究, 2005 (10): 141-152.

[140] 王守海, 孙文刚, 李云. 公允价值会计和金融稳定研究——金融危机分析视角 [J]. 会计研究, 2009 (10): 24-31.

[141] 王守海, 郑伟, 张彦国. 内部审计水平与财务报告质量研究——来自中国上市公司的经验证据 [J]. 审计研究, 2010 (5): 82-89.

[142] 王晓军. 国外公允价值会计应用状况研究 [J]. 中国管理信息化, 2008 (3): 29-31.

[143] 王艳艳, 陈汉文. 审计质量与会计信息透明度——来自中国上市公司的经验数据 [J]. 会计研究, 2006 (4): 9-15.

[144] 王玉涛, 薛健, 李路. 公允价值具有相关性吗? 基于金融资产的研究 [J]. 中国会计评论, 2010, 8 (4): 383-398.

[145] 王跃堂, 周雪, 张莉. 长期资产减值: 公允价值的体现还是盈余管理行为 [J]. 会计研究, 2005 (8): 30-36.

[146] 王跃堂. 会计改革与会计信息质量: 来自中国证券市场的经验证据 [J]. 会计研究, 2001 (7): 16-26.

[147] 王跃堂. 中国的资本市场能判断盈余质量吗?——对"盈余质量的市场反应"一文的述评 [J]. 中国会计评论, 2003, 1 (1): 214-216.

[148] 王志亮, 门瑢. 从金融危机看公允价值应用的功利性及其改进 [J]. 北京交通大学学报 (社会科学版), 2011 (1): 89-93.

[149] 威廉 R. 斯科特 (William R. Scott). 财务会计理论 [M]. 陈汉文等译. 第3版. 北京: 机械工业出版社, 2006.

[150] 威廉 R. 斯科特 (William R. Scott). 财务会计理论 [M]. 陈汉文等译. 第6版. 北京: 中国人民大学出版社, 2012.

[151] 魏明海等. 会计理论 [M]. 第四版. 大连: 东北财经大学出版社, 2014: 80.

[152] 魏涛, 陆正飞, 单宏伟. 非经常性损益盈余管理的动机、手段和作用研究——来自中国上市公司的经验证据 [J]. 管理世界, 2007 (1): 113-121.

[153] 翁占琴. 公允价值计量对会计稳健性影响的实证研究 [J]. 当代经济, 2012 (11下): 155-156.

[154] 吴德军. 盈余管理、盈余操纵与盈余质量 [J]. 财会月刊, 2009 (12): 86-87.

[155] 吴腊. 基于公允价值计量的盈余管理研究 [J]. 财会通讯,

2014 (11下): 7 - 10.

[156] 吴秋生, 田峰. 第三层次公允价值运用与会计信息质量 [J]. 山西财经大学学报, 2018, 40 (6): 101 - 112.

[157] 伍中信, 李思霖. 财务报表公允价值项目的价值相关性研究 [J]. 统计与决策, 2012 (14): 162 - 165.

[158] 伍中信. 现代财务理论的产权基础 [J]. 财政研究, 2000 (7): 52 - 56.

[159] 伍中信. 产权与会计 [M]. 上海: 立信出版社, 1998: 1 - 12.

[160] 夏成才, 邵天营. 公允价值会计实践的理论透视 [J]. 会计研究, 2007 (2): 24 - 30.

[161] 项后军, 陈简豪. 公允价值影响了银行杠杆的顺周期行为吗? [J]. 现代财经, 2016 (1): 80 - 91.

[162] 肖翔, 王佳, 杨程程. 新会计准则下公允价值对会计稳健性的影响 [J]. 北京交通大学学报 (社会科学版), 2012, 11 (1): 59 - 64.

[163] 谢成博. 公允价值计量与资本市场信息环境 [D]. 北京: 清华大学经济管理学院, 2017.

[164] 谢会丽, 程敬业, 沈栋昌. 上市公司的盈余管理行为——基于公允价值计量视角 [J]. 杭州电子科技大学学报 (社会科学版), 2019, 15 (6): 39 - 45.

[165] 谢乔昕, 宋良荣. 迎合监管与公允价值会计顺周期效应 [J]. 金融理论与实践, 2016 (12): 11 - 15.

[166] 谢诗芬, 戴子礼. 国际公允价值计量和披露会计准则研究的最新动态述评及对我国的启示 [C]. 2010年会计学术年会论文集, 2010.

[167] 谢诗芬. 公允价值: 国际会计前沿问题研究 [M]. 长沙: 湖南人民出版社, 2004.

[168] 邢攀龙, 田宗涛. 公允价值计量降低资产误定价了吗? [J]. 财会通讯, 2018 (18): 11 - 16.

[169] 徐浩峰. 公允价值计量、系统流动性与市场危机的传染效应

[J]. 南开管理评论, 2013, 16 (1): 49-63.

[170] 徐虹. 公允价值计量具有增量信息含量吗?——来自沪深A股的初步证据 [J]. 经济管理, 2008, 30 (19-20): 89-97.

[171] 徐经长, 曾雪云. 公允价值计量与管理层薪酬契约 [J]. 会计研究, 2010 (3): 12-19.

[172] 徐经长, 曾雪云. 公允价值计量与资产价格波动 [C]. 中国会计学会2011学术年会论文集, 2011.

[173] 徐经长, 曾雪云. 金融资产规模、公允价值会计与管理层过度自信 [J]. 经济理论与经济管理, 2012 (7): 5-16.

[174] 徐经长, 曾雪云. 综合收益呈报方式与公允价值信息含量——基于可供出售金融资产的研究 [J]. 会计研究, 2013 (1): 20-27.

[175] 徐晟. 金融稳定性与公允价值会计准则的优化——基于动态减值准备的思考 [J]. 会计研究, 2009 (5): 14-19.

[176] 许新霞, 何开刚, 黄丽. 公允价值的收益波动性与市场反应——来自中国上市商业银行的证据 [J]. 经济评论, 2010 (3): 100-107.

[177] 薛倚明, 张佳楠. 基于改进Feltham-Ohlson模型的公允价值会计信息相关性研究 [J]. 管理评论, 2012, 24 (6): 133-136.

[178] 颜剩勇, 刘晶晶. 房地产企业公允价值计量应用、问题与对策研究 [J]. 湖南科技大学学报 (社会科学版), 2017, 20 (6): 58-65.

[179] 杨红娟, 王秀芬, 董中超, 许晓丽. 公允价值的价值相关性研究——从金融资产角度看公允价值计量对投资者的决策有用性 [C]. 2010年会计学术年会论文集, 2010.

[180] 杨利红, 王文俊. 公允价值计量对上市银行绩效影响实证研究 [J]. 财会通讯, 2017 (34): 17-20.

[181] 杨鹏. 金融创新、公允价值计量与商业银行股票崩盘风险 [J]. 财经理论与实践, 2019, 40 (3): 59-64.

[182] 杨时展. 会计信息系统说三评——决策有用论和受托责任论的论争 [J]. 财会通讯, 1992 (6): 6-11.

[183] 杨书怀. 治理环境、公允价值计量与公司价值——基于金融危机前后的经验证据 [J]. 中国注册会计师, 2016 (4): 50-57.

[184] 杨松令, 孙思婧, 刘亭立. 内部控制质量、公允价值计量与分析师盈余预测 [J]. 财会月刊, 2018 (22): 10-17.

[185] 杨伟. 股票信息风险测度研究 [D]. 厦门: 厦门大学管理学院, 2009.

[186] 杨之曙, 彭倩. 中国上市公司收益透明度实证研究 [J]. 会计研究, 2004 (11): 2-70.

[187] 叶康涛, 成颖利. 审计质量与公允价值计量的价值相关性 [J]. 上海立信会计学院学报, 2011, (3): 3-11.

[188] 于永生. IASB与FASB公允价值计量项目研究 [M]. 上海: 立信会计出版社, 2007.

[189] 于永生. 美国公允价值计量准则评介 [J]. 会计研究, 2007 (10): 11-15.

[190] 于永生. 金融危机背景下的公允价值会计问题研究 [J]. 会计研究, 2009 (9): 22-28.

[191] 张国华、张瑞丽. 公允价值计量层次适用性研究——来自中国投资性房地产的经验证据 [J]. 当代会计评论, 2016, 9 (1): 33-48.

[192] 张宏亮, 吴营, 王靖宇. 准则变迁、公允价值应用与盈余稳健性 [J]. 财会月刊, 2018 (16): 22-28.

[193] 张金若, 王炜. 金融行业上市公司公允价值会计的价值相关性 [J]. 中南财经政法大学学报, 2015 (3): 79-86.

[194] 张金若, 辛清泉, 童一杏. 公允价值变动损益的性质及其后果——来自股票报酬和高管薪酬视角的重新发现 [J]. 会计研究, 2013 (8): 17-23.

[195] 张金若, 辛清泉, 王红阳. 新会计准则公允价值信息实证文献研究的批判及重新检验 [J]. 重庆大学学报（社会科学版）, 2013, 19 (4): 44-52.

[196] 张敏,简建辉,张雯,汪晓庆.公允价值应用:现状·问题·前景——一项基于问卷调查的研究[J].会计研究,2011(4):23-27.

[197] 张淑英,刘慧娟.公允价值计量属性的应用对会计稳健性的影响——基于深交所上市公司2005-2010年数据的实证研究[J].重庆科技学院学报(社会科学版),2012(19):102-106.

[198] 张腾文,黄友.经营利润率、股东收益与股票价格的价值相关性研究[J].会计研究,2008(4):79-82.

[199] 张为国,赵宇龙.会计计量、公允价值与现值——FASB第7辑财务会计概念公告概览[J].会计研究,2000(5):9-15.

[200] 张侠.公允价值计量下企业盈余管理的对策研究——以雅戈尔为例[J].淮海工学院学报(人文社会科学版),2019,17(6):94-97.

[201] 张艳.新会计准则实施后上市公司财务监管研究[R].深圳:深圳证券交易所综合研究所课题研究报告,2006.

[202] 赵莹,杜荣鑫.不同市场情绪下公允价值会计的价值相关性[C].2010年会计学术年会论文集,2010.

[203] 支晓强,童盼.公允价值计量的逻辑基础和价值基础[J].会计研究,2010(1):21-27.

[204] 中华人民共和国财政部.企业会计准则2006[M].北京:经济科学出版社,2006.

[205] 钟伟强,张天西.公司治理状况对自愿披露水平的影响[J].中南财经政法大学学报,2006(1):62-68.

[206] 周繁,张馨艺.公允价值与稳健性:理论探讨与经验证据——2009年会计理论专题学术研讨会综述[J].会计研究,2009(7):89-91.

[207] 周明春,刘西红.金融危机引发的对公允价值与历史成本的思考[J].会计研究,2009(9):15-21.

[208] 周中胜,陈汉文.会计信息透明度与资源配置效率[J].会计研究,2008(12):56-62.

[209] 朱丹,刘星,李世新.公允价值的决策有用性:从经济分析视

角的思考 [J]. 会计研究, 2010 (6): 84-90.

[210] 朱凯, 李琴, 潘金凤. 信息环境与公允价值的股价相关性——来自中国证券市场的经验证据 [J]. 财经研究, 2008, 34 (7): 133-143.

[211] 朱松, 贾平. 公允价值计量、信息披露质量与价值相关性 [J]. 南京审计学院学报, 2011, 8 (3): 51-57.

[212] 邹海峰, 辛清泉, 张金若. 公允价值与高管薪酬契约有效性 [C]. 2010 年会计学术年会论文集, 2010.

[213] James Cataldo & Morris McInnes. 从净收益视角看公允价值和历史成本计量属性的作用 [J]. 会计研究, 2009 (7): 30-34.

[214] Kohler E L. 会计词典 [M]. 龙毓聃等译. 中国台湾: 三民书局, 1952: 186-187.

[215] AAA, Committee on Concepts and Standards Underlying Corporate Financial Statements. Standards of disclosure for published financial reports [S]. Madison, WI: American Accounting Association, 1955.

[216] AAA. Accounting and reporting standards for corporate financial statements and preceding statements and supplements [S]. Madison, WI: American Accounting Association, 1957.

[217] AAA. A Statement of Basic Accounting Theory [R]. Sarasota, FL: American Accounting Association, 1966.

[218] AAA, Committee on Concepts and Standards for External Financial Reports. Statement on Accounting Theory and Theory Acceptance [R]. Sarasota, FL: American Accounting Association, 1977.

[219] Aboody D, Barth M E, Kasznik R. Revaluations of fixed assets and future firm performance [J]. Journal of Accounting and Economics, 1999, 26 (1): 149-178.

[220] Aboody D, Barth M E, Kasznik R. SFAS No. 123 Stock-based employee compensation and equity market values [J]. The Accounting Review, 2004, 79 (2): 251-275.

[221] Aboody D, Barth M E, Kasznik R. Do firms understate stock-based compensation expense disclosed under SFAS 123? [J]. Review of Accounting Studies, 2006, 11 (4): 429-461.

[222] Admir E, Harris T S, Venuti E K. A Comparison of the value-relevance of U. S. versus non-U. S. GAAP accounting measures using Form 20-F reconciliations [J]. Journal of Accounting Research, 1993, 31 (Supplement): 230-264.

[223] Ahmed A S, Kilic E, Lobo G. Does geography matter? Evidence from relative value-relevance of banks'recognized versus disclosed derivative financial instruments [EB/OL]. Working Paper, 2004.

[224] Ahmed A S, Kilic E, Lobo G J. Effects of SFAS 133 on the risk relevance of accounting measures of banks' derivative exposures [J]. The Accounting Review, 2011, 86 (3): 769-804.

[225] AIA. General introduction and rules formerly adopted: Accounting Research Bulletin No. 1 [R]. NewYork: Committee on Accounting Procedure, American Institute of Accountants, 1939.

[226] AIA. Audits of Corporate Accounts [S]. New York: American Institute of Accountants, 1934.

[227] AICPA. Trueblood Report [R]. 1973.

[228] Alchian A A. Pricing and Society [M]. Occasional Paper No. 17. London: Institute of Economic Affairs, 1967.

[229] Allen F, Carletti E. Mark-to-market accounting and liquidity pricing [J]. Journal of Accounting and Economics, 2008, 45 (2): 358-378.

[230] Amel-Zadeh A, Barth M, Landsman W. The contribution of bank regulation and fair value accounting to procyclical leverage [J]. Review of Accounting Studies, 2017, 22 (3): 1423-1454.

[231] Anderson S B, Brown J, Hodder L, Hopkins P E. The effect of alternative accounting measurement bases on investors' assessments of managers'

stewardship [J]. Accounting, Organizations and Society, 2015, 46: 100 – 114.

[232] André P, Filip A, Paugam L. The effect of mandatory IFRS adoption on conditional conservatism in Europe [J]. Journal of Business Finance & Accounting, 2015, 42 (3/4): 482 – 514.

[233] APB. Statement No. 4, Basic Concepts and Accounting Principles Underlying Financial Statements of Business Enterprises [S]. 1970.

[234] ASB. The Statement of Principles for Financial Reporting [S]. 1998.

[235] Aurori M H, Bellalah N H, Nguyen D K. Relevance of fair value accounting for financial instruments: Some French evidence [J]. International Journal of Business, 2012, 17 (2): 209 – 220.

[236] Ayres D R. Fair value disclosures of level three assets and credit ratings [J]. Journal of Accounting and Public Policy, 2016, 35 (6): 635 – 653.

[237] Ayres D, Huang X, Myring M. Fair value accounting and analyst forecast accuracy [J]. Advances in Accounting, 2017, 37: 58 – 70.

[238] Badertscher B A, Burks J J, Easton P D. A convenient scapegoat: Fair value accounting by commercial banks during the financial crisis [J]. Accounting Review, 2012, 87 (1): 59 – 90.

[239] Badia M, Duro M, Penalva F, Ryan S. Conditional conservative fair value measurements [J]. Journal of Accounting and Economics, 2017, 63 (1): 75 – 98.

[240] Ball R, Shivakumar L. Earnings quality in UK private firms: Comparative loss recognition timeliness [J]. Journal of Accounting and Economics, 2005, 39 (1): 83 – 128.

[241] Barker R, Schulte S. Representing the market perspective: Fair value measurement for non-financial assets [J]. Accounting, Organizations & Society, 2017, 56: 55 – 67.

[242] Barlev B, Haddad J R. Fair value accounting and the management of the firm [J]. Critical Perspectives on Accounting, 2003, 14 (4): 383 – 415.

[243] Barlev B, Haddad J R. Harmonization, comparability, and fair value accounting [J]. Journal of Accounting, Auditing and Finance, 2007, 22 (3): 493-509.

[244] Barlev B, Fried D, Haddad J R, Livnat J. Reevaluation of revaluations: A cross-country examination of the motives and effects on future performance [J]. Journal of Business Finance and Accounting, 2007, 34 (7-8): 1025-1050.

[245] Barron O E, Chung S G, Yong K O. The effect of Statement of Financial Accounting Standards No. 157 Fair Value Measurements on analysts' information environment [J]. Journal of Accounting and Public Policy, 2016, 35 (4): 395-416.

[246] Barth M E. Market discipline across countries and industries [M]. Cambridge, MIT Press: 323-334.

[247] Barth M E. Including estimates of the future in today's financial statements [J]. Accounting Horizons, 2006, 20 (3): 271-285.

[248] Barth M E. To fair value, or not? [C]. AIMS Conference, Bucharest, Romania, June 2011.

[249] Barth M E, Landsman W R. Fundamental issues relating to using fair value accounting for financial reporting [J]. Accounting Horizons, 1995, 9 (4): 97-107.

[250] Barth M E, Clinch G. Revalued financial, tangible, and intangible assets: Associations with share prices and non-market-based value estimates [J]. Journal of Accounting Research, 1998, 36 (3): 199-233.

[251] Barth M E, Landsman W R. Using fair value earnings to assess firm value [J]. Accounting Horizons, 2018, 32 (4): 49-58.

[252] Barth M E, Beaver W H, Landsman W R. The relevance of the value relevance literature for financial accounting standard setting: Another view [J]. Journal of Accounting and Economics, 2001, 31: 77-104.

[253] Barth M E, Landsman W R, Lang M, Williams C. Are IFRS-based and US GAAP-based accounting amounts comparable? [J]. Journal of Accounting and Economics, 2012, 54: 68 - 93.

[254] Barth M E. Fair value accounting: Evidence from investment securities and the market valuation of banks [J]. The Accounting Review, 1994, 69 (1): 1 - 25.

[255] Barth M E, Beaver W H, Landsman W R. Value-relevance of banks' fair value disclosures under SFAS 107 [J]. The Accounting Review, 1996, 71 (4): 513 - 537.

[256] Barth M E, Landsman W R, Wahlen J. Fair value accounting: Effects on banks' earnings volatility, regulatory capital, and value of contractual cash flows [J]. Journal of Banking and Finance, 1995, 19 (3 - 4): 577 - 605.

[257] Beatty A. The effects of fair value accounting on investment portfolio management: How fair is it? [J]. Federal Reserve Bank of St. Louis Review, 1995, January/February: 25 - 39.

[258] Beatty A, Chamberlain S, Magliolo J. An empirical analysis of the economic implications of fair value accounting for investment securities [J]. Journal of Accounting and Economics, 1996, 22: 43 - 77.

[259] Beaver W H, Griffin P A, Landsman W R. The incremental information content of replacement cost earnings [J]. Journal of Accounting & Economics, 1982, 4 (1): 15 - 39.

[260] Beaver W H, Venkatachalam M. Differential pricing of components of bank loan fair values [J]. Journal of Accounting, Auditing & Finance, 2003, 18 (1): 41 - 67.

[261] Beaver W H, Landsman W R. Incremental information content of Statement 33 disclosures [R]. FASB. Stamford, CT., 1983.

[262] Beaver W H, Ryan S. How well do Statement No. 33 earning explain

stock returns? [J]. Financial Analysts Journal, 1985, 41 (5): 66 – 71.

[263] Beaver W H, Kettler P, Scholes M. The association between market-determined and accounting-determined measures of risk [J]. The Accounting Review, 1970, 45 (4): 654 – 682.

[264] Bell T B, Landsman W R, Miller B L, Yeh S. The valuation implications of employee stock option accounting for profitable computer software firms [J]. The Accounting Review, 2002, 77 (4): 971 – 996.

[265] Benston G J. The shortcomings of fair-value accounting described in SFAS 157 [J]. Journal of Accounting and Public Policy, 2008, 27 (2): 101 – 114.

[266] Bernard V L, Merton R C, Palepu K G. Mark-to-market accounting for banks and thrifts: Lessons from the Danish experience [J]. Journal of Accounting Research, 1995, 33 (1): 1 – 32.

[267] Bernard V L, Ruland R. The incremental information content of historical cost and current cost income numbers: Time series analyses for 1962 – 1980 [J]. The Accounting Review, 1987, 62 (4): 707 – 722.

[268] Bezold A. The subject matter of financial reporting: The conflict between cash conversion cycles and fair value in the measurement of income (Occasional Paper Series) [R]. New York, NY: Center for Excellence in Accounting and Security Analysis, Columbia University, May 2009.

[269] Bhat G. Risk relevance of fair value gains and losses, and the impact of disclosure and corporate governance [EB/OL]. Working paper: Washington University in Saint Louis-John M. Olin Business School, 2008.

[270] Bhat G. Impact of disclosure and corporate governance on the association between fair value gains and losses and stock returns in the commercial banking industry [EB/OL]. SSRN Working Paper, 2013.

[271] Bhattacharya U, Daouk H, Welker M. The world price of earnings opacity [J]. The accounting Review, 2003, 78 (3): 641 – 678.

[272] Black E L, Sellers K F, Manly T S. Earnings management using asset sales: An international study of countries allowing non-current asset revaluation [J]. Journal of Business Finance and Accounting, 1998, 25 (9-10): 1287-1317.

[273] Black J, Chen J Z, Cussatt M. The Association between SFAS No. 157 fair value hierarchy information and conditional accounting conservatism [J]. The Accounting Review, 2018, 93 (5): 119-144.

[274] Blankespoor E, Linsmeier T J, Petroni K R, Shakespeare C. Fair value accounting for financial instruments: Does it improve the association between bank leverage and credit risk? [J]. The Accounting Review, 2013, 88 (4): 143-1177.

[275] Bosch P. Value relevance of the fair value hierarchy of IFRS 7 in Europe—How reliable are mark-to-model fair values? [EB/OL]. Working Paper, 2012.

[276] Bostwick E D, Krieger K, Lambert S L. Relevance of goodwill impairments to cash flow prediction and forecasting [J]. Journal of Accounting, Auditing & Finance, 2016, 31 (3): 339-364.

[277] Boyer R. Assessing the impact of fair value upon financial crises [J]. Socio-Economic Review, 2007, 5 (4): 779-807.

[278] Brown P, Izan H Y, Loh A L. Fixed asset revaluations and managerial incentives [J]. Abacus, 1992, 28 (1): 36-57.

[279] Bryan S, Lilien S B, Sarath B. Countering opportunism in structuring and valuing transactions: The case of securitizations [J]. Journal of Accounting, Auditing & Finance, 2010, 25 (2): 289-321.

[280] Bublitz B, Frecka T J, McKeown J C. Market association tests and FASB Statement No. 33 disclosures: A reexamination [J]. Journal of Accounting Research, 1985, 23 (Supplement): 1-23.

[281] Cairns D, Massouid D, Taplin R, Tarca A. IFRS fair value meas-

urement and accounting policy choice in the United Kingdom and Australia [J]. The British Accounting Review, 2011, 43 (1): 1 - 21.

[282] Canning J B. The economics of accounting: A critical analysis of accounting theory [M]. New York: The Ronald Press Company, 1929.

[283] Cannon N. Fair value measurement under high uncertainty: The effects of disclosure format and management aggressiveness on users' risk assessments [EB/OL]. Working Paper, 2015.

[284] Carcello J V. Report and Recommendations Pursuant to Section 133 of the Emergency Economic Stabilization Act of 2008: Study on Mark-to-Market Accounting [R]. GAAP Update Service, Volume 09, Issue 05, March 15, 2009.

[285] Carroll T, Linsmeier T, Petroni K. The reliability of fair value versus historical cost information: Evidence from closed-end mutual funds [J]. Journal of Accounting, Auditing and Finance, 2003, 18 (1): 1 - 23.

[286] Cascino S, Gassen J. What drives the comparability effect of mandatory IFRS adoption? [J]. Review of Accounting Studies, 2015, 20: 242 - 282.

[287] Chen K C, Tang F. Post-IFRS revaluation adjustments and executive compensation [J]. Contemporary Accounting Research, 2017, 4 (2): 1210 - 1231.

[288] Christensen H B, Nikolaev V V. Does fair value accounting for nonfinancial assets pass the market test? [J]. Review Accounting Studies, 2013, 18 (3): 734 - 775.

[289] Chung S G, Goh B W, Ng J, Yong K O. Voluntary fair value disclosures beyond SFAS 157's three-level estimates [J]. Review of Accounting Studies, 2017, 22 (1): 430 - 468.

[290] CICA. Corporate Reporting: Its Future Evolution [R]. 1980.

[291] Cole C. Moving toward market value accounting [J]. Journal of Corporate Accounting and Finance, 1992, 3 (3): 537 - 544.

[292] Corona C, Nan L, Qaoqing Z. Banks' asset reporting frequency and capital regulation: An analysis of discretionary use of fair-value accounting [J]. Accounting Review, 2019, 94 (2): 157-178.

[293] Cotter J, Zimmer I. Asset revaluations and assessment of borrowing capacity [J]. Abacus, 1995, 31 (2): 136-151.

[294] Cotter J, Richardson S. Reliability of asset revaluations: The impact of appraiser independence [J]. Review of Accounting Studies, 2002, 7 (4): 435-457.

[295] Cotter J, Zimmer I. Disclosure versus recognition: The case of asset revaluations [J]. Asia-Pacific Journal of Accounting and Economics, 2003, 10 (1): 81-99.

[296] Couch R, Thibodeau N, Wu W. Are fair value options created equal? A Study of SFAS 159 and earnings volatility [J]. Advances in Accounting, 2017, 38: 15-29.

[297] Cullinan C P, Zheng X. Valuation scepticism, liquidity benefits and closed-end fund premiums/discounts: Evidence from fair value disclosures [J]. Accounting and Finance, 2014, 54 (3): 729-751.

[298] Daly A, Skaife H A. Accounting for biological assets and the cost of debt [J]. Journal of International Accounting Research, 2016, 15 (2): 31-47.

[299] Danbolt J, Rees W. An experiment in fair value accounting: UK investment vehicles [J]. European Accounting Review, 2008, 7 (2): 271-303.

[300] Danbolt J, Rees W. Mark-to-market accounting and valuation: Evidence from UK real estate and investment companies [EB/OL]. Working Paper, University of Glasgow, Scotland, 2007.

[301] Deaconu A. The value relevance of fair value evidence for tangible assets on the Romanian market [J]. Transition Studies Review, 2010, 17

(1): 151-169.

[302] Dechow P, Dichev I D. The quality of accruals and earnings: The role of accrual estimation errors [J]. The Accounting Review, 2002, 77: 35-59.

[303] Dechow P, Sloan R, Sweeney A. Detecting earnings management [J]. The Accounting Review, 1995, 70 (2): 193-225.

[304] Demsetz H. Toward a theory of property rights [J]. American Economic Review, 1967, 57 (2): 347-359.

[305] Deuine C T. Research methodology and accounting theory formulation [J]. The Accounting Review, July 1960.

[306] Dichev I D, Graham J R, Harvey C R, Rajgopal S. Earnings quality: Evidence from the field [J]. Journal of Accounting and Economics, 2013, 56 (2-3 Supplement): 1-33.

[307] Dichev I D, Tang V W. Matching and the changing properties of accounting earnings over the last 40 years [J]. The Accounting Review, 2008, 83 (6): 1425-1460.

[308] Dietrich J R, Harris M S, Muller III K A. The reliability of investment property fair value estimates [J]. Journal of Accounting and Economics, 2001, 30 (2): 125-158.

[309] Dignah A, Latiff R A, Karim Z A, Abdul-Rahman A. Fair value accounting and the cost of equity capital of Asian banks [J]. Jurnal Pengurusan, 2016, 48: 1-19.

[310] Drago D, Mazzuca M, Trina R. Do loans fair value affect market value? Evidence from European banks [J]. Journal of Financial Regulation and Compliance, 2013, 21 (2): 108-120.

[311] Du H, Li S F, Xu R Z. Adjustment of valuation inputs and its effect on value relevance of fair value measurements [J]. Research in Accounting Regulation, 2014, 26 (1): 54-66.

[312] Dyer J C, Mchugh A J. The timeliness of the Australian annual report [J]. Journal of Accounting Research, 1975, 13 (2): 204 – 219.

[313] Easton P D, Eddey P H, Harris T S. An investigation of revaluations of tangible long-lived asset [J]. Journal of Accounting Research, 1993, 31 (s): 1 – 38.

[314] Easton P D, Harris T. Earnings as an explanatory variable for returns [J]. Journal of Accounting Research, 1991, 29 (1): 19 – 36.

[315] Eccher A, Ramesh K, Thiagarajan S R. Fair value disclosures by bank holding companies [J]. Journal of Accounting and Economics, 1996, 22 (1 – 3): 79 – 117.

[316] Edwards E O, Bell P W. The theory and measurement of business income [M]. Berkeley: University of California Press, 1964.

[317] Elifoglu I H, Fitzsimons A P, Ramanujam S. SEC Report to Congress supports use of fair-value accounting [J]. Bank Accounting & Financial, April-May 2009.

[318] Evans M E, Hodder L, Hopkins P E. The predictive ability of fair values for future financial performance of commercial banks and the relation of predictive ability to banks' share prices [J]. Contemporary Accounting Research, 2014, 31 (1): 13 – 44.

[319] FASB & IASB. Conceptual Framework for Financial Reporting: Objective of Financial Reporting and Qualitative Characteristics of Decision-Useful Financial Reporting Information (Preliminary Views) [R/OL]. http://www.fasb.org, 2006.

[320] FASB. SFAC No.1, Objectives of Financial Reporting by Business Enterprises [R/OL]. https://www.fasb.org/jsp/FASB/Document_C/DocumentPage?cid =1218220132512&acceptedDisclaimer = true, November 1978.

[321] FASB. SFAC No.2, Qualitative Characteristics of Accounting Information [S/OL]. https://www.fasb.org/jsp/FASB/Document_C/Document Page?

cid = 1218220132570&acceptedDisclaimer = true, May 1980.

[322] FASB. Statement of Financial Accounting Concept No. 8: Concept Framework for Financial Reporting: Chapter 1, the Objective of General Purpose Financial Reporting, and Chapter 3, Qualitative Characteristics of Useful Financial Information [S/OL]. https://www.fasb.org/jsp/FASB/Document_C/DocumentPage? cid = 1176157498129&acceptedDisclaimer = true, September 2010.

[323] FASB. SFAC No.6, Elements of Financial Statements [S/OL]. https://www.fasb.org/jsp/FASB/Document_C/Document Page? cid = 1218220132802&acceptedDisclaimer = true, 1985.

[324] FASB. SFAC No.7, Using Cash Flow Information and Present Value in Accounting Measurements [S/OL]. https://www.fasb.org/jsp/FASB/Document_C/DocumentPage? cid = 1218220132860&acceptedDisclaimer = true, 2000.

[325] FASB. SFAS No.157, Fair Value Measurements [S/OL]. https://www.fasb.org/jsp/FASB/Document_C/DocumentPage? cid = 1218220125441&acceptedDisclaimer = true, 2006.

[326] FASB. Accounting Standard Update No. 2011 - 04: Fair Value Measurement (Topic 820) [S/OL]. https://www.fasb.org/jsp/FASB/Document_C/DocumentPage? cid = 1176158542829&acceptedDisclaimer = true, 2011.

[327] Feldmann D. Financial reporting of investment property under IFRS [D]. PhD Thesis University of Zurich, 2017.

[328] Feltham G, Ohlson J. Valuation and clean surplus accounting for operating and financial activities [J]. Contemporary Accounting Research, 1995, 11 (2): 689 - 731.

[329] Ferreira P H, Kräussl R, Landsman W R, et al. Reliability and relevance of fair values: Private equity investments and investee fundamentals [J]. Review of Accounting Studies, 2019, 24 (4): 1427 - 1449.

[330] Fiechter P. The effects of the fair value option under IAS 39 on the volatility of bank earnings [J]. Journal of International Accounting Research, 2011, 10 (1): 85–108.

[331] Fiechter P, Novotny-Farkas Z. The impact of the institutional environment on the value relevance of fair values [J]. Review of Accounting Studies, 2017, 22 (1): 392–429.

[332] Fontes J C, Panaretou A, Peasnell K V. The impact of fair value measurement for bank assets on information asymmetry and the moderating effect of own credit risk gains and losses [J]. The Accounting Review, 2018, 93 (6): 127–147.

[333] Forbes S. End Mark-to-Market [R/OL]. Forbes.com, March 29, 2009.

[334] Francis J, LaFond R, Olsson P, Schipper K. The market pricing of accruals quality [J]. Journal of Accounting and Economics, 2005, 39 (2): 295–327.

[335] Freeman W, Wells P, Wyatt A. Measurement model or asset type: Evidence from an evaluation of the relevance of financial assets [J]. Abacus, 2017, 53 (2): 180–210.

[336] Gebhardt G, Reichardt R, Wittenbrink C. Accounting for financial instruments in the banking industry: Conclusions from a simulation model [J]. European Accounting Review, 2004, 13 (2): 341–371.

[337] Georgiou O. The worth of fair value accounting: Dissonance between users and standard setters [J]. Contemporary Accounting Research, 2018, 35 (3): 1297–1331.

[338] Gilman S. Accounting Concepts of Profit [M]. New York: The Ronald Press Company, 1939.

[339] Goh B W, Li D, Ng J, Ow Yong K K. Market pricing of banks' fair value assets reported under SFAS 157 during the 2008 Economic Crisis [J].

Journal of Accounting and Public Policy, 2015, 34 (2): 129 –145.

[340] Goncalves R, Lopes P. Value-relevance of biological assets under IFRS [EB/OL]. University of Porto FEP Working Paper, 2015.

[341] Gwilliam D, Jackson R H G. Fair value in financial reporting: Problems and pitfalls in practice-A case study analysis of the use of fair valuation at Enron [J]. Accounting Forum, 2008, 32 (3): 240 –259.

[342] Hamida N B. Banking accounts volatility induced by IAS 39: A simulation model applied to the French case [R/OL]. http://basepub.dauphine.fr/bitstream/handle/123456789/2187/Ben_hamida.pdf?sequence=2 [last consultation: 17/09/2017], 2006.

[343] Hammami A, Moldovan R. Fair value measurement disclosure by U.S. Closed-end funds [EB/OL]. Working Paper, 2017.

[344] Hanna R N, Heflinb F, Subramanayama K R. Fair-value pension accounting [J]. Journal of Accounting and Economics, 2007, 44: 328 –358.

[345] Harris T S, Ohlson J A. Accounting Disclosures and the Market's Valuation of Oil and Gas Properties [J]. The Accounting Review, 1987, 62 (4): 651 –670.

[346] He L Y, Wright S, Evans E. Is fair value information relevant to investment decision-making: Evidence from the Australian agricultural sector? [J]. Australian Journal of Management, 2018, 43 (4): 555 –574.

[347] Hirst D E, Hopkins P H, Wahlen J M. Fair Value, Income measurement, and bank analysts risk and valuation judgements [J]. The Accounting Review, 2004, 79 (2): 453 –472.

[348] Hitz J M. The decision usefulness of fair value accounting—A theoretical perspective [J]. European Accounting Review, 2007, 16 (2): 323 –362.

[349] Hodder L D, Hopkins P E, Wahlen J M. Risk-relevance of fair –value income measures for commercial banks [J]. The Accounting Review,

2006, 81 (2): 337 - 375.

[350] Hoitash R, Hoitash U, Yezegel A. The effect of accounting reporting complexity on financial analysts [EB/OL]. Working Paper, 2017.

[351] Holthausen R W, Watts R L. The relevance of the value-relevance literature for financial accounting standard setting [J]. Journal of Accounting and Economics, 2001, 31 (1): 3 - 75.

[352] Huang H W, Dao M, Fornaro J M. Corporate governance, SFAS 157 and cost of equity capital: evidence from US financial institutions [J]. Review of Quantitative Finance and Accounting, 2016, 46 (1): 141 - 177.

[353] Huffman A A. Asset use and the relevance of fair value measurement: Evidence from IAS 41 [J]. Review of Accounting Studies, 2018, 23 (4): 1274 - 1314.

[354] Hung Mingyi, Subramanyam K R. Financial statement effects of adopting international accounting standards: The case of Germany [J]. Review of Accounting Studies, 2007, 12 (4): 623 - 657.

[355] IASB. Fair Value Measurements Project-Scope of the Fair Value Measurements Project (Agenda Paper 6B) [R/OL]. https://www.ifrs.org/, 2005.

[356] IASB. Concept Framework for Financial Reporting [S/OL]. https://www.ifrs.org/, 2018.

[357] IASB/FASB. Conceptual Framework for Financial Reporting: Objective of Financial Reporting and Qualitative Characteristics and constraints of Decision-Useful Financial Reporting Information (Exposure Draft) [R/OL]. http://www.fasb.org, May 29, 2008.

[358] IASC. Framework for the Preparation and Presentation of Financial Statements [S/OL]. https://www.ifrs.org/, 1989.

[359] IMF. Global Financial Stability Report [R/OL]. http://www.imf.org, 2008210201, 2008.

[360] In-Mu Haw, Lustgarten S. Evidence on income measurement proper-

ties of ASR No. 190 and SFAS No. 33 Data [J]. Journal of Accounting Research, 1988, 26 (2): 331 – 352.

[361] Israeli D. Recognition versus disclosure: Evidence from fair value of investment property [J]. Review of Accounting Studies, 2015, 20 (4): 1457 – 1503.

[362] Jones J. Earnings management during import relief investigations [J]. Journal of Accounting Research, 1991, 29 (2): 193 – 228.

[363] Khan U. Does fair value accounting contribute to systemic risk in the banking industry? [J]. Contemporary Accounting Research, 2019, 36 (4): 2588 – 2609.

[364] Khurana I K, Kim M. Relative value relevance of historical cost vs. fair value: Evidence from bank holding companies [J]. Journal of Accounting & Public Policy, 2003, 22 (1): 19 – 42.

[365] Kimbro M B, Xu D. The accounting treatment of goodwill, idiosyncratic risk, and market pricing [J]. Journal of Accounting, Auditing & Finance, 2016, 31 (3): 365 – 387.

[366] Kolev K. Do Investors perceive marking-to-model as early evidence from FAS 157 disclosure [EB/OL]. New York University Working Paper, 2008.

[367] Laghi E, Pucci S, Tutino M, Di Marcantonio M. Fair value hierarchy in financial instruments disclosure. Is transparency well assessed for investors? Evidence from banking industry [J]. Journal of Governance and Regulation, 2012, 1 (4): 1 – 19.

[368] Landsman W R. Is fair value accounting information relevant and reliable? Evidence from capital market research [J]. Accounting and Business Research, 2007, 37 (Supplement): 19 – 30.

[369] Landsman W R. Fair value accounting for financial instruments: Some implications for bank regulations [EB/OL]. BIS Working Paper, 2006.

[370] Laux C, Leuz C. The crisis of fair-value accounting: Making sense

of the recent debate [J]. Accounting, Organizations and Society, 2009, 34 (6 -7): 826 -834.

[371] Lawrence A, Siriviriyakul S, Sloan R G. Who's the fairest of them all? Evidence from closed-end funds [J]. The Accounting Review, 2016, 91 (1): 207 -227.

[372] Lee T A. Company Financial Reporting: Issues and Analysis [M]. London: Nelson, 1976: 61.

[373] Liang L, Riedl E J. The effect of fair value versus historical cost reporting model on analyst forecast accuracy [J]. The Accounting Review, 2014, 89 (3): 1151 -1177.

[374] Liao L, Kang H, Morris R D, Tang Q. Information asymmetry of fair value accounting during the Financial Crisis [J]. Journal of Contemporary Accounting & Economics, 2013, 9 (2): 221 -236.

[375] Lim C Y, Ng J, Pan G, Yong K O. Trust in fair value accounting: Evidence from the field [EB/OL]. Working Paper, 2017.

[376] Littleton A C. Theoretical Structure of Accounting [M]. Urbana, IL: American Accounting Association, Monograph No. 5, 1953.

[377] Lourenco I C, Curto J D. The value relevance of investment property fair values [EB/OL]. Working Paper, http://ssrn.com/abstract = 1301683, 2008.

[378] Lu H Y, Mande V. Does disaggregation of fair value information increase the value relevance of the fair value hierarchy? [J]. Research in Accounting Regulation, 2014, 26 (1): 90 -97.

[379] Magliolo J. Capital market analysis of reserve recognition accounting [J]. Journal of Accounting Research, 1986, 24 (Supplement): 69 -108.

[380] Magnan M, Menini A, Parbonetti A. Fair value accounting: Information or confusion for financial markets? [J]. Review of Accounting Studies, 2015, 20 (1): 559 -591.

[381] Magnan M, Wang H, Shi Y. Fair value accounting and the cost of debt [EB/OL]. CIRANO Working Paper, 2016.

[382] Marra A. The pros and cons of fair value accounting in a globalized economy: A never ending debate [J]. Journal of Accounting, Auditing & Finance, 2016, 31 (4): 582 – 591.

[383] Matis D, Damian M I, Bonaci C G. Fair value measurement disclosures: Particularities in the context of listed companies and European funding [J]. Annales Universitatis Apulensis: Series Oeconomica, 2013, 15 (1): 40 – 53.

[384] Mauriello J, Erickson J. Valuation risk and financial reporting, in: W. H. Beaver and G. Parker (Eds) Risk Management-Problem & Solutions [M]. New York: Prentice Hall, 1995.

[385] McInnis J M, Yu Y, Yust C G. Does fair value accounting provide more useful financial statements than current GAAP for banks? [J]. Accounting Review, 2018, 93 (6): 257 – 279.

[386] Mechelli A, Cimini R. Corporate governance, legal systems and value relevance of fair value estimates. Empirical evidence from the EU banking sector [J]. Spanish Journal of Finance & Accounting, 2019, 48 (2): 203 – 223.

[387] Moonitz M. The Basic Postulates of Accounting [M]. American Institute of CPAS, 1961.

[388] Muller K A, Riedl E J, Sellhorn T. Mandatory fair value accounting and information asymmetry: Evidence from the European real estate industry [J]. Management Science, 2011, 57 (6): 1138 – 1153.

[389] Muller K A, Riedl E J. External monitoring of property appraisal estimates and information asymmetry [J]. Journal of Accounting Research, 2002, 40 (3): 865 – 881.

[390] Müller M A, Riedl E J, Sellhorn T. Recognition versus disclosure of fair values [J]. The Accounting Review, 2015, 90 (6): 2411 – 2447.

[391] Murdoch B. The information content of FAS 33 returns on equity [J]. Accounting Review, 1986, 61 (2): 273-287.

[392] Nellessen T, Zuelch H. The reliability of investment property fair values under IFRS [J]. Journal of Property Investment and Finance, 2011, 29 (1): 59-73.

[393] Nelson K. Fair value accounting for commercial banks: An empirical analysis of SFAS No. 107 [J]. The Accounting Review, 1996, 71 (2): 161-182.

[394] Ohlson J. Earnings, book value, and dividends in equity valuation [J]. Contemporary Accounting Research, 1995, 11 (2): 661-687.

[395] Park M S, Park T, Ro B T. Fair value disclosures for investment securities and bank equity: Evidence from SFAS 115 [J]. Journal of Accounting, Auditing & Finance, 1999, 14 (3): 347-370.

[396] Paton W A, Littleton A C. An Introduction to Corporate Accounting Standards [M]. Sarasota, Fla: AAA, 1940.

[397] Paton W A. Cost and value in accounting [J]. Journal of Accountancy, March 1946.

[398] Penman S H. A synthesis of equity valuation techniques and the terminal value calculation for the dividend discount model [J]. Review of Accounting Studies, 1998, 2: 303-323.

[399] Penman S H. Financial reporting quality: Is fair value a plus or a minus? [J]. Accounting and Business Research, 2007, 37 (Supplement 6): 33-44.

[400] Penman S H, Sougiannis T. A comparison of dividend, cash flow, and earnings approaches to equity valuation [J]. Contemporary Accounting Research, 1998, 15 (3): 343-383.

[401] Petroni K R, Wahlen J M. Fair values of equity and debt securities and share prices of property-liability insurers [J]. Journal of Risk & Insurance,

1995, 62 (4): 719 – 737.

[402] Plantin G, Haresh S, Shin S H. Fair value reporting standards and market volatility [EB/OL]. http: //faculty. chicagobooth. edu/haresh. sapra/docs OP/plantinsaprashin. pdf, 2004.

[403] Quagli A, Avallone F. Fair value or cost model? Drivers of choice for IAS 40 in the real estate industry [J]. European Accounting Review, 2010, 19 (3): 461 – 493.

[404] Ramanna K. Why "fair value" is the rule [J]. Harvard Business Review, 2013, 91 (3): 99 – 101.

[405] Ramanna K, Watts R L. Evidence on the use of unverifiable estimates in required goodwill impairment [J]. Review of Accounting Studies, 2012, 17 (4): 749 – 780.

[406] Riedl E J, Serafeim G. Information risk and fair values: An examination of equity betas and bid-ask spreads [EB/OL]. Working Papers, Harvard Business School Division of Research, 2009.

[407] Riedl E J, Serafeim G. Information risk and fair values: An examination of equity betas [J]. Journal of Accounting Research, 2011, 49 (4): 1083 – 1122.

[408] Ronen J. What do FAS157 "fair value" really measure: Value or risk? [J]. Accounting Perspectives, 2012, 11 (3): 149 – 164.

[409] Saliers E A. Cost, fair value and depreciation reserves [J]. The American Economic Review, 1992, 10 (2): 272 – 282.

[410] Sanders T H, Hatfield H R, Moore V. A Statement of Accounting Principles [S]. AIA, 1938.

[411] Schipper K. The introduction of International Accounting Standards in Europe: Implications for international convergence [J]. European Accounting Review, 2005, 14 (1): 101 – 126.

[412] Schipper K, Vincent L. Earning quality [J]. Accounting Hori-

zons, 2003, 17 (Supplement): 97 – 110.

[413] Schipper K. Commentary on earnings management [J]. Accounting Horizons, 1989, (9): 91 – 102.

[414] Scott D R. The basic of accounting principles [J]. The Accounting Review, 1941, 16 (4): 341 – 349.

[415] SEC. Report and Recommendations Pursuant to Section 133 of the Emergency Economic Stabilization Act of 2008: Study on Mark-To-Market Accounting [R/OL]. https://www.sec.gov/servlet/sec/news/studies/2008/marktomarket 123008. pdf, 2008.

[416] Sellhorn T, Stier C. Fair value measurement for long-lived operating assets: Research evidence [J]. European Accounting Review, 2019, 28 (3): 573 – 603.

[417] Shalev R, Zhang I X, Zhang Y. CEO compensation and fair value accounting: Evidence from purchase price allocation [J]. Journal of Accounting Research, 2013, 51 (4): 819 – 853.

[418] Siekkinen J. Value relevance of fair values in different investor protection environments [J]. Accounting Forum, 2016, 40 (1): 1 – 15.

[419] Siekkinen J. Board characteristics and the value relevance of fair values [J]. Journal of Management and Governance, 2017, 21 (2): 435 – 471.

[420] Simko P J. Financial instrument fair values and nonfinancial firms [J]. Journal of Accounting, Auditing & Finance, 1999, 14 (3): 247 – 274.

[421] Simpson K. Economics for the Accountant [M]. D. Appleton and Company, 1921.

[422] Siregar D, Anandarajan A, Hasan I. Commercial banks and value relevance of derivative disclosures after SFAS 133: Evidence from the USA [J]. Review of Pacific Basin Financial Markets & Policies, 2013, 16 (1):

1 – 28.

[423] Skinner R M, Milburn J A. Accounting Standards in Evolution [M]. 2nd ed. Toronto: Prentice Hall, 2001: 586.

[424] Sloan R. Do stock fully reflect information in accruals and cash flows about future earning? [J]. The Accounting Review, 1996, 71 (3): 289 – 315.

[425] U. S. Supreme Court. Smyth v. Ames, 169 U. S. 466 (1898): Case about the railroad rate regulation [S/OL]. https://supreme.justia.com/cases/federal/us/169/466/.

[426] So S, Smith M. Value-relevance of presenting changes in fair value of investment properties in the income statement: Evidence from Hong Kong [J]. Accounting and Business Research, 2009, 39 (2): 103 – 118.

[427] Song C J, Thomas W B, Yi H. Value relevance of FAS No. 157 fair value hierarchy information and the impact of corporate governance mechanisms [J]. The Accounting Review, 2010, 85 (4): 1375 – 1410.

[428] Song X F. Value relevance of fair values-Empirical evidence of the impact of market volatility [J]. Accounting Perspectives, 2015, 14 (2): 91 – 116.

[429] Sprouse R T. Commentary on financial reporting [J]. Accounting Horizons, 1987, 1 (1): 87 – 90.

[430] Staubus G J. Accounting Concept of Revenue [D]. Doctoral Thesis, 1953.

[431] Staubus G J. A Theory of Accounting to Investors [M]. Berkeley: University of California Press, 1961: 11.

[432] Staubus G J. Making Accounting Decisions [M]. Houston, TX: Scholars Book Company, 1977.

[433] Staubus G J. The Decision-Usefulness Theory of Accounting, a Limited History [M]. New York: Garland Publishing, 2000.

[434] Turner L. Banks want to shoot the messenger over fair value rules [N]. Financial Times, October 2, 2008: 17.

[435] Venkatachalam M. Value-relevance of banks' derivatives disclosures [J]. Journal of Accounting and Economics, 1996, 22 (1): 327-355.

[436] Veron N. Fair value accounting is the wrong scapegoat for this crisis [J]. Accounting in Europe, 2008, 5 (2): 63-69.

[337] Wahyuni E T, Soepriyanto G, Avianti I, et al. Why companies choose the cost model over fair value for investment property? Exploratory study on Indonesian listed companies [J]. International Journal of Business & Society, 2019, 20 (1): 161-176.

[438] Wallison P J. Fair value accounting: A critique, financial services Outlook [J]. American Enterprise Institute for Public Policy Research, July 2008.

[439] Watts R L, Zimmerman J L. Positive Accounting Theory [M]. Englewood Cliffs, NJ: Prentice-Hall, 1986.

[440] Weiss R, Shon J. Information asymmetry and voluntary SFAS157 fair value disclosures by bank holding companies during the 2007 Financial Crisis [J]. Accounting Perspectives, 2017, 16 (3): 169-203.

[441] Whalen R C. The subprime crisis-causes, effect and consequences [J]. Journal of Affordable Housing and Community Development Law, 2008, 17 (3): 219-235.

[442] White L J. The savings and loan debacle: A perspective from the early twenty-first century [EB/OL]. New York University Salomon Center, Working Paper Series, Nr. S-03-1, 2003.

[443] Whitten R H. Fair value for rate purposes [J]. Harvard Law Review, 1914, 27: 419-436.

[444] Whittington G. Fair value and the IASB/FASB conceptual framework project: An alternative view [J]. Abacus, 2008, 44 (2): 139-168.

[445] Whittington G. Harmonisation or discord? The critical role of the IASB conceptual framework review [J]. Journal of Accounting and Public Policy, 2008, 27 (6): 495-502.

[446] Whittred G P, Chan Y K. Asset revaluations and the mitigation of underinvestment [J]. Abacus, 1992, 28 (1): 58-74.

[447] Whittred G P, Zimmer I. Timeliness of financial reporting and financial distress [J]. The Accounting Review, 1984, 59 (2): 287-295.

[448] Whittred G P. Audit qualification and the timeliness of corporate annual reports [J]. The Accounting Review, 1980, 55 (4): 563-577.

[449] Wyatt A. The SEC says: Mark to market! [J]. Accounting Horizons, 1991, 5 (1): 80-84.

[450] He X, Wong T J, Young D. Challenges for implementation of fair value accounting in emerging markets: Evidence from China [J]. Contemporary Accounting Research, 2012, 29 (2): 538-562.

[451] Yao D, Percy M, Steward J, Hu F. Determinants of discretionary fair value measurements: The case of Level 3 assets in the banking sector [J]. Accounting and Finance, 2018, 58 (2): 561-597.

[452] Yip Rita W Y, Young D. Does mandatory IFRS adoption improve information comparability? [J]. The Accounting Review, 2012, 87 (5): 1767-1789.

[453] Yuri Ijiri. Theory of Accounting Measurement [M]. Sarasota, FL: American Accounting Association, 1975.

[454] Zyla M L. Fair value measurement: Practical guidance and implementation [M]. 2nd ed. Hoboken, NJ: John Wiley, 2012.